現代オリンピックの発展と危機 1940-2020

二度目の東京が目指すもの

石坂友司

人文書院

現代オリンピックの発展と危機　1940–2020　目次

現代オリンピックの発展と危機 1940–2020

はじめに

二〇二〇年、オリンピック・パラリンピックが東京で開催される[1]。一九六四年に開催された東京大会、そして一九四〇年に開催が予定されていた「幻の東京オリンピック」を含めれば、東京が開催都市に指名されるのは三度目である。東京、ひいては日本がこれほどまでオリンピックを必要とするのはなぜだろうか。その答えは、そもそもオリンピックとは何か、ということから考えなければならない。

オリンピックは今や、ＦＩＦＡ・Ｗ杯（サッカー・ワールドカップ）と並んで二大スポーツ・メガイベントと呼ばれる巨大な大会に成長した。その他の大きな世界大会では、世界陸上、ラグビーＷ杯などがあげられるが、オリンピックは各競技の単なる総合的大会にとどまらず、またＦＩＦＡ・Ｗ杯と比べても特別な意味合いを有するイベントである。それはオリンピアードと呼ばれる四年を一区切りとする期間に開催されること、名目上は一つの都市が開催するという前提に立ち、さまざまな競技施設やインフラの集中的整備を可能にすることで都市開発の手段となり得ることといった性格に加えて、創始者ピエール・ド・クーベルタンが付託した平和思想と文化的イベントの連結という理念で際立っている。

オリンピックは古代ギリシャで行われていた神聖な競技会＝ゲームズを参考に、クーベルタンがヨーロッパ中心の近代スポーツの祭典に作り替えたものである。一八九六年、アテネに開催された第一回目の大会＝近代オリンピック（以後、オリンピック、あるいは大会と表記）は、周囲の予想に反して一二〇年を経過した今も続いている。クーベルタンが理想に掲げたオリンピックとまったく異なるものになってしまったことは、彼の晩年の発言からうかがい知ることができるが、彼の嘆きを遙かに凌駕するかたちで、現代のオリンピックはさらなる変貌を遂げている。

オリンピックは創出の段階で、クーベルタンがさまざまな仕掛け、すなわち、古代と近代の連続性／非連続性を導入することで、特別な文化的意味を負わされてきた。ＩＯＣ（国際オリンピック委員会）を中心に一二〇年もの歳月をかけて形成されてきたオリンピックは、標語に「より速く、より高く、より強く」を掲げ、世界最高の競技者の祭典をうたっている。古代ギリシャのゲームズから引き継いだ平和思想は、成否はともあれ未だ息づいているように見える。また、イギリスで生まれ、創設時から競技会参加のための前提とされたアマチュアリズムは商業主義への傾倒とともに現代では途絶えて久しいが、未だにアスリートの厳格な規範として要請されてもいる。オリンピックが「平和の祭典」という名目と、アマチュアリズムを保持し続ける必然性はないのだが、そのことを標榜することで生み出される象徴的な力が存在する。オリンピックが持ち得た象徴的権力とその力の大きさを明らかにすることが本書の課題の一つである。

象徴的権力とはフランスの社会学者ピエール・ブルデューが示した概念である。ブルデューは、「さまざまな意味を押しつけ、しかも自らの力の根底にある力関係をおおい隠すことで、それらの意味を正統であるとして押しつけるにいたる力」のことを象徴的権力と呼んだ(2)。周知の通り、オリンピックは平和思想を掲げながらも、二つの世界大戦を前に全く無力であったし、ボイコットという手段によって、あるいは各国の金メダル争いによる国家的威信を高めるプロパガンダやナショナリズムの高揚に利用されてきた。スポーツは政治とは独立した、中立かつ自律的な領域である（＝スポーツに政治を持ち込んではならない）とよく口にされる言明は、そうではない事実によって現実的には打ち消されることが多いが、それでもスポーツの中立性、自律性が叫ばれることによってスポーツ、オリンピックが得ているものが確実に存在するのではないだろうか。それは戦争状態にある国家や民族に対する融和のメッセージとして発信されたり、国家を越え出たアスリートのたたかいや物語に賛辞が送られたりもする。そのことによってスポーツ界が得ている力こそが象徴的権力である。

オリンピックは創設当初、万博の陰に隠れた添え物的なイベントとして資金難にあえいでいた。これからの各章で見ていくように、幾度の消滅の危機に直面しながらもオリンピックは新たな価値観を含み込みながら、その都度変貌を遂げてきた。一九八〇年代以降、オリンピックは商業主義に開かれた大会となり、テレビ放映権やスポンサー企業の協賛金を背景に黒字を生み出す、経済的に成功したイベントとして定位してきた。そこではオリンピックと都市、アスリートの関係性は一変するが、一方で、そこで得られるようになった金や名声、結果よりも、競技に至るまでの過程を重視する価値観は今でもアスリートに根強く要請され、独特の物語を紡いでもいる。かつてアマチュアリズムと呼ばれた価値観の残滓を観衆が望むとき、尊敬の対象としてアスリートが祭り上げられるとともに、そこにスポーツやオリンピックが持ちうる象徴的権力が生み出される。本書では、そのもっとも代表的な事例としてオリンピックの歴史的、社会的特性を明らかにしていきたい。そのことが、冒頭に掲げたなぜ人びとはオリンピックを必要とするのか、別の言葉で言い換えれば、なぜ人びとはオリンピックに魅了されるのか、という答えを出すことにつながるからである。

オリンピックの歴史性、社会性を社会学の視点からとらえるにあたって、ブルデューは目に見えるものから隠されたものへ、すなわち、選手による競技という単なるスポーツスペクタクルから、強い国家的なトーンを帯びた儀式（各国チームの行進、国旗、国歌を伴うメダルの授与）を通して、ナショナリズム的な役目を果たすものへと変貌を遂げる過程の分析が必要であると述べる。また、そこにオリンピックについての映像と言葉の生産、商業化のための競争に加わっているIOCやスポンサー企業、テレビ会社をはじめとする行為者と機関の間の客観的関係の総体、国家的スポーツ政策の登場、勝利を象徴的・経済的に利用すること、ドーピングや権威主義的な形態のトレーニングを含むスポーツ生産の産業化を分析する必要性も加えている(3)。

以上のことをとらえるために、簡略化した三つの枠組みを導入して考えていきたい。スポーツ社会学者の佐伯年詩雄は、われわれが普段目にするアスリートの祭典・オリンピックの影で、ダブル・メイン・イベントが開催されていることを示している。アスリートたちの金メダル獲得を目指したたたかいを、アスレティック・ゲームと名づけるならば、その他の二つのゲームとは、企業の

経済競争――コマーシャル・ゲーム――であり、政治の権力競争――パワー・ゲーム――である。(4)

佐伯によれば、コマーシャル・ゲームはスポーツ産業による運動用具や衣類の提供競争、テレビ放映権の獲得競争、スタジアムの建設、交通システムの整備などが含まれる巨大なゲームである。一方、パワー・ゲームは国民国家や政治組織の国際的承認を得るために展開される権力の正当性と承認をめぐるたたかい、国威発揚に結びつき、自国の政治・経済体制、文化水準、民族の優秀性を示すためのメダル獲得競争というゲームを含む。

これら三つのゲーム、特にコマーシャル・ゲームとパワー・ゲームが織りなす様相について、多様な歴史、事例を社会学的に読み解きながら、最終的にオリンピックが持ち得た象徴的権力について考えていきたい。オリンピックはクーベルタンの理念と周囲の誤解から始まり、国家的イベントとして拡張し、東西冷戦の狭間で政治的イベントとして手段化されてきた。一方で参加原理はしばらくアマチュアリズムによって貫徹され、商業主義に開かれて以降はメディアとの関係でその価値観を変化させ、メガイベントとして成長した。さらには、オリンピックの価値低下に抗うため、環境、レガシーなど新たな価値観を創出しつつ、グローバル都市や国家的政策の登場によって再びメガイベントとして拡張をはじめている。

オリンピックの象徴的権力とは、社会的世界に関する正当性の枠組み(=平和の祭典、アスリートの価値観、開催理念、レガシーなど)を言い表すことによって、それらの「恣意的」結びつきを押しつけ、当たり前に了承された真理へと誤認させるメカニズムである。オリンピックは創出から変わらず、一貫した理念を持ち続けてきたわけではないし、平和思想やアマチュアリズムの精神など、これまでオリンピックが金科玉条に掲げてきたものの多くが必ずしも内実を伴っていないことは以下の各章で明らかになる。古代ギリシャのゲームズとの連続性以外にさしたる根拠をもたないオリンピック精神は、それがクーベルタンが創出したに過ぎない恣意的なものであるにもかかわらず、私たちにその力を誤認させ、影響力をもたらすものとなった。熟考すると必ずしも実体を伴っているとは言えない思想が、社会を動かす要因となり得るところにオリンピックの力があり、そのことが象徴的権力と呼びうるオリンピックの一側面である。そのことを本書は解き明かしたいのである。

（1）二〇〇四年アテネ大会以降、オリンピックとパラリンピックは同じ都市で連続開催されるイベントになった。その意味で、本来であればオリンピック・パラリンピックと表記すべきところだが、本書はその中でもオリンピックの特殊性について解き明かしたいので、特に断りがなければオリンピックと単独で表記することにしたい。

（2）ピエール・ブルデュー／ジャン＝クロード・パスロン『再生産――教育・社会・文化』宮島喬訳、藤原書店、一九九一年、一六ページ。厳密に言えば、ブルデューの象徴的権力論は界、資本などの独特な概念とともに効力を発し、さまざまな界における相対的な関係性の分析を通じて明らかにされる。なお、ブルデュー理論のスポーツ研究への応用については磯直樹「ブルデューとスポーツ社会学」（『スポーツ社会学研究』、第一九巻第一号、二〇一一年、七三-八七ページ）を参照。

（3）ピエール・ブルデュー「オリンピック――分析のためのプログラム」櫻本陽一訳、『メディア批判』藤原書店、二〇〇〇年、一四〇-一四五ページ。

（4）佐伯年詩雄『現代スポーツを読む――スポーツ考現学の試み』世界思想社、二〇〇六年、二八-四〇ページ。

夏季大会

回	西暦	開催都市（国）
1	1896	アテネ（ギリシャ）
2	1900	パリ（フランス）
3	1904	セントルイス（アメリカ）
4	1908	ロンドン（イギリス）
5	1912	ストックホルム（スウェーデン）
6	1916	ベルリン（ドイツ）―中止
7	1920	アントワープ（ベルギー）
8	1924	パリ（フランス）
9	1928	アムステルダム（オランダ）
10	1932	ロサンゼルス（アメリカ）
11	1936	ベルリン（ドイツ）
12	1940	東京（日本）―返上　ヘルシンキ（フィンランド）―中止
13	1944	ロンドン（イギリス）―中止
14	1948	ロンドン（イギリス）
15	1952	ヘルシンキ（フィンランド）
16	1956	メルボルン（オーストラリア）　ストックホルム（スウェーデン）―馬術
17	1960	ローマ（イタリア）
18	1964	東京（日本）
19	1968	メキシコシティー（メキシコ）
20	1972	ミュンヘン（西ドイツ）
21	1976	モントリオール（カナダ）
22	1980	モスクワ（ソ連）
23	1984	ロサンゼルス（アメリカ）
24	1988	ソウル（韓国）
25	1992	バルセロナ（スペイン）
26	1996	アトランタ（アメリカ）
27	2000	シドニー（オーストラリア）
28	2004	アテネ（ギリシャ）
29	2008	北京（中国）　香港（中国特別行政区）―馬術
30	2012	ロンドン（イギリス）
31	2016	リオ・デ・ジャネイロ（ブラジル）
32	2020	東京（日本）
33	2024	パリ（フランス）
34	2028	ロサンゼルス（アメリカ）

冬季大会

回	西暦	開催都市（国）
1	1924	シャモニー・モンブラン（フランス）
2	1928	サン・モリッツ（スイス）
3	1932	レークプラシッド（アメリカ）
4	1936	ガルミッシュ・パルテンキルヘン（ドイツ）
	1940	札幌（日本）—返上　サン・モリッツ（スイス）—返上 ガルミッシュ・パルテンキルヘン（ドイツ）—中止
	1944	コルチナ・ダンペッツオ（イタリア）—中止
5	1948	サン・モリッツ（スイス）
6	1952	オスロ（ノルウェー）
7	1956	コルチナ・ダンペッツオ（イタリア）
8	1960	スコーバレー（アメリカ）
9	1964	インスブルック（オーストリア）
10	1968	グルノーブル（フランス）
11	1972	札幌（日本）
12	1976	デンバー（アメリカ）—返上　インスブルック（オーストリア）
13	1980	レークプラシッド（アメリカ）
14	1984	サラエボ（ユーゴスラビア）
15	1988	カルガリー（カナダ）
16	1992	アルベールビル（フランス）
17	1994	リレハンメル（ノルウェー）
18	1998	長野（日本）
19	2002	ソルトレークシティ（アメリカ）
20	2006	トリノ（イタリア）
21	2010	バンクーバー（カナダ）
22	2014	ソチ（ロシア）
23	2018	平昌（韓国）
24	2022	北京（中国）

第一章　オリンピックの誕生と伝統の創造

現在私たちが目にしているオリンピックは近代オリンピックと呼ばれ、フランスのピエール・ド・クーベルタン（図1）が創始したことで知られる。クーベルタンは、一八六三年にパリで生まれ、オリンピックのために一生をかけたとも言える人生を送った。[1]彼がオリンピックに託した理念的精神はオリンピズムと呼ばれ、現代のオリンピックが商業主義的な大会に変貌をとげていることから（第六章）、この理念と比較してオリンピックの変貌を嘆く声が実に多い。

クーベルタンは晩年、「輪廻があって一〇〇年後に生まれ変わったならば、私は全力をもって自分のつくったものを破壊する」と書いている。この言葉を私たちはどのように解釈すべきだろうか。現代的な視点から、二つのことが考えられる。一つは、クーベルタンが活躍していた時代のオリンピックですら、商業主義的な要素が入り込んでいたことが知られており、彼がつくり出した理念的なオリンピックがゆがめられてしまったという嘆きとしてとらえる見方だ。クーベルタンは一八九六年にアテネで行われた第一回大会の報告書で以下のように記している。

図1　ピエール・ド・クーベルタン

アスレティズムはすでに退行の危険におかれている。……跳躍選手は漕艇を見下す、フェンシング選手は自転車選手に対抗する、射手は庭球選手を見下す……ドイツのジムナスティックはスウェーデン式の方法を全否定する、アメリカンフットボールのルールはイギリス人選手には全ての共通感覚を欠いているように見える。それ以上に、商業的な精神がスポーツ界を今にも脅かそうとしている。人は公然と金のためにレースをしたり、たたかったりしなかったが、それにもかかわらず残念な折衷物が忍び込んできた。名誉ある卓越性を得たいという大望ではなく、勝利願望がしばしばもたげてきた。もし私たちがアスレティズムの退行と二度目の死を目にしたくないと望むなら、それを浄化し、結束させせなければならない(2)。

もう一つは、彼が理想としたオリンピック自体がそもそも最初から成立していなかったのではないかという見方である。スポーツ史学者の和田浩一は、クーベルタンが書き残した多くの文書をもとに、近代オリンピックの誕生のときから、オリンピズムは理解されてこなかったとクーベルタンが認識していたことを指摘している(3)。

ここで重要になるのがオリンピズムの中身である。現在、オリンピックの憲法とも呼ぶべき「オリンピック憲章」では、オリンピズムは「オリンピズムの根本原則」として五項目にまとめられている。その中で重要と思われる三項を確認しておきたい(4)。

一．オリンピズムは肉体と意志と精神のすべての資質を高め、バランスよく結合させる生き方の哲学である。オリンピズムはスポーツを文化、教育と融合させ、生き方の創造を探求するものである。その生き方は努力する喜び、良い模範であることの教育的価値、社会的な責任、さらに普遍的で根本的な倫理規範の尊重を基盤とする。

二．オリンピズムの目的は、人間の尊厳の保持に重きを置く平和な社会の推進を目指すために、人類の調和のとれた発展にスポーツを役立てることである。

三．オリンピック・ムーブメントは、オリンピズムの価値に鼓舞された個人と団体による、協調の取れた組織的、普遍的、恒久的活動である。その活動を推し進めるのは最高機関のＩＯＣである。活動は五大陸にまたがり、偉大なスポーツの祭典、オリンピック競技大会に世界中の選手を集めるとき、頂点に達する。そのシンボルは五つの結び合う輪である。

オリンピズムが体現するスポーツと文化、教育との融合が均衡のとれた総体としての人間形成につながるとする哲学、平和思想、そしてオリンピック競技大会を開催する意義がここでは語られている。「オリンピック憲章」は一九〇八年にはじめて成文化され、原案はクーベルタンが一八九八年頃に書いたものだとされる。[5]「オリンピック憲章」の条文はオリンピックそのものと、オリンピックをとりまく社会的変化に応じて書き換えられてきたが、このオリンピズムの精神にこそ、オリンピックが他のメガイベントと異なることを可能とする要素が体現されている。例えば、ＦＩＦＡ・Ｗ杯やラグビーＷ杯がサッカーやラグビーといった各競技の最高峰の国別対抗戦であるという以外に、どのような理念的価値を持ち得ているかを考えてみればよい。フェアプレイの精神やサッカーで世界を一つにするといった理念は掲げられることはあっても、オリンピックほど明快なメッセージとなって受け止められてはいないだろう。そのことがオリンピックにさまざまな批判が寄せられながらも、人びとを魅了してやまない一つの理由でもある。

二番目のオリンピズムの目的が平和な社会を推進することにあるとする平和原則はよく知られたものであろう。もちろん、この平和原則が必ずしも絶対的な効力を発していると述べるつもりはない。二つの世界大戦下で三つのオリンピック大会が開催できなかったように（一九一六年、一九四〇年、一九四四年）、オリンピックは戦争に対してはあまりにも無力であるし、東西冷戦下のボイコット合戦（第三章）など、スポーツと政治の接点がたびたびオリンピックを危機に陥れることから逃れられていない。ただし、オリンピックが平和の祭典と呼ばれ、人びとに信じ続けられることに、力がないわけでもない。このことは象徴的権力の問題として各章で論じることにしよう。

では、クーベルタンはこのようなオリンピズムをどのように思いつき、構想していったのであろうか。教育学者でもあったクーベルタンは、イギリスのエリート養成機関の役割を果たすパブリック・スクール視察時に、スポーツを通じた教育に感銘を受けたとされる。なかでも、ラグビー競技の発祥として知られるラグビー校の校長トーマス・アーノルド（一八二八年～一八四二年に校長をつとめる）は、エリートの子弟たちの教育に自律と責任を養成するスポーツを積極的に導入した人物として知られるが、クーベルタンは彼の影響を強く受けていたとされる。[6]

正確に書けば、アーノルドがスポーツをパブリック・スクールに積極的に導入したとするのは歴史的に見れば飛躍を含んでいるのだが、そのことを彼の功績として広め神格化に寄与したのが他ならぬクーベルタンであった。[7]

クーベルタンの評伝を書いた人類学者のジョン・マカルーンは、クーベルタンがアーノルドを偶像化していたことを批判的にとらえ、彼がアーノルドの墓碑の前で啓示を受け、「大英帝国の礎石を見たという夢想にとり憑かれていた」とする所感を紹介しているが、[8]オリンピズムと接合される彼のアスレティシズムはこのようにして醸成された。

次に、クーベルタンがどのようにして近代オリンピックの創始を思いついたのか確認しておこう。近代オリンピックには前史とも呼べる、古代ギリシャで行われていたさまざまなゲームズ（オリンピアで行われていたゲームが特に史料も多く、古代オリンピックと呼ばれる）が存在する。批評家で記号学者の多木浩二が簡潔に整理をしているように、一九世紀後半のヨーロッパ、特にイギリスではスポーツの普及が進んでいたことと、あわせて古代ギリシャの遺跡群が発掘されていく中で、古代ギリシャへの憧憬がつくられていった。[9]

当時、古代オリンピックを復興させようという試みはギリシャやイギリスなどローカルなイベントとして数多くなされており、クーベルタンだけの専売特許ではなかったようだ[10]。では、なぜクーベルタンの近代オリンピックだけが成功し、現代にまで続いているのだろうか。

歴史家のアレン・グッドマンは、クーベルタンが古代オリンピックの「聖なる記憶」を、世界の平和と協調を促進するという彼の政治目的のために意図的に利用したと指摘し、そこには彼の「世界主義的観点と卓越した組織能力」が関係していると述べている[11]。すなわち、「エケケイリア」(神聖な休戦と呼ばれ、ギリシャの神々をまつる祭典(ゲーム)を開催するため、ポリスが休戦を履行したとされる概念)に、現代の世界平和をうまく関連づけたのであり、特にヨーロッパを中心に、世界大戦の気配が高まっていた時代状況と呼応させたのである。

このように、クーベルタンはオリンピック復興の気運と戦争の雰囲気漂う当時のヨーロッパにおいて、同じく発展を遂げつつあった近代スポーツとオリンピックを教育と平和の観点から接合することを思い立つ。そして一八九六年第一回近代オリンピックがギリシャのアテネで開催された。

近代スポーツの成熟と階級制度

クーベルタンがオリンピックを創設した一九世紀末、イギリスで生まれた近代スポーツはルールやシステムの制度化を推し進め、成熟しつつあった。一方で、一八八八年にはサッカーのプロ・リーグが誕生し、商業主義的要素が導入されたことから、スポーツの本質とは何かという議論がわき起こっていた。クーベルタンが記したように、これまでの担い手たちが競技そのものや過程を重視してスポーツを行ってきたのに対して、金銭や賞品の授受に絡んで、外的な目的や結果を優先してスポーツを行う者が登場するなど、スポーツの本質を逸脱し、堕落が始まったのではないかとする議論だ。

私たちが一般的にスポーツと呼ぶものは、正確に書けば一九世紀のイギリスで誕生し、世界に伝播した近代スポーツを指す[12]。もちろんスポーツ的な要素をもつ遊びや運動、民俗的儀礼などは世界各地にあり、それぞれがスポーツの発祥であるとする議論へとつなげることも可能だ。ただし、現在の私たちが目にしているように、ルール化され、組織や団体が結成されはじめ、フェアプレイを行使し合うといった、結果よりも過程に重きを置くある種の倫理コード（美徳）をともなう近代スポーツは、イギリスの階級制度と資本主義社会の成立を背景に誕生した。

イギリスの階級社会において、上流階級と呼ばれる全体のわずか二％ほど（一九世紀初頭）に過ぎない特権的な階級の人びとによって近代スポーツの要素は生み出された。彼らは産業革命によって、地方と都市に邸宅を所有する経済的に裕福な階級へと成長を遂げ、時間を持て余していたため、暇つぶしのゲーム＝スポーツを必要としたとするのが一般的な説明だ。彼らは狩猟（狐狩り）や競馬を好んで行ったとされる。イギリスのスポーツを代表し、もとは民衆スポーツでもあったクリケットはさまざまな階級に好まれるスポーツの一つだが、次第に上流階級によってプレイされるようになっていき、クラブを成立させていった。よく知られるように、クリケットは試合の決着がつくまでに数時間から数日を要す。このようにイギリス発の近代スポーツが時には理解し難い複雑なルールを抱え、長時間に及ぶ試合を必要とすることは暇に関係がある。すなわち、勝敗は簡単に決まってはいけなかったのである[13]。

一方で、一九世紀を通じて、もともとは上流階級の子弟の教育機関でありながら、オックスフォード、ケンブリッジ大学へと進学して社会的な階級上昇を目指す中間階級の子弟に向けても拡大されたパブリック・スクールでは、トーマス・アーノルドのラグビー校のように、教育と学生自治の一環としてフットボールが行われてきた。対抗戦の拡大はそれぞれの学校におけるローカル・ルールで発展を遂げたフットボールの統一ルール化をうながし、現代のサッカーとラグビーを生んだ。やがて彼らは当時約七〇%をしめた労働者階級との対戦を限定するような倫理的規範、すなわちアマチュアリズムを形成していったと考えられている。このように近代スポーツが成立・発展するにはイギリスにおける階級的エッセンスが必要だったのである。

その中で、スポーツ概念がどのように誕生し、変化してきたのかについてスポーツ史には通説がある。[14] スポーツという言葉はもともと上流階級が行ってきた狩猟的な概念で、そのための腕前や技術を表す言葉であったものが、近代スポーツの成熟とともに競技的な意味合いを持つようになったというものだ。そこからルールを遵守し、勝ち負けのためにプレイするのではなく、過程を重視する倫理的な意味合い、すなわちスポーツマンシップという概念が生まれ、これがアマチュアリズムへと昇華して世界各地に伝播していくとされる。しかし、最近の研究では、その理解は少し違うのではないかと考えられ始めている。

スポーツ史学者の石井昌幸は、近年の新聞や雑誌のアーカイブ化によって可能になったデータベース検索によって新たな知見を提示している。[15] それによると、近代スポーツが成熟期を迎える一八八五年くらいには、スポーツマンシップという言葉はスポーツをしていた上流階級、あるいは上昇思考の強い中間階級の人たちが持っていた倫理的な思想を指す言葉としてではなく、倫理的なものを欠如させた人びとを指す文脈で用いられていたと言うのである。例えば、プロ選手になった労働者階級の人たちやプロチームの経営者に対して、あるいはイギリス人以外のアメリカ人とかオーストラリア人といった、外部の人たちに対して、スポーツにおける倫理観の欠如が語られた。

前述のように、イギリスの近代スポーツは上流階級が独占していたスポーツに起源の一部があり、そのために限られたサークルと言われる。一方で、近代スポーツの一つのパラドックスとも呼べるように、ルールを明確化・明文化していったことは、さまざまな階級の人びとが同じ競技を行うことを可能にした。労働者階級であれ、中間階級であれ、上流階級であれ、学生の身分であれ、同一のルールでフットボールをすることができるようになったとき、文化をめぐる闘争が起こるようになったのである。社会を統べ、自らが高貴な存在であることを疑わない上流階級や中間階級の上層の人びとは、同じ土俵でプレイし、敗れ去ることは事実上許されなくなったのだ。そのことを回避するもっとも賢明な手段が、自己と他者を区別するとともに、自らの活動に文化的価値を付与し、そうでないものの価値を減じる戦略である。具体的に書けば、労働者階級が行うフットボールは価値が低いものと定義し、それ以外の種目を重視したり、ことさら倫理的な要素を付け加えてフットボールをプレイしようとすることである。このことは社会学者のピエール・ブルデューがディスタンクシオン＝「卓越化」と名付けた論理から説明することができる。彼は人びとの文化的序列意識をめぐる階級的闘争が存在することを明らかにしている(16)。

繰り返しになるが、当時ジェントルマン＝アマチュアと言われたある種の特権的な階層の人たちが、労働者階級あるいは外国人チームに試合で敗れていくことが起きてはじめて、スポーツは倫理的な意味合いを帯びるようになった。石井は「皮肉にも、それまで多義的で漠然とした了解のもとに成立しえた『スポーツマンであること』そのものが」揺らぎ始めたと書いている(17)。初めから特権階級が自ら倫理的なものとしてスポーツを実践していたのではなく、そうでない者たちにこの倫理的コードを実践しなさいと強要することによって、倫理的コードが形作られていったのである。

アマチュアリズムの誕生

さて、近代スポーツの誕生についてやや迂遠な説明をしてきたのには理由がある。本書で中心的に見ていくオリンピックと商業主義との関係性のいくつかが、ここで形成されたアマチュアリズムとの比較から論じられ、現代に至るまで残存し続けているからである。一九八四年のロサンゼルス大会を迎えるまで、オリンピックの歴史はアマチュアリズムを中核にすえた、商業主義とのたたかいの歴史でもあった。

その意味でも近代スポーツの発展は近代オリンピックと密接な関係を築いている。その中でももっとも重要な概念がアマチュアリズムである。一九七四年にオリンピック憲章の条項から削除されるまで、オリンピックやオリンピズムの概念自体がアマチュアリズムを中心に展開されてきたと言っても過言ではない。現在ではアマチュアと言えば、プロになれない技術の未熟な選手を指したり、愛好家という意味合いで使われたりするが、七〇年代まではオリンピックの参加資格を明確に定義する言葉であった。アマチュアリズムは身体を使ったある特定の職業についていたかどうかや、商業主義的活動へ従事したことがあるかどうかといったように、結果として労働者階級の競技者を除外することを目的とした概念によってオリンピックを染め上げていった。

このアマチュアリズムを生み出したアマチュアという言葉がスポーツに使われたのは、イギリスの伝統的なボートレースであるヘンリー・ロイヤルレガッタに登場した一八三九年が初出とされる。ドレスコード（その場に入れる観衆の服装を規定したルール）によって明確に階級社会を体現していたボート競技は、[18]その後アマチュア規定を明文化していき、他のスポーツへと影響を与えた。例えば、一八七九年の規定には、賞金、金銭、入場料のために競漕していないこと（外国人は除く）、生計のために競技者の練習を教え、従事し、援助していない者、機械工、職工、工場労働者である者／あった者以外という規定が見られる。クーベルタンはヘンリーロイヤルレガッタのスチュワード（運営組織）が定めたアマチュア規定を参考にオリンピックを創設したとされ、アマチュア規定がオリンピックに流入することになった。

オリンピックの歴史においては、多くのアスリートがそのアマチュア資格をめぐって、メダルを剝奪されたり、アマチュア競技界から追放の憂き目に遭っている。一九一二年ストックホルム大会の陸上五種、十種競技で金メダルを獲得し、後に俳優やプロ野球選手として活躍したアメリカのジム・ソープは、事前に野球の試合で賞金を得ていたことが発覚し、アマチュア違反で失格、メダルを剝奪されている。[19]また、黒人差別と闘いながら、一九三六年ベルリン大会の陸上一〇〇メートルをはじめ四つの金メダルを獲得したジェシー・オーエンスは、後にアマチュア資格を剝奪され、競走馬との競争を余儀なくされるなど、数奇な運命をたどっている。このアマチュアリズムの概念は、一九七〇年代までオリンピックの支配的原則であり続けた（第四章）。

このことから、自身も貴族的な身分であったクーベルタンは、上層の限られたサークルを保持することに力を傾ける排他的な人物だったのではないかと言われることが多く、徹底したアマチュアリズムの遵守もそのためであると考えられがちだ。ところが、意外にも彼は、アマチュアリズムの厳格な信奉者ではなく、それによる過度な選別を問題視していたことはあまり知られていない。「この点に関しては、どう見ても、イギリス人の考えはひどく気難しかった。……わたしたちはあるスポーツマンが、職業競技者と競争したというだけでアマチュアの資格を失うと認定されることを判《は》っきりと拒んだ[20]」と記している。最終的に、クーベルタンは近代スポーツを生んだイギリスの社会的影響力を考えたとき、オリンピックにアマチュアリズムが入り込むのは仕方のないことだと考えざるをえなかったようだ。

当時のイギリス人がスポーツにもっていた影響力を示す有名なエピソードがある。サッカーの国際的統括組織ＦＩＦＡ（国際サッカー連盟）はフランス人のロベール・ゲランが一九〇四年に創始したが、創始メンバーにイギリスの名前はない。その翌年、イギリスを構成するホーム・ネイションズと呼ばれるイングランド、スコットランド、ウェールズ、北アイルランドのサッカー協会がそれぞれ個別に加盟している。創始にあたって参加を打診されたイングランドのサッカー協会は、イギリスの図抜けた実力とサッカー発祥の地という自負から、国際組織への加盟の必要性を感じないという趣旨の尊大な返答を行っている[21]。また、サッカーのルールを定める国際サッカー評議会の投票ルールは、イギリス四協会の四票とその他二〇〇余りのＦＩＦＡ加盟国からなる四票で構成され、改正に四分の三が必要とされるなど、今でもイギリス四協会に絶大な権限を残している。[22] ちなみにフランス人のジュール・リメがプロ選手の参加を認める世界大会（ＦＩＦＡ・Ｗ杯）を一九三〇年に創設したとき、アマチュアリズムとの関係性からイギリス四協会はＦＩＦＡを離脱している。

社会学者のノルベルト・エリアスが述べたように、産業革命と資本主義の発達、議会制度を生んだイギリスで近代スポーツが生まれたのがパラレルな展開にあるとするなら、[23] ＩＯＣやＦＩＦＡのような国際組織と、オリンピックやＦＩＦＡ・Ｗ杯のような国際大会を創設したのがフランス人であることには何らかの関係があるだろう。彼らはイギリスが当時持ち得た帝国主義的なヘゲモニー（権力）[24]を国際主義的な思想のもとで相対化し、グローバル化へ道を開く存在であった。アメリカと並んでオリンピック好きの国として知られる日本が、アジア諸国で初めてオリンピックに参加したのが一九一二年で、嘉納治五郎をＩＯＣに招き寄せたのはクーベルタンであった（第二章）。

「創られた伝統」としてのオリンピック

歴史学でよく知られる概念に「創られた伝統」という言葉がある。歴史学者のエリック・ホブズボウムが使った言葉で、語義的には矛盾だが、伝統というのは長い間をかけて私たちの慣習になっていったものであるにもかかわらず、それを誰かが意図的に創る地点があるということを示す概念だ。[25] この概念を用いてオリンピックの神話性を的確に説明した多木浩二によると、クーベルタンは、古代ギリシャのオリンピックと近代のオリンピックの連続性を、非常にうまく利用した張本人だと言うことができそうである。近代オリンピックについて考えるとき、たいていの人間にはどれが古代からの遺産で、また新しいものなのかを明確に区別することができない。過去との連続性の中で、現実を神話化する過程の進行状態に私たちが置かれたとき、オリンピックは強い象徴的な力を発すると多木は指摘している[26]。

例えば、私たちがよく目にしている五輪のマークは五大陸の象徴とされており、クーベルタン自身が一九一三年に描いたものとされる。その後、第一次世界大戦の影響で一九一六年ベルリン大会が中止になったため、オリンピックで披露されたのは一九二〇年アントワープ大会からである。実のところ、この五輪のマークは古代遺跡に刻まれていた謎のマークなのだが、ギリシャ時代は五大陸という概念自体がなかったことからもわかるように、クーベルタンが五大陸の意味を付け加えて新たに創ったものである。一九八四年ロス大会以降に厳格に商標化されるオリンピックのシンボルは、こうして古代との神秘的な連続性を獲得した。

また、マラソン誕生の故事にも仕掛けがある。日本で人気種目のマラソンは、四二・一九五キロという中途半端な距離で競技される。この競技は古代の勇者フィリピデスが、マラトンからアテネまで自国の勝利を伝えるために走って絶命したという故事から創られたもので、彼が走破した距離が四二・一九五キロなのだというようにたびたび誤って語られる[27]。マラソン競技が考案されたのは第一回近代オリンピックのアテネ大会で、二五マイル＝四〇キロという距離でレースは実施されており、それが初めて四二・一九五キロになったのは一九〇八年のロンドン大会からである。変更のきっかけは、王女がウィンザー城からスタートが見えるように、そしてゴールで貴賓席を通るように距離を伸ばすことを命じた些細なわがままから起こったという。それまでは大会毎に距離が変わっており、このときの皇族が関わったいきさつをもとに、四二・一九五キロがマラソンの正式な距離として定められたのは、一九二四年のパリ大会からであった。

　この競技が創設されたアテネ大会で優勝したのはギリシャ人のスピリドン・ルイスという羊飼いであるが、ギリシャ人にとっては自分たちの故事を再現した重要なイベントとなった。優勝者に王女が嫁ぐということが宣言されるなど、是が非でも負けられないイベントとして国民に受容され、ナショナリズムを刺激した。これは日本人が、自らが創り出した柔道では絶対に負けられないと思う感覚に似ていると言えるだろう。

　もう一つの例をあげておきたい。現代のオリンピックにおける聖火は、古代ギリシャの神殿跡地で採火式が行われ、自国をリレーすることで大会を盛り上げる役割を果たし、象徴的な意味でも、商業主義的な側面においても、開催都市にとっては大会の成功を左右する重要な存在である。ギリシャで行われる採火式のイメージから、古代オリンピックとの関連性を想像してしまうが、この聖火点灯が行われるようになったのは一九二八年のアムステルダム大会という比較的新しい時期である。リレーが行われるようになったのは、ヒトラーがオリンピックをプロパガンダに使った一九三六年のベルリン大会からで、ドイツからオーストリアを経由してギリシャへと至る、戦争のための戦略的なスパイ行為であったとまで言われている。以上のことからわかるように、多くの事例が古代ギリシャとの連続性を有していないにもかかわらず、そのようなものとして誤解され、神話化されている点に注目しておきたい。

　この伝統の創造を現代的に推し進めている言葉の一つがレガシー（Legacy）という言葉だろう。

レガシーは近年のオリンピックの中で欠かせない言葉として定着してきた（第八章）。これは二〇〇三年からオリンピック憲章に含まれるようになった、オリンピックの遺産を表す比較的新しい言葉だが、いったん定義されると、それ以前のオリンピックに対しても同様の言葉が使われてしまう。そこではポジティブな意味をいかに付与できるかという観点からオリンピックの問い直しが始まるのである。その意味で、オリンピックが生み出すレガシーとは何かを考えるという行為自体、オリンピックの新たな「伝統の創造」に荷担してしまっていると言える。

これらオリンピックの「伝統の創造」に寄与したクーベルタン自身も、現代社会では平和思想、スポーツを通した教育の体現者として神格化されている。彼の掲げた理念は、ＩＯＣが掲げるオリンピックの理念とは必ずしもイコールではないし、理想通りに展開したわけでもない。あまり知られていないが、第一回のオリンピックがギリシャで開催された翌年、ギリシャはトルコと戦争をしている。マカルーンは、これは推測の域を出ないと断った上で、オリンピックをやったことでギリシャの民族主義が高まった可能性を指摘している。マラソン種目での優勝が、ギリシャ国民に歓喜で迎えられたように、このイベントは平和主義を掲げながらも、ナショナリズムや民族主義を高めるという逆の側面も備えていた。

また、クーベルタンが構想したオリンピズムの理念は、これまで見てきたように、彼がイギリスのアマチュアリズムとの関係性から創り上げたものだが、オリンピックの創始期には誤解され、無理解の中でもまれてきた理念でもあった。彼が意図した、スポーツの中で教育を大事にし、オリンピックを通して知育、体育、徳育を結び付けるという理想は実現されているだろうか。その理想を追い求めるあまり、私たちはクーベルタンの理念に過剰な期待を抱きすぎてはいないだろうか。冒頭に示したクーベルタン自身の「私は全力をもって自分のつくったものを破壊する」という言葉がこのズレを端的に示している。

加えて、クーベルタンは非常に理想的で、先進的な思想を持っていたと考えられがちだが、実際は人種と性に関する当時の白人男性の思想からは自由ではいられなかったことも知られている。例えば、「より高く、より速く、より強く」というオリンピックの標語について、彼は男性特有の美を表す言葉と考えており、女性は女性特有の美的なものを体現できるスポーツに参加すべきとして、以下のような言葉を残している。

女性テニスプレイヤーや女性競泳者がいるばかりでない。女性フェンシング選手、女性騎手、おまけにアメリカには女性のボート競技者がいるというではないか。将来はきっと、女性ランナーや女性サッカー選手さえいるのだろうね？　女性によって行われるそうしたスポーツに、オリンピックのために集まっている観客たちを魅了するようなスペクタクルを創り上げることができると思っているのか？　わたしにはそうした要求を満たすことができるとは思えない[28]。

現代は多木が「三度目のスポーツ革命」と称した女性スポーツの時代が訪れ、日本においても女子サッカー選手のプレーに魅了されるような時代が来ているわけだが、当時は女性スポーツに対して非常に懐疑的な眼差しが向けられていた。このことからも、クーベルタンの思想にオリンピックが抱えるすべての理念的価値の由来を求めるのは酷だろう。

第五章で詳述するように、現代のオリンピックは、商業主義的な特性がかなり色濃く反映される大会に変貌した。テレビ放映権の高騰がもたらすオリンピックや選手への巨額の利益は、そこから派生する多くの問題、すなわち私たちがスポーツの本質と呼びたがるものをメディアが変えてしまうことや、選手のドーピング問題などを引き起こしている。そのときに私たちは、近代オリンピックの創始と理念を参照点に、それらがゆがめられてしまったとつい語ってしまう。およそ一九八〇年代までオリンピックが連綿と受け継いできたアマチュアリズムに代表されるように、アスリートが金や名誉のために競技するのではなく、結果を導く練習の過程にこそ高い価値観を見出すといったある種の美徳と、それにまつわる物語は、アマチュアリズムが崩壊した現在においても私たちを魅了してやまない。

このように、他に代えがたい、貴重で崇高な理念としてクーベルタンの理念とオリンピズムをとらえていくと、オリンピックの神聖化へとつながる現代的な意味での「伝統の創造」が起きてくる。つまり、古代ギリシャから近代へと連続するものとして、伝統が創造されたオリンピックを、理念的イベントであると定義することで、新たな「伝統」が書き加えられるのである。クーベルタンが構想したオリンピズムと、実際に行われてきたオリンピックには大きなずれがあるにもかかわらず、私たちがそれを神聖化してとらえてしまうというところに、このオリンピズムの特性があるとも言える。

それでは、オリンピックに書き込まれた「伝統」を疑い、それ自身を相対化することはどのように可能になるのだろうか。それはオリンピックに秘められた物語、神話を歴史的に解きほぐしながら、そこに本質を求める行為を止めることだろう。以後の各章でアプローチするのは、オリンピックがつねに過去と理念を参照点にしながら、象徴的な力を獲得してきた歴史である。マカルーンがくしくも述べたように、「オリンピック大会は物語の饗宴だったのであり、文化的イメージの創造と交換の場」であり続けてきた。そうした「イメージや物語の『質』と効果を判断するには、まずそれらが、劇的に凝縮されしかも意識しない形で人々の眼前に晒されること」が必要なのである。(29)

(1) クーベルタンについてはジョン・J・マカルーン『オリンピックと近代――評伝クーベルタン』(柴田元幸・菅原克也訳、平凡社、一九八八年)、和田浩一「二一世紀に生きるピエール・ド・クーベルタンのオリンピズム――日本の過去と未来の視点から」(藤井雅人他編『体育・スポーツ・武術の歴史にみる「中央」と「周縁」――国家・地方・国際交流』道和書院、二〇一五年、二二四-二四一ページ)などを参照。

(2) "The Olympic Games"(第一回近代オリンピック大会報告書)、四ページ。

(3) 和田によると、クーベルタンは「誰も私を理解していなかった。それは完全な、絶対的な無理解であり、そのときに始まって久しくずっと解けないものだった。……このことが、私を孤独でやり場のない立場に追いやった」と書き記している(和田浩一「オリンピック・ムーブメントと世界平和――ピエール・ド・クーベルタンと嘉納治五郎の教育思想を中心に」、新井博・榊原浩晃編『スポーツの歴史と文化――スポーツ史を学ぶ』道和書院、二〇一二年、一三一ページ)。

(4) 国際オリンピック委員会、日本オリンピック委員会訳『オリンピック憲章(二〇一六年八月二日)』、二〇一六年、日本オリンピック委員会ホームページ(http://www.joc.or.jp/olympism/charter/)。

（5）ＩＯＣホームページ（https://www.olympic.org/olympic-studies-centre/collections/official-publications/olympic-charters）。

（6）マカルーン、前掲『オリンピックと近代』一一九－一二〇ページ。

（7）アーノルドの活躍した時代、パブリック・スクールではすでにスポーツが盛んに行われており、彼が積極的に奨励したとする証拠はない。最上級生に学校における自治の権限を与え、下級生に指示を出せるようにする一方で、彼らの面倒を見させる仕組み（プリーフェクト・ファギング制度と呼ばれる）を推し進めたことが、結果としてスポーツの発展とルール化を生んだとする見立てがある（阿部生雄『近代スポーツマンシップの誕生と成長』筑波大学出版会、二〇〇九年、第五章）が、これもアーノルドの功績ではない。

（8）マカルーン、前掲『オリンピックと近代』一三四ページ。

（9）多木浩二『スポーツを考える――身体・資本・ナショナリズム』筑摩書房、一九九五年、五四ページ。

（10）マカルーンは、クーベルタンの着想自体は彼独自のオリジナルというものではなく、ヴィクトール・デュリュイ（歴史家・公教育大臣）の思想などをなぞっているのではないかと指摘している（マカルーン、前掲『オリンピックと近代』二八五－二九二ページ）。

（11）アレン・グットマン『スポーツと帝国――近代スポーツと文化帝国主義』谷川稔他訳、昭和堂、一九九七年、一四三ページ。

（12）近代スポーツをそれまでの民俗的遊技と区別し、その特徴を七つの要素から定義したのがアレン・グットマンである（アレン・グートマン『スポーツと現代アメリカ』清水哲男訳、ＴＢＳブリタニカ、一九八一年）。近代スポーツをめぐる社会学的研究としては西山哲郎『近代スポーツ文化とはなにか』（世界思想社、二〇〇六年）が詳しい。

（13）加えて、イギリス発祥のスポーツが前方にいる味方を利用して有利に試合を進めてはならない、とするオフサイドのルールを有していることの文化的意味について考察した中村敏雄『増補　オフサイドはなぜ反則か』（平凡社、二〇〇一年）は、代表的な研究成果である。

(14) 阿部、前掲『近代スポーツマンシップの誕生と成長』一二ページ。

(15) 石井昌幸「一九世紀イギリスにおける『スポーツマンシップ』の語義――一八〇〇年から一八九二年までを中心として」、『スポーツ社会学研究』第二一巻第二号、二〇一三年、三一‐五〇ページ。また、池田恵子「ジェントルマン・アマチュアとスポーツ――一九世紀イギリスにおけるアマチュア理念とその実態」(有賀郁敏他『スポーツ』ミネルヴァ書房、二〇〇二年、三‐三九ページ)も参照。

(16) ブルデュー『ディスタンクシオンⅠ』(石井洋二郎訳、藤原書店、一九九〇年)、並びにピエール・ブルデュー「人はどのようにしてスポーツ好きになるのか」(田原音和監訳、『社会学の社会学』藤原書店、一九九一年、二二三‐二五〇ページ)を参照。

(17) 石井、前掲「一九世紀イギリスにおける『スポーツマンシップ』の語義」四五ページ。

(18) 例えば、紳士は背広かジャケット、またはブレザーを着用し、ネクタイをすること、淑女はドレスとすそが膝下を隠す長さのスカートを着用し、キュロットやズボンは禁止、帽子をかぶることが望ましいとされた。テニストーナメントとして最古の歴史をほこるウィンブルドンが現在でも白色のウェア着用を義務付けているのも有名だ。ドレスコードは階級的な社交の場を保つためのマナーだったのである。

(19) 後に遺族らの活動により名誉が回復され、一九八二年に金メダルは返還されたが彼の死後であった。二位の選手が繰り上げで金メダルを獲得していたため、現在のIOCの記録上は二人の金メダル選手が並んでいる。IOC会長をつとめたアベリー・ブランデージは同五種競技・同国アメリカの選手で、六位(繰り上げで五位)だった。

(20) ピエール・ド・クベルタン、カール・ディーム編『ピエール ド クベルタン――オリンピックの回想』大島鎌吉訳、ベースボール・マガジン社、一九六二年、一〇二‐一〇四ページ。

(21) アレン・グットマン、前掲『スポーツと帝国』六七ページ。

(22) 石井昌幸「グローバル・スポーツの比較伝播史」、早稲田大学スポーツナレッジ研究会編『グローバル・スポーツの課題と展望』創文企画、二〇一四年、九九‐一一三ページ。

(23) ノルベルト・エリアス／エリック・ダニング『スポーツと文明化——興奮の探求』大平章訳、法政大学出版局、一九九五年、序論。

(24) ジョン・トムリンソン『文化帝国主義』片岡信訳、青土社、一九九三年。

(25) エリック・ホブズボウム／テレンス・レンジャー編『創られた伝統』前川啓治他訳、紀伊國屋書店、一九九二年。

(26) 多木、前掲『スポーツを考える』六二ページ。

(27) より正確に書くと、フィリピデスの逸話も都合良く創られたものである。言語学者のミッシェル・ブレアルは、オリンピック復活を宣言した一八九四年のパリ会議においてこの故事を紹介したが、これは架空の故事であった（桜井万里子・橋場弦編『古代オリンピック』岩波書店、二〇〇四年、二〇四-二〇九ページ）。

(28) 田中東子「オリンピック男爵とアスレティック・ガールズの近代」、清水諭編『オリンピック・スタディーズ——複数の経験・複数の政治』せりか書房、二〇〇四年、六六ページ。

(29) マカルーン、前掲『オリンピックと近代』五二六ページ。

第二章　日本におけるオリンピックの受容
――オリンピックが幻に変わるまで

クーベルタンが始めたオリンピックは理念的に実現されてきたとは言えないまでも、オリンピックムーブメントは徐々に世界各地に伝播していった。この章では、オリンピックが日本にどのように伝わり、受容されていったのかについて、ＩＯＣ委員として長年活躍してきた嘉納治五郎に注目しながら見ていきたい。嘉納が受け入れたことで、一九一二年のストックホルム大会に初参加した日本とオリンピックの関係は、「幻の東京オリンピック」と呼ばれることになる一九四〇年大会の招致へとつながっていく。そして戦後、ようやく開催がかなった一九六四年の東京オリンピックを経て、「オリンピック至上主義」という言葉を生むまでに密接なものになっていくのである。日本選手のオリンピック初参加から、初めての大会開催が幻となるまでを見ていくことにしよう。

ストックホルム大会への初参加

嘉納治五郎（図1）は、一九〇九年にＩＯＣ会長クーベルタンの要請を受けたフランスの駐日大

図１　嘉納治五郎

使ゼラールからの依頼を受け、ＩＯＣ委員を引き受けるとともに、オリンピックへの参加を決めた。このゼラールは、ベルギー公使時代にブリュッセルでのオリンピック・コングレス開催に協力した経緯をもち、クーベルタンの思想を理解する存在であった[1]。嘉納は講道館柔道の創設者としてよく知られているが、学習院教授、第一高等中学校校長、東京高等師範学校校長などを歴任するなど、教育界を代表する人物でもあった[2]。

　クーベルタンは教育学としてのオリンピズムを理解し、ＩＯＣの事業に対して国際協調の立場から協力してくれる人物を求めており、この点で嘉納はうってつけの人物であったことになる[3]。また、クーベルタンと嘉納は教育制度や体育・知育・徳育をめぐる教育観、他国理解や平和思想に至るまで、さまざまな思想的近似性を有していた[4]。

　嘉納がＩＯＣ委員の要請を受けた当時の運動競技について記せば、学校で行われる体操のほか、野球などの競技が多少行われるに過ぎない状況であった。ただし、学校で行われた野球は次第に人気を獲得し始め、教育の観点から弊害が指摘され、東京朝日新聞の紙面で有名な「野球害毒論争」が起きるのが、オリンピックの予選会が実施される一九一一年のことである。

　嘉納は当時から国民体育の普及・発展を第一義的に考えていたため、オリンピックを通じて運動競技を広めることができれば、それに資すると考えた[5]。嘉納は外務大臣小村寿太郎や文部大臣菊池大麓らと相談の上、ストックホルム大会への参加を決意し、そのための予選会の開催と大日本体育協会（以下、体協、現在の日本体育協会、ＪＯＣ：日本オリンピック委員会）の設立をうたった「日本体育協会の創立とストックホルムオリンピック大会予選会開催に関する趣意書」を発表した。一般的に「嘉納趣意書」と呼ばれるこの文章は、以下の有名な文章で始まる。

国家の盛衰は国民精神の消長により、国民精神の消長は国民体力の強弱に関係し、国民体力の強弱はその国民たる個人および団体が特に体育に留意すると否とによりてわかることは世のあまねく知るところに候、……我が国体育の現状と世界の大勢とに鑑み、ここに大日本体育協会を組織し、内はもって我が国民体育の発達を図り、外はもって国際オリンピック大会に参加するの計画を立てんことを決議仕り、まずその第一着手として別記要項により国際オリンピック大会選手予選会を開く事に相成り候[6]

国家の盛衰が国民体育の状況によって決定づけられるとする、嘉納の今後の活動を方向づける宣言であったが、この当時は国民に受容される土壌をもっていなかった。文部大臣森有礼による、国民が「国家のため」に存在するということを教育制度として明確に示した学校令、その中心に国体としての天皇制を位置づけようとした大日本帝国憲法、教育勅語の発布が国家主義的意識を下支えしていたことはよく指摘されるが[7]、明治期の体育・スポーツは、いまだ制度的にも未整備の状況であった。嘉納はこのときすでに、国家主義的意識、すなわち富国のための国民体育の考えを打ち出していたが、このことは一九三〇年代以降に体育・スポーツ界が帯びる国家主義的側面を先取りしていたと言えるだろう(8)。日本で初めてのオリンピック参加が行われたのはこのような時代であった。

一九一一年一一月一八日、一九日に羽田運動場で開催された予選会を経て、ストックホルム大会にはマラソンの金栗四三、一〇〇メートルの三島弥彦の二人が選ばれて出場した。図2の写真はそのときの入場行進の様子である。日本がオリンピックへ足跡を刻んだこの行進は、嘉納治五郎を含むわずか五人だけのものであった。東洋の、それほど知られていなかったであろう日本という国から参加した小選手団を、ヨーロッパ、スウェーデンの人びとはどのようなまなざしで眺めたであろうか。それからわずか二〇年後の一九三二年ロサンゼルス大会では、日本選手は一三一人、一九三六年のベルリン大会では一七九人に膨れあがり、一九四〇年には東京大会を招致するまでに至る。

図2　ストックホルム大会の日本選手団

大日本体育協会の創設

嘉納によって創設された体協は、国内的には国民体育の発達を図り、国外的にはオリンピック大会に参加する計画を立てることを目的として設立され、オリンピック大会に日本を代表して参加することと、さらには運動競技の振興ではなく、あくまでも国民体育の奨励を目的とすることが前面に掲げられた。当面取り組むべき運動として嘉納が理想とした国民体育の中身は歩行、競走、跳躍、游泳の四つであった。

設立当初、体協は経済界や政界の大立者によるパトロン的な存在によって資金的に支えられ、オリンピックへの選手派遣もそのようなかたちで行われた。従って、多額の資金を提供できる者が強力な発言力をもち、体協の役員などに選ばれる構造がしばらく続くことになる。そんな中で、嘉納は講道館文化会創設を理由に、一九二一年に体協の名誉会長へ就任し、実質的な運営から身を退くことになった。嘉納の後を継いだのが、第二代会長の岸清一（図3）である。岸は嘉納と並んでIOC委員となり、一九三三年に他界するまで体協の実質的な屋台柱として活動をした。

図3　岸清一

嘉納はクーベルタンに書簡を送り、IOC委員として岸清一を選出し、日本の委員を二名にしてほしいという提案を行い、それが無理であれば自分が辞任をするので岸を後任にしてほしいと伝えている(9)。ここからはオリンピックに距離を置いてでも、講道館文化会の活動を軌道に乗せようとした嘉納の覚悟がうかがえる。

岸清一は大学時代はボート競技の漕手として名をはせたも

のの、その後しばらくスポーツ界の表舞台には登場しない。帝国大学を卒業後は弁護士（代言人）として活躍した。外資を導入した合弁会社設立に先鞭をつけ、大阪ガス会社の建て直しのために外資の斡旋を行うなど、法律顧問、取締役として辣腕を振るった。体協理事の任についたのは彼が五三歳の時であった。

嘉納が岸を次期会長に推薦するにあたって会長の資質として挙げたのが、スポーツへの興味と理解があること、自由な時間と十分な財力を持ち、社会的に知名の士であるという四点であり、岸は最適任であったと言える。このことからも当時のスポーツ団体が、会長をはじめとした一部の人間の支援によって支えられなければ立ち行かなかった実情がうかがい知れる。

岸が会長に就任して以後の体協は、国民体育を実現する団体というより、オリンピックのための選手派遣団体に変わっていった。このことは一九二〇年代から三〇年代にかけて起こった、スポーツをめぐる国家との関係性の変化に起因する。クーベルタンが構想したオリンピックは次第に参加国、参加者数を増加させ、ナショナリズムの高まりを背景にしながら国家間の熾烈な競争が展開する場となっていた。これにともない、メダルの獲得順位が国家の力を表す指標として機能し始めていた。日本でも同様に、一部の高等教育機関の学生が行うだけの特権的なスポーツから、国際間競争の場へとスポーツが転換していく時代を迎えていたのである。

この間、世界的なオリンピック開催にも変化の兆しがみられ、開催国の威信を高める手段として、巨大化した大会運営が行われる時代を迎えていた。図4は一九二八年アムステルダム大会のメインスタジアムの様子である。それまでのオリンピックでは、メインスタジアムとなる陸上競技場が四万人規模、それに五千人程度の水泳競技場が併設されるのが一般的であった。アムステルダム大会では四万一四三三人収容のスタジアムと六〇〇〇人収容の水泳場が準備されるにとどまり、メインスタジアムは大会後三万人規模に改修されている[10]。この当時、ヨーロッパでは一〇万人収容のウェンブリースタジアムを例外として、四万人規模のスタジアムが一般的であった。

図4　アムステルダム大会メイン競技場

図5　ロサンゼルス大会メイン競技場

ところが、この後に開催される二つの大会がそれぞれ別の方法で大規模スタジアムを用いたオリンピック開催の手法を持ちこむことになる。一九三二年のロサンゼルス大会はメイン競技場に一〇万五千人（図5）、水泳場に一万人収容のものを準備した。水泳とボート競技場が新設された以外は、既存施設の改修で対応した[11]。そこには大学をはじめとして、いち早く商業主義的スポーツの環境整備を成し遂げたアメリカの社会的特徴があったと言える。[12]

一方で、一九三六年のベルリン大会は、ヒトラーのナチスドイツが国威発揚として大会を国家的にコントロールした大会として知られる。この大会ではメイン競技場に一〇万人収容の総合競技場（図6）、二万人の水泳場が新設され、一帯をオリンピックゾーンとして整備した。この施設計画の秀逸さは、一九四〇年東京大会の設計に向けて視察に訪れていた建築家の岸田日出刀によって解説されているが、一〇万人の観客が一斉に解散してもいくつかの駅に分かれて分散収容できる構造になっているなど、ドイツの国家的な力を存分に示すものとなった。[13]後に、岸田はドイツ大会で示された競技場の理想を東京大会に実現するべく、明治神宮競技場のほかに一〇万人規模の新たな国家的スタジアムを建設すべきという持論を展開することになるのである。

このように一九三〇年代から突如現れたオリンピック競技場の大規模化は、パトロンの支援に頼り、十分な経済的構造を確立し得なかったIOCにとって歓迎すべきものであったはずだが、その評価は大きく分かれていた。当時のIOC会長は創設者クーベルタンからベルギーのバイエ・ラトゥール（図7）に引き継がれていたが、クーベルタン以上にラトゥールはオリンピックに対して保守的な観念を持っていたとされる。ラトゥールは既存の施設を使いながら、スポーツ団体を中心にして運営がなされたロサンゼルス大会を模範とし、国家的な運営がなされ、オリンピックを国威発揚の手段に利用したベルリン大会を批判的にとらえていた。[14]

オリンピックをめぐる世界的情勢が変化するのにあわせて、日本でもオリンピックに対する国家の支援体制に変化が起こっていた。一九二四年のパリ大会を皮切りに、現在では当たり前となっている選手派遣に対する国庫補助が開始されたのである。一九二九年には嘉納や岸も加わった文部大臣の諮問機関である体育運動審議会が設置されるなど、スポーツに対する国家的な支援・整備が整えられていった[15]。とりわけ、オリンピックは西洋列強に伍して日本の地位を高めていく一つの手段として認知されはじめたのであり、ここに至って、オリンピックに参加し、メダルを獲得することは文明国としての国家的な義務にまでのぼりつめるのである。

図6　ベルリン大会メイン競技場

図7　バイエ・ラトゥール

東京オリンピックの招致が決定されるまで

そこに起こったのが、一九四〇年のオリンピックを東京に招致しようという提案であった。一九三〇年から二期目の東京市長をつとめていた永田秀次郎は、一期目の一九二三年に関東大震災を経験し、そこから復興をなしとげたことをアピールするためのイベントとして、オリンピックの招致・開催を決断する。早速、一九三一年には東京市議会がオリンピックの招致決議案を可決し、IOC総会に正式招請状を送付するまでに至り、オリンピック招致の呼び声はとんとん拍子に高まっていった。

当時の日本は、オリンピックでメダルを獲得する種目が増え、ようやくその実力を記録に刻みはじめていたばかりである。アムステルダム大会では陸上三段跳びで織田幹雄、競泳二〇〇メートル平泳ぎで鶴田義行が金メダルを獲得したに過ぎず、人見絹枝が女子としてはじめてメダルを獲得した陸上八〇〇メートルを含めた二つの銀メダル、一つの銅メダルの獲得にとどまっていた。ロサンゼルス大会ではヨーロッパからの参加選手が少なかったこともあり、大選手団を送ることのできた日本は七個の金メダル、七個の銀メダル、四個の銅メダルを獲得したものの、一九三〇年代初頭にはオリンピックを開催する実力があるとはスポーツ界の人間は誰も考えていなかった。従って、体協を中心として関係者の反応は「きわめて冷淡かつ消極的[16]」だったのである。

ところが、IOCに立候補を表明した後、嘉納や岸は各国IOC委員の理解を得るべく積極的な招致活動を展開していたことが知られている。嘉納はオリンピック招致に対してどのような感想を抱いていたのだろうか。彼自身が意見を明確につづった史料は残されていないが、二つの史料がその手がかりを与えてくれる。一つはオリンピック開催に関して関係者が座談会を開催した折りに出た発言で、高島文雄という体協の主事が、岸先生は非常に悲観的だったが嘉納先生はさらに輪を掛けたぐらい悲観論者であったということを述べているものだ(17)。もう一つはスポーツ評論家の川本信正が戦後に伝聞というかたちで書いているもので、オリンピックを開催することに岸が強硬に反対をしているため、下村宏(朝日新聞社社長、後の体協会長)がまず嘉納をくどき落とすことにし、嘉納が即座に賛成をしたので二人で岸を説得したというものだ(18)。

これだけでは嘉納がオリンピック招致に賛成していたのか、反対していたのか確定することは難しいが、客観的にみて、日本での大会開催が難しいというのは嘉納にしろ、岸にしろ、同じ感想を抱いていたと考えて間違いない。しかしながら、オリンピックを招致することが決まった以上は、日本としてどのように開催できるのかについて、全力を傾けて取り組んでいかなければならないと考えた結果、IOCに対する熱心な説得交渉へとつながっていったのではないだろうか。

招致活動の真っ最中の一九三三年、体協の大黒柱として働いてきた岸が他界した。その後体協は陸軍の大島又彦を会長に迎えるまで、三年あまり会長不在での運営を余儀なくされた。先にも述べたが、それほどまで会長の存在は当時のスポーツ組織にとって重要であり、スポーツ関係者のみによる自立した組織運営が不可能に近かったことを示している。

IOC委員として岸の後を継いだのは、宮中顧問官、第一次松方内閣の内務大臣などをつとめた副島種臣の三男で、子爵の副島道正(図8)である。嘉納の学習院時代の教え子と紹介されることが多い彼は、スポーツ界とはまったく接点をもっていなかったにもかかわらず、IOC委員に選ばれた異色の存在である。

副島は日英水力電気という電力会社をつくる際に、外資を使った合弁会社をつくる事業に携わっていたが[19]、そのときに大阪ガス会社を設立した岸清一に斡旋を頼んで、いろいろな知識を得たとされる。その関係から彼らは親しくなり、岸の要請で、副島は大日本バスケットボール協会の初代会長に就任することとなった[20]。このように、ビジネス界での岸との出会いによりスポーツ界に足を踏み入れることとなった副島は、後に東京大会の招致、開催準備にかかわり、最終的にはその返上を政府に迫るなど、その後の東京大会に決定的な影響を及ぼすことになるが、それはもう少し先の話である。

図8　副島道正

ロサンゼルス、ベルリンという二つの巨大化したオリンピックは、必然的にそれに続く東京大会に影響を与えることになった。すなわち、東京大会はどちらの大会を理想として開催されるのかということが問われたのである。ここに当時日本を代表して活躍した二人のIOC委員、嘉納治五郎と副島道正の意見対立が起こることになる[21]。

嘉納はオリンピックを開く以上は、体協であるとか東京市、あるいは政府、軍部、財界といった、こういうものを全てまとめて国家的な事業としてやるべきだと主張し、一方の副島は、体協を中心に国際的なスポーツ大会として組織委員会を結成すべきとし、スポーツ界の自律性こそが重要と主張していた。嘉納の決意は以下の新聞記事から読み取ることができる。

国際オリンピックの規定は勿論尊重せねばならぬ、しかしそれが日本的オリンピックに都合の悪いものだったら都合のいいように変えてもらったらいいだろう、……もしどうしても日本的なものができないとしたら潔く東京大会をやめてしまうべきだ。(『東京朝日新聞』一九三六年一一月一四日付)

嘉納のこのような主張は、クーベルタンが築き上げてきたオリンピックが全て正しいということではなく、それを日本で開催する以上は、日本独自の意味を付け加えた、ヨーロッパにとどまらない、世界全体が受容できるオリンピックを開催すべきだという考えに開かれていたと読むことができる(22)。ただし、この発言が当時の日本の帝国主義的な文脈にのせられたとき、誤解をもって受け止められることになる。このとき、日本はすでに国連を脱退し、世界的にも孤立を強めていた。すぐさま反応をしたのがIOC会長ラトゥールであった。彼はすぐに注意喚起の書簡を送って、国家主義的な、挙国一致の大会開催ということを嘉納がもし主張しているのであれば、それは非常にまずい、悪質なものであるという強い言い方で非難をしている(23)。また、彼はオリンピックが危機に瀕してしまうとも付け加えており、日本という、ヨーロッパからすれば非常に遠いところで開催をするオリンピックが成功しなければ、オリンピズムがつぶれてしまうのではないかという危惧すら抱いていたことがわかる。

一方で、ラトゥールと親交の厚かった副島は、ベルリン大会を踏まえてオリンピックについて以下のような見解を表明しており、彼はクーベルタンが唱えた、理想的なオリンピック思想を忠実に実行しようとしていた希有な存在だったことがわかる。

全くドイツにとって興味があるか否かという事に主点を置いてスポーツ精神というものは全然ない……日本がこのオリンピックに対する心構えはクーベルタン男のいったように国際平和のためである、スポーツの奨励のためである、スポーツに勝ち負けは別だ、ただ参加すればよいのである、これが国際オリンピックの精神であります。（『東京朝日新聞』一九三六年一二月三日付）

以上の二人のコメントは新聞紙上の断片的なものではあるが、二人のIOC委員のオリンピックに対するスタンスを象徴的に示していて興味深い。嘉納はあくまでも挙国一致のオリンピックを目指し、副島はオリンピック精神から日本開催のあり方を探るべきとする主張をしていた。このことは現代のオリンピック開催を考える上でも、参考となる対立軸といっても差し支えないだろう。

ここで補足しておかなければならないのは、嘉納が構想した挙国一致のオリンピックがどれほど国家主義的なものだったのかという点である。ラトゥールが懸念したような国会主義的なオリンピック準備は、実際には実現していなかった。組織委員会の運営に体協は力を持っておらず、東京市との対立は根深かった。一方で、軍部、あるいは政府の関係者はオリンピックにほとんど興味を示していなかったことが分かっている。なぜなら、日中戦争に突入し、戦時体制が徐々に築かれようとしているときに、スポーツの祭典オリンピック開催に目を向けている余裕は日本には残されていなかったのである。そのような意味では、大会準備が非常にばらばらな状態で、メイン競技場の場所が駒沢ゴルフ場跡地(一九六四年大会の駒沢競技場)に決まるのが、大会開催二年前ということからもわかるように、オリンピックを挙国一致で実施するということは、実現していなかったと言える[24]。

東京オリンピックの返上――幻に至るまで

四〇年の東京大会が返上に至るまでの出来事を時系列に整理したのが表1である[25]。一見してわかるとおり、東京大会はあっという間に招致され、開催決定後は多くの混乱が続いたため、準備は大幅に遅れていたことがわかる。日中戦争の影響を受けて返上に至ったが、開催されていたらどのような大会になったのか、また、日本社会をどのように変えることになったのだろうか。歴史にイフはないとはいえ非常に興味深いテーマである。

ところで、二〇二〇年東京オリンピック・パラリンピック大会の準備段階における数々の混乱を経て(第九章)、にわかに注目されるようになったのがこの東京大会、いわゆる「幻の東京オリンピック」である。その類似点として真っ先にあげられるのが、メインスタジアムとしていったんは決まっていた新国立競技場建設案が白紙に戻され、日増しに混迷を深めていった現在の状況が、同じくメインスタジアムの位置を決定できず開催二年前まで混迷を深めた四〇年大会と似通っている点である。

表1　「幻の東京オリンピック」に関する略年表

年	出来事
1930年6月	東京市長永田秀次郎が東京オリンピック招致の意向を表明
1931年10月	東京市議会が東京オリンピック招致決議案を可決
1932年7月	ロサンゼルスオリンピック開催
	IOC委員嘉納治五郎がIOC総会で東京市長の招待文を朗読
1933年10月	IOC委員・大日本体育協会会長岸清一が逝去
1935年2月	衆議院・貴族院が東京オリンピック招致建議案を可決
1936年3月	IOC会長バイエ＝ラトゥールが来日
7月	IOC総会で東京オリンピックの招致が決定
8月	ベルリンオリンピック開催
12月	大日本体育協会会長に大島又彦が就任
	オリンピック組織委員会を結成（会長・徳川家達）
1937年7月	日中戦争が始まる
8月	大日本体育協会会長大島又彦が辞任
9月	オリンピック創始者ピエール・ド・クーベルタンが逝去
11月	大日本体育協会会長に下村宏が就任
1938年3月	IOCカイロ総会で日本の開催を確認
4月	メインスタジアムの建設地が駒沢ゴルフ場跡に決定
5月	嘉納治五郎が逝去
7月	内閣が東京オリンピック返上を決定
	組織委員会が東京オリンピックを返上
1940年5月	ヘルシンキオリンピック（東京大会の代替）の中止が決定

「幻の東京オリンピック」についての歴史的・社会的背景に関する考察は筆者の研究を含めていくつかの研究蓄積がある(26)。それらの知見を踏まえると、現代のオリンピック開催にまでつながる構造的な問題を読み解くことができる。二〇二〇年大会がはらむ問題については第九章で詳しく見ていくことにして、一九四〇年大会との共通点をまずは確認しておこう。

最初に根本的な問題として指摘できるのが、なぜオリンピックを開催するのかについて、招致段階においてオリンピズムにかかわる理念が国民に十分に認識されていないことだ。オリンピックを手段としてとらえることは、国威発揚のため、都市の開発のため、あるいは、当時の文脈で言えば戦時体制に向かう国民の体位向上の観点から行われてきた。一方で、クーベルタンが提唱してきたオリンピズムの本質に関する議論は高まりを見せることはなかったのである。このことは現代においても検討を要する課題であろう。すなわち、オリンピックとは日本にとってどのような存在なのかという問いの答えが用意されていないのである。

このことの重大性を声高に主張していたのが、先に示したＩＯＣ委員副島である。しかし、彼の独断専行的なふるまいもあり、最も支持をとりつけなければならなかったスポーツ界をはじめとして、彼の理想は支援者を得られず、実現を見るにはいたらなかった。ましてや庶民にとって、オリンピックの理念は非常に遠い世界の話であった。

次に、オリンピック開催をめぐる組織的な混乱があげられる。オリンピックを開催するにあたっては組織委員会が組織されることになるが、一九四〇年大会にあたって、そこには開催都市の東京（当時は東京市）、スポーツ団体（体協）、政府（事務次官）の三者から代表が送り込まれた。開催費用の大半を負担する東京市は湾岸の埋立地の活用案を掲げて利益誘導をはかる一方で、体協はスポーツ大会運営の観点から検討を重ねるも、経済的には自立できておらず、会長不在も相まって組織的な発言力を確保できずにいた。他方で、事務次官から構成される政府関係者も多くの委員が代理出席者を立てるなど本腰を入れることはせず、政変の度にメンバーが替わった。この点、国家主導のもと開催が行われたベルリン大会とは大きな違いがあったと言える。

この組織的混乱が結果として招きよせたのが、メイン競技場の選定問題である。オリンピック招致に立候補した時点で、IOCに対して説明できる施設は明治神宮外苑の競技場しか存在していなかったため、必然的にこの会場が招致案に記載されることとなった。同様に、視察に訪れたラトゥール会長の支持をとりつけたのもこの競技場であった。しかしながら、この機に乗じて湾岸地区の開発を進めたい東京市は、七号埋立地（現在の辰巳）への建設を主張し、同じ年に開催が予定された万国博覧会と市庁舎の移転を絡めた計画を立てて巻き返しを図った。ところが、この地域は風が強く、体協を中心とする専門委員は競技に不適であると早々に却下し、神宮外苑での一〇万人規模の競技場拡張計画を主張して、外苑を管轄していた内務省や、練兵場跡地を保有していた陸軍省と交渉を重ねていくことになるのである。だが、どちらも風致問題や土地買収に困難を抱えており交渉は難航した。

先に見た建築家の岸田はベルリン大会を模範に、一〇万人規模のスタジアムを新設する案を主張した。そうすることで東京市は神宮競技場と二つの競技場を保有することになり、最善の選択肢であると主張したのである。多くの混乱と議論を重ねつつ、結果は岸田の主張通り競技場を新設することに落ち着いた。ところが、建設地が駒沢ゴルフ場跡地に決定したのは、実に大会開催二年前の一九三八年四月であった。日中戦争に突入し、大量の鉄鋼使用が軍事施設以外に認められなくなった「鉄鋼工作物築造許可規則」(一九三七年一〇月)が出されていた状況下で、この計画は現実味をもっていなかったことは明らかである。

また、これは日本に限ったことではないが、当時オリンピックは万国博覧会と比べて劣るイベントとして世界的には認識されていた。創設当時のオリンピックは、万博の付随物のような存在として細々と行われていたのであり、一九三〇年代に入り、ようやく大規模イベントとして自立して開催されるようになったに過ぎない。一九四〇年大会の開催にあたって、IOC会長ラトゥールは日本で行われる予定の万博とオリンピックの開催時期が重なり、万博の余興として開催されるのを嫌ったとされ、日本側に何度も時期をずらすように警鐘を鳴らしている[27]。このように、相対的に万博に劣っていたオリンピックの地位が飛躍的に高まったのは、一九八四年以降の商業主義に開かれ、テレビ放映権を中心とする興行的なオリンピック運営がなされて以降の話である(第五章)。

以上のように、東京にくることが決まっていながら、手元からすり抜けていったオリンピックを人びとはどのように眺めていたのだろうか。残念ながら戦後のオリンピックと違い、世論調査などが行われておらず、新聞記事などの一部史料からしかうかがい知ることはできない。いくつかの都市でオリンピック開催に備えた美化運動が組織されるなどしたものの[28]、イベントの接近を実感できたのは一部の住民に限られ、連日報道される競技場の混乱状況は、人びとの期待を削ぐことにしかならなかったのではないだろうか。

嘉納は一九三八年のIOCカイロ総会で、日本でのオリンピック開催をやめるべきだと主張するIOC委員たちの説得を続け、日本開催を確固たるものとしたところで、その帰路に帰らぬ人となった。その後、副島がIOC委員として政府にオリンピックの開催返上を迫ることになるが、その理由は興味深い。彼はオリンピックを大事にしたいという気持ちから、日本がいつまでも開催権を抱えて、それを直前で返上してしまえば、どこの国でもオリンピックを開催できないことになってしまうため、他国で開催する余地があるのであれば日本は返上すべきであると考えたのである。この時代にオリンピックのことをそこまで考えた日本人がいたことは記憶に止めておくべきだろう。結果として、そのことが引き金になり、政府は一九三八年七月一五日にオリンピック返上を閣議決定、翌一六日に組織委員会は返上を決め、ここに東京大会は「幻のオリンピック」となったのである。

(1) 和田浩一「IOC委員との交流」、生誕一五〇周年記念出版委員会編『気概と行動の教育者　嘉納治五郎』筑波大学出版会、二〇一一年、三一二‐三一四ページ。
(2) 社会学者の井上俊によると、嘉納のキャリアは高等教育機関に柔道が普及していく上で有利に働くとともに、卒業生を通じて各界で活躍するエリート層に柔道が普及することを促進した。そのことは結果として柔道の社会的認知を高めることにつながっていたのである(井上俊『武道の誕生』吉川弘文館、二〇〇四年、三八‐三九ページ)。
(3) 和田、前掲「IOC委員との交流」三一四ページ。

（4）「第三回奈良女子大学オリンピック・公開シンポジウム採録」『奈良女子大学スポーツ科学研究』第一八巻、一〇七－一〇八ページ。

（5）嘉納治五郎「発刊の祝辞として私の感想を」『アスレチックス』第一巻第一号、一九二二年、五－八ページ。

（6）嘉納治五郎「日本体育協会の創立とストックホルムオリンピック大会予選会開催に関する趣意書」、大日本体育協会編『大日本体育協会史　補遺』第一書房、一九三六年、二ページ。引用にあたっては、読みやすいように旧字を当用漢字に改め、句読点を付した。この趣意書は以下のサイトで全文を読むことができる（http://www.japan-sports.or.jp/Portals/0/data0/jasa100th/history/index.html）。また、二〇一一年に行われた日本体育協会・JOC創立一〇〇周年記念事業の一環で、これに代わる「スポーツ宣言日本——二一世紀におけるスポーツの使命」が宣言されている（http://www.japan-sports.or.jp/Portals/0/data0/uploadFiles/20110804142538_1.pdf）。

（7）堀尾輝久『天皇制国家と教育』青木書店、一九八七年、四五－六四ページ。

（8）一方、政治学者の岡義武は、日露戦争の終結から第一次世界大戦の間に一種の弛緩状態が生じていたことを指摘している。すなわち、諸外国に対する民族の独立確保という国家的至上命題が一応に達成されたなかで、「国家的自覚」から「個人的自覚」へと傾いていく、いわゆる大正デモクラシーとくくられる時代状況が生み出されていたという（岡義武「日露戦争後における新しい世代の成長（上）」『思想』第五一二号、岩波書店、一九六七年、一三七－一四九ページ、及び、岡義武「日露戦争後における新しい世代の成長（下）」『思想』第五一三号、岩波書店、一九六七年、三六一－三七六ページ）。

　このような中、運動部を中心とした武士的エートスは希釈され、西洋文化に代表される教養主義が学歴貴族にとって重要な卓越化の契機となったという分析もある（竹内洋『学歴貴族の栄光と挫折』中央公論新社、一九九九年、及び石坂友司「野球害毒論争（一九一一年）再考——『教育論争』としての可能性を手がかりとして」『スポーツ社会学研究』第一一巻、二〇〇三年、一一五－一二七ページなどを参照）。この時代にスポーツをめぐる状況がどのように展開されていたのかは、日本におけるオリンピズムの受容とそれを支えた教育観（体育・知育・徳育）を考える上で、重要な論点である。

(9) 和田、前掲「IOC委員との交流」三二一－三二二ページ。
(10) The Swedish Olympic committee, 1913, *The Official Report of the Olympic Games of Stockholm 1912.*
(11) Xth Olympiade committee of the games of Los Angels, 1933, *The Games of the Xth Olympiad Los Angels 1932 Official Report*, p. 61.
(12) 井上弘貴「アメリカン・イメージの構築――'32ロサンゼルス大会の前史とアメリカニズムの変容・持続」、清水諭編『オリンピック・スタディーズ――複数の経験・複数の政治』せりか書房、七四-九〇ページ。井上は一九三二年のロス大会が世界恐慌の直後であるにもかかわらず、一九三六年のベルリン大会と比べて、「明るく平穏」なイメージをもっていることに、この大会の特異性を読み解いている。
(13) 岸田日出刀『第一一回オリンピック大会と競技場』丸善、一九三七年。
(14) 一九四〇年大会の開催地は一九三五年のIOC総会で決定するはずであった。日本は杉村陽太郎、副島道正のIOC委員を、同じく立候補していたイタリアのムッソリーニ首相の説得に赴かせ、四〇年大会からの辞退という協力をとりつけていた。このことに不快感を表明したラトゥールによって、IOC総会での決定は翌年のベルリン大会まで延期された。
(15) 坂上康博『権力装置としてのスポーツ――帝国日本の国家戦略』講談社、一九九八年
(16) 橋本一夫『幻の東京オリンピック』日本放送出版協会、一九九四年、一八ページ。
(17) 大島又彦ほか「東京オリムピックを語る」『オリムピック』第一四巻第九号、一九三六年、一〇ページ。
(18) 川本信正「幻の東京オリンピック」『証言の昭和史3　紀元は二六〇〇年』学習研究社、一九八三年、一六六ページ。
(19) 橘川武郎「日露戦後期の日英合弁電力会社構想――日英水力電気（株）をめぐって」『エネルギー史研究――石炭を中心として』第一二巻、九州大学附属図書館付設記録資料館産業経済資料部門、一九八三年、四六-六五ページ。
(20) 副島道正「天涯で受取った訃報」『島根評論』第一一巻第二号、一九三四年、一〇-一一ページ。

(21)両者の意見対立がどのように展開していったのかについては橋本、前掲『幻の東京オリンピック』、中村哲夫「IOC会長バイエ＝ラトゥールから見た東京オリンピック」（坂上康博・高岡裕之編『幻の東京オリンピックとその時代——戦時期のスポーツ・都市・身体』青弓社、二〇〇九年、二二一-六七ページ）が詳しい。なお、本稿は上記論考の他、筆者も制作協力したNHK・BSプレミアム「目指せ！〝平和の祭典〟〜一九四〇年・東京」（『英雄たちの選択』二〇一五年一〇月一日放送）に示唆を受けている。

(22)嘉納治五郎「わがオリンピック秘録」、嘉納治五郎、講道館監修『嘉納治五郎大系　第八巻』本の友社、一九八八年、三六六-三七八ページ。

(23)中村、前掲「IOC会長バイエ＝ラトゥールから見た東京オリンピック」三八-三九ページ。

(24)詳しくは石坂友司「東京オリンピックのインパクト——スポーツ空間と都市空間の変容」（坂上康博・高岡裕之編『幻の東京オリンピックとその時代』青弓社、二〇〇九年、九六-一二四ページ）を参照。

(25)一九四〇年大会の招致・準備に関する歴史的展開については橋本、前掲『幻の東京オリンピック』、波多野勝『東京オリンピックへの遙かな道——招致活動の軌跡 1930-1964』（草思社、二〇〇四年）が詳しい。また、競技場の選定問題など、都市や建築に焦点をあてて描いた研究に片木篤『オリンピック・シティ　東京　一九四〇・一九六四』（河出書房新社、二〇一〇年）がある。

(26)「幻の東京オリンピック」を歴史学や社会学などで扱った主な研究をあげると、石坂友司「国家戦略としての二つの東京オリンピック——国家のまなざしとスポーツの組織」（清水編、前掲『オリンピック・スタディーズ』一〇八-一二二ページ）、石坂、前掲「東京オリンピックのインパクト」のほか、中村哲夫「第一二回オリンピック東京大会研究序説（Ⅰ）」（『三重大学教育学部研究紀要（人文・社会科学）』第三六号、一九八五年、一〇一-一一二ページ）、「第一二回オリンピック東京大会研究序説（Ⅱ）」（『三重大学教育学部研究紀要（人文・社会科学）』第四〇号、一九八九年、一二九-一三八ページ）、「第一二回オリンピック東京大会研究序説（Ⅲ）」（『三重大学教育学部研究紀要（人文・社会科学）』第四四号、一九九三年、六七-七九ページ）、吉見俊哉「幻の東京オリンピックをめぐって」（津金澤聰廣・有山輝雄編『戦時期日本のメディア・イベント』世界思想社、一九九八年、一九‐三五ページ)、清水諭「なぜオリンピックを東京に招致しようとするのか——一九四〇年と一九六四年の東京大会」(日本体育協会監修、菊幸一編『現代スポーツは嘉納治五郎から何を学ぶのか——オリンピック・体育・柔道の新たなビジョン』ミネルヴァ書房、二〇一四年、四九‐七九ページ)、坂上・高岡編、前掲『幻の東京オリンピックとその時代』、メディアの表象を扱った浜田幸絵『日本におけるメディア・オリンピックの誕生——ロサンゼルス・ベルリン・東京』(ミネルヴァ書房、二〇一六年)などがある。

(27) 中村、前掲「IOC会長バイエ=ラトゥールから見た東京オリンピック」四四‐四八ページ。

(28) 石坂、前掲「東京オリンピックのインパクト」一一〇‐一一三ページ。

第三章　オリンピックと政治

――ボイコットの時代

戦後から一九八四年のロサンゼルス大会開催まで、オリンピックをめぐる問題の多くはアマチュアリズムとナショナリズムをめぐって展開されたと言っても良いだろう。すでに見てきたように、アマチュア／アマチュアリズムとは、オリンピックに参加するための資格に過ぎなかったものが理念にまで昇華されたものである（第一章）。一方で、ナショナリズムは「ネイションを尊重する規範・態度」をあらわす言葉で、各国のメダル争いがクローズアップされるに従い、オリンピックにおける国家的な戦略を通して増幅されるようになった。

アマチュアリズムはコマーシャル・ゲームの展開において、ナショナリズムはパワー・ゲームの展開においてそれぞれ、オリンピックを存亡の危機に導いていくことになるのである。アマチュアリズムを原理とした大会から商業主義の大会への移行については次章で論じることにして、この章ではボイコットの激化によって危機を迎える一九八〇年代までのオリンピックの足跡をたどってみたい。

パワー・ゲームとしてのナショナリズム

オリンピックにおける金メダル獲得数・順位が政治的・経済的力を誇示する指標として機能することはよく知られている。[1] 以下の図は、一九五二年ヘルシンキ大会から一九八八年ソウル大会までの夏季大会における、東西主要国の金メダル獲得数（図1）と金メダル獲得順位（図2）の推移を表したものである。

戦後、東西冷戦の一角を担うソ連がヘルシンキ大会から参加したことにより、メダル争いの様相はますます強まっていくことになった。この大会では、ソ連の金メダル獲得数は、第一位のアメリカ四〇個に対して第二位の二二個ながら、総メダル数では第一位のアメリカ七六個に対して第二位の七一個と肉薄した。この時代、アメリカとソ連は科学技術や軍事、政治や経済などあらゆる分野で、自由主義と共産主義のどちらの政治体制が優秀であるのかをめぐって競争を激化させていたことは周知の通りである。オリンピックにおいても、創設期から高まりを見せていたネイション間のナショナリズムは、[2] ソ連のオリンピック参加によって東西両ブロックの争いへと進展していったのである。図3は東西陣営主要国における総メダル数の順位を比較したものである。一見してわかるように、一九八〇年モスクワ大会に向けて、東側諸国が西側諸国を圧倒していく様相が見て取れる。

次第に激しさを増すネイション間の競争は、表彰式における国旗の掲揚と国歌斉唱によって助長されるとして、これらをオリンピック旗の掲揚、オリンピック賛歌の斉唱に変えようとしたのが第五代IOC会長アベリー・ブランデージである。スポーツ史学者の黒須朱莉によると、ブランデージが行った国旗国歌廃止提案は三期（一九五三～五七年、一九六〇～六三年、一九六五～六八年）にわ

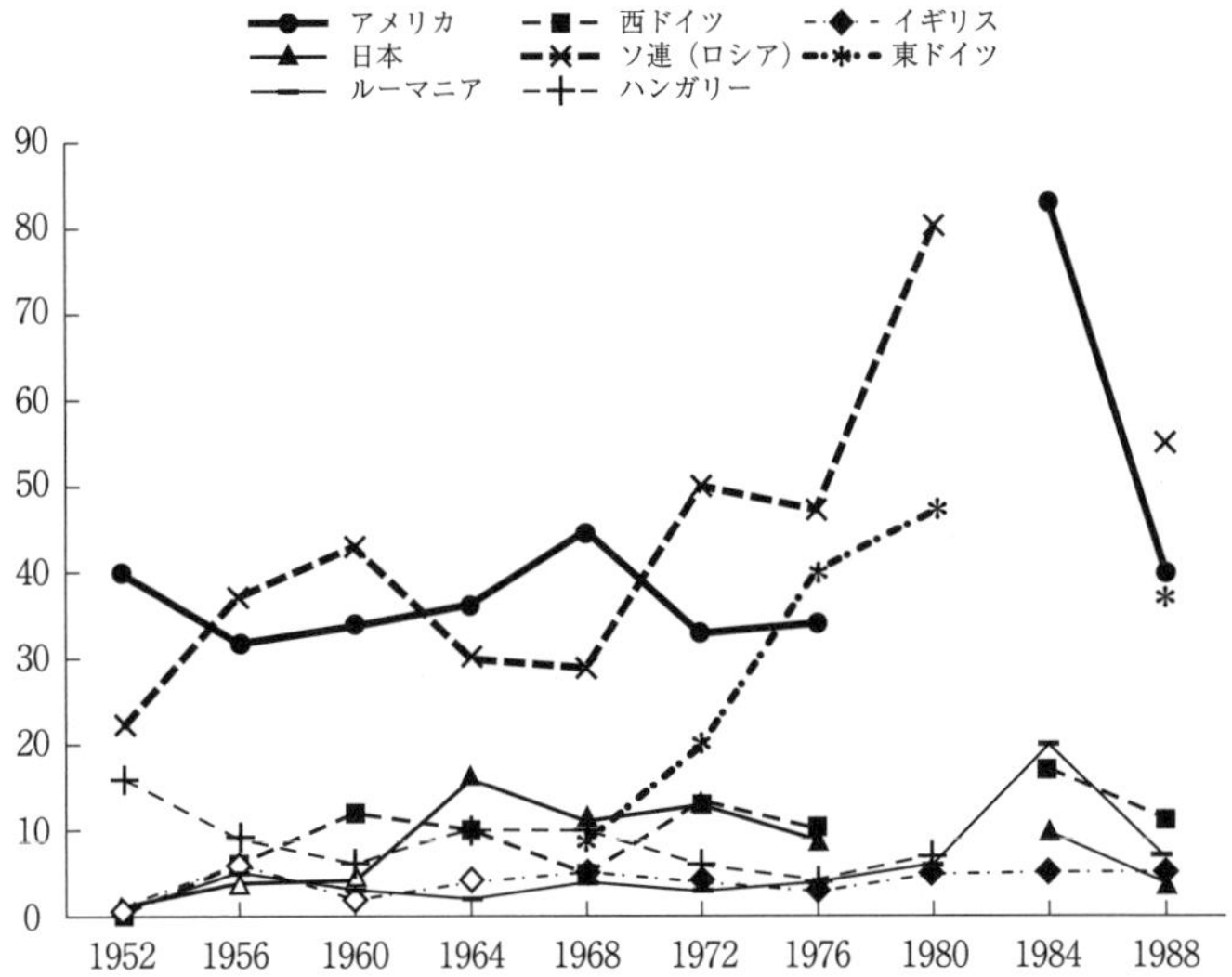

図1　金メダル獲得数の推移

出典：IOC 公式 HP、『オリンピック・データブック』（コルベ出版社、1984年）などから作成。

たってＩＯＣ総会で議論された[3]。

すでにこの時期、オリンピックはネイション間の政治力学を反映した多国間のボイコット争いに巻き込まれていた[4]。オリンピックとボイコットの関係が実は恒常的なもので、全ての国と地域が参加することのない状況が、オリンピックにおいては常態であることを示したのは社会学者の小笠原博毅である[5]。そのような意味で、政治に巻き込まれたという言辞は政治と分離し、中立的なオリンピックを措定しているという意味において正確ではない。すでに見たように、クーベルタンのオリンピック創設も政治的な出来事であった。

ブランデージは多くの国際競技連盟からの賛同をとりつけ、一時ＩＯＣ総会で彼の提案が過半数を得るに至ったことは

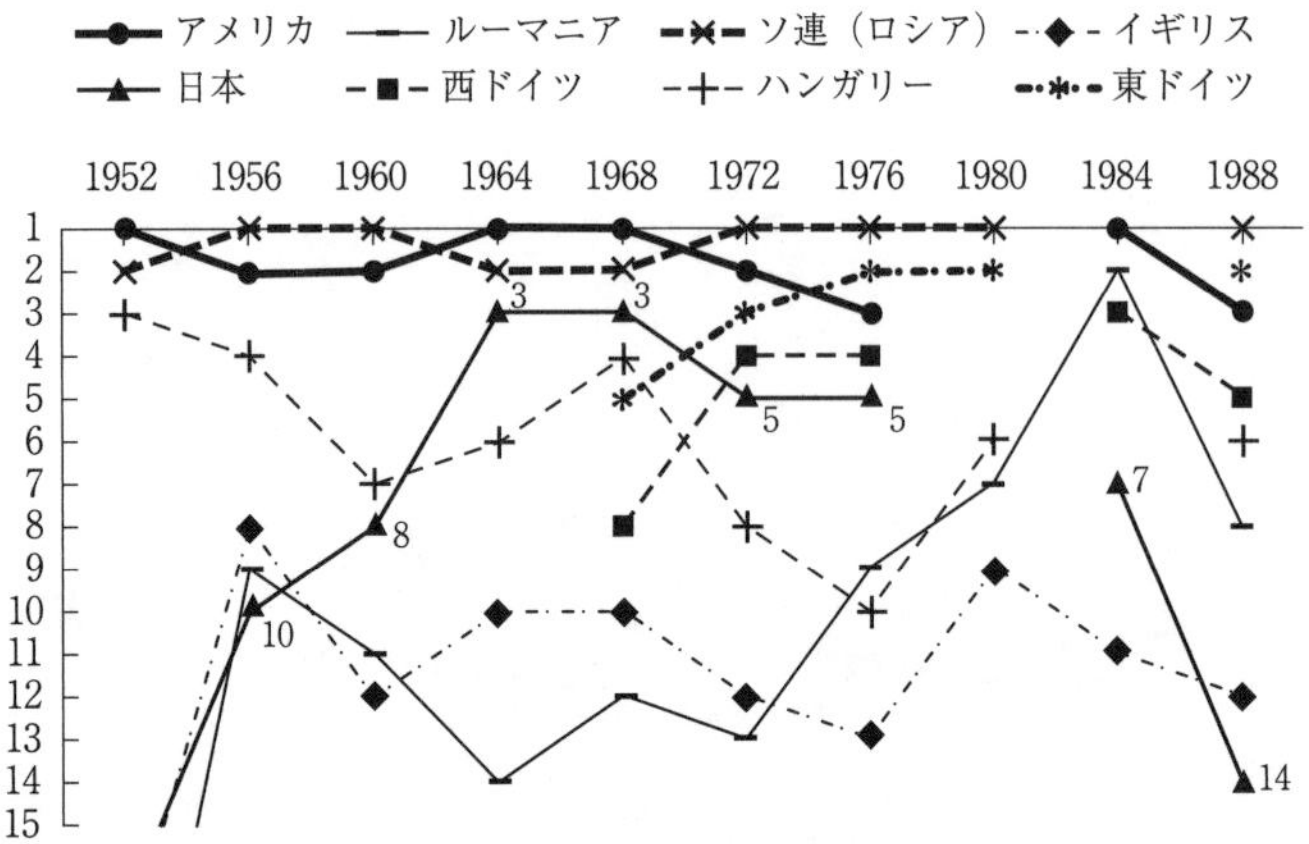

図２　金メダル獲得順位の推移

出典：IOC 公式 HP、『オリンピック・データブック』（コルベ出版社、1984年）などから作成。

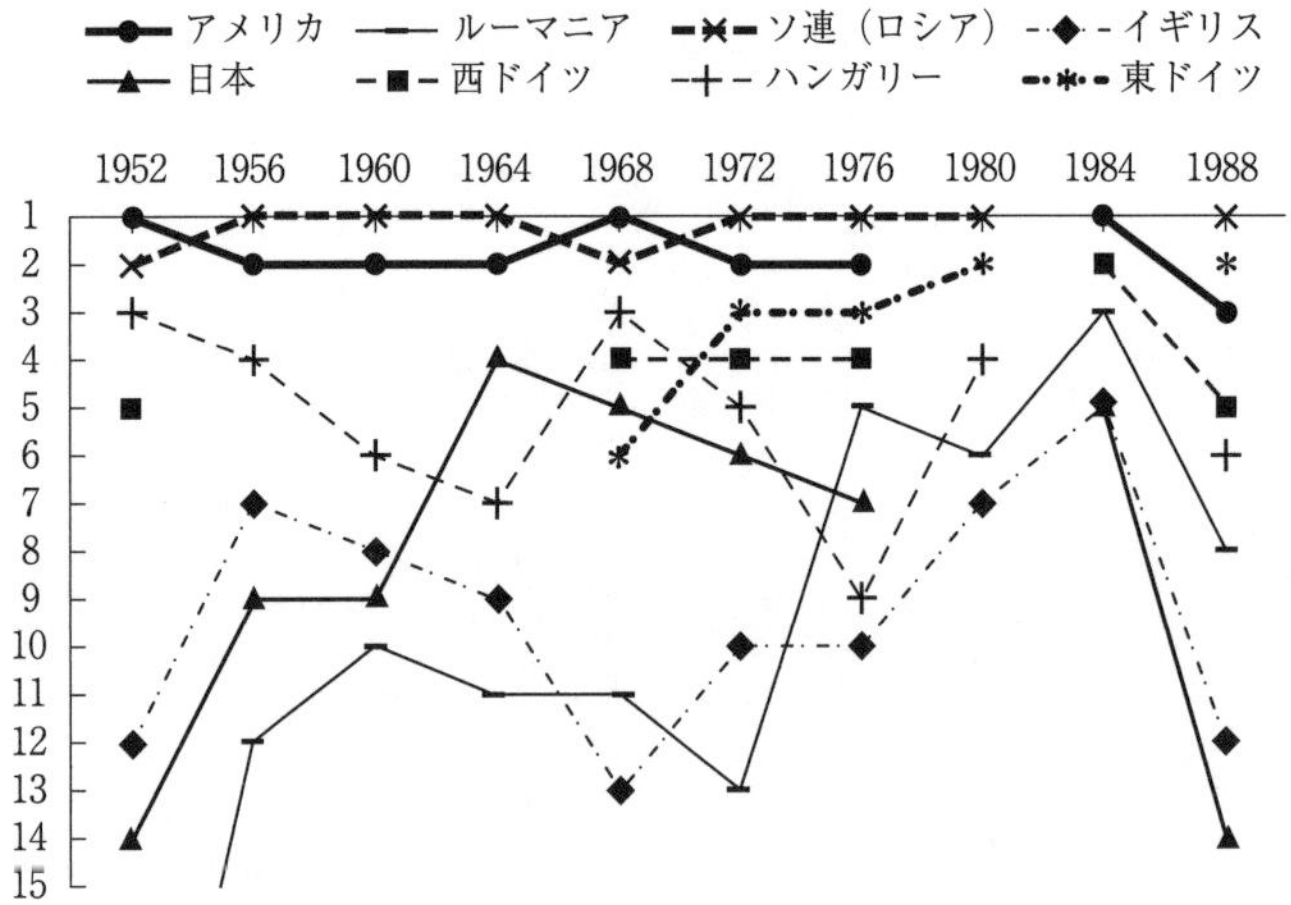

図３　総メダル獲得順位の推移

出典：IOC 公式 HP、『オリンピック・データブック』（コルベ出版社、1984年）などから作成。

特筆すべき流れだが、ネイションの重要性を主張する社会主義国を中心に反対意見が出され、オリンピック憲章を変える三分の二の賛成を得るまでには至らなかった。やがてこの議論はブランデージの退任とともに収束に向かっていくことになるが、モスクワ大会において直面した西側諸国のボイコットに際して、後に見る現実的な改訂がオリンピック憲章に加えられていくことになる。

東京オリンピックとスポーツ界

この時代の日本において、オリンピックとの関係性はどのように醸成されてきたのであろうか、ここではスポーツ政策と選手派遣をめぐる議論に焦点化して簡単に見ておこう。一九六四年の東京大会の開催は、国際復帰を果たし、戦後復興を果たした日本の姿を世界に示すという意味で、まさにナショナリズムに支えられた大会として経験されていった。[6]

戦前の日本は一九四〇年のオリンピック招致を実現していながら、日中戦争への突入によって大会返上に追い込まれた。また、その後戦端が開かれた太平洋戦争によって、スポーツ界は軍国主義にからめとられ、さまざまな領域で戦時体制の片棒を担ぐことになったのである。

戦後のスポーツ界はこれらの反省にたち、占領政策を推し進めたアメリカによって民主化がはかられていった。特にスポーツマンシップ（現代的にはスポーツパーソンシップ）は民主主義の精神を体現するものとして称揚され、「日本の再建はスポーツから」を合い言葉に、自由主義の旗印のもと国民体育大会などの全国的スポーツ大会が開催されていった。[7] この経緯は、戦後の日本スポーツ界と国家の関係性をまずは大きく規定することとなった。すなわち、戦時下に行われた国家主義的スポーツ政策や学校体育への統制を慎重に回避するために、国家がスポーツ政策に関与すること、あるいはスポーツ統括団体などに財政的支援を与えることが社会教育法などによって禁止されたのである。(8)

一九四九年に制定された社会教育法は、主として青少年及び成人に対して行われる組織的な教育活動（体育及びレクリエーションの活動を含む）（第二条）を対象とし、国及び地方公共団体による社会教育関係団体へのいかなる統制的支配、事業への干渉も禁止していた（第一二条）。また、社会教育団体に対して補助金を与えてはならないという条項も存在した（第一三条）。これは社会教育団体に含まれるスポーツ団体への「ノーサポート・ノーコントロール」の原則として知られ、それほどまで国家のスポーツに対する関与が慎重に回避されていたのである。

一九六〇年大会への東京による立候補が表明されたのが一九五二年であり、東京大会開催に向けた準備が、スポーツ政策やシステムを大きく変化させていくことになる。日本にとってこの年は、戦後はじめてヘルシンキで行われたオリンピックへの参加が許されたばかりであり、自国で開催できる環境が整っていたかと言えば、まったくの時期尚早であった。結果は、一九五五年のＩＯＣ総会で七都市中最小得票しか得られず落選に終わるが、その後すぐ、一九六四年大会への継続立候補が発表された。

政府もオリンピック招致に本腰を入れ始め、一九五七年に総理大臣の諮問機関として設置された「スポーツ振興審議会」の答申には、オリンピックや、国際競技大会への積極的助成が盛り込まれていた。

オリンピックに復帰を果たしたものの、日本社会は戦後復興がままならず、特にスポーツ界においては戦前に築いてきた競技力の大半を失っていた。ヘルシンキ大会での金メダルはレスリングの一つにとどまり、銀六、銅二という結果に終わった。続く一九五六年メルボルン大会は日本から比較的近くでの開催ということ、そして一九六四年大会の招致をアピールするという目的で大規模選手団の派遣が検討された。ヘルシンキ大会の選手団一〇三名（選手七二名）に対して、冬に開催されたメルボルン大会には一六二名（選手一一七名）の選手団が送られた。

当面課題になったのは、増大する選手団の派遣費をどのように捻出するのか、そしてそもそも論として、「ノーサポート・ノーコントロール」の原則をどのようにして撤回するのかであった。苦肉の策として行われたのは、公営ギャンブルである競輪の寄付を仰ぐことであった。この措置に対しては、当時アマチュアリズムを標榜していた多くの団体が「不浄のカネ」を受け取ることはできないとして反対を表明したものの、背に腹は代えられず最終的には受け入れが決定した。唯一ラグビー・フットボール協会がアマチュアリズムの観点から反対し、日本体育協会の脱退を表明した[9]。

東京大会開催に向けた二度の立候補と六四年大会の招致決定は、補助金の禁止を含んだ社会教育法の改正へとつながり[10]、一九六一年のスポーツ振興法を生んだ。この法律は二〇一一年にスポーツ基本法が制定されるまでの五〇年間にわたってスポーツ政策の根拠法となったものである[11]。振興法は第一条第二項でスポーツを国民に強制することを禁じ、国民の心身の健全な発達と明るく豊かな国民生活の形成に寄与する目的以外で利用できないと規定した。また、日本体育協会をはじめとするスポーツ団体・組織への補助金交付を正当化し、基本計画によってスポーツ施設や指導者の設置基準を定めることが記された。

文部省（当時）が別途定めるとされた振興計画は、一九七二年に保健体育審議会の答申として一部まとめられたものの、二〇〇〇年に策定されたスポーツ振興基本計画の登場を待つまで棚上げにされた。これは日本のスポーツ政策の不在を示すエピソードでもある。一方で二〇〇〇年以後の国家的スポーツ政策の展開は、数値による国民の健康の把握、メダル至上主義への傾斜を導くなど新たな課題を生んでいる。このことは二〇一二年にロンドン大会を開催したイギリスなど、多くの先進諸国のスポーツ政策と軌を一にしている[12]（第八章）。

ここで確認しておきたいのは、東京大会の開催は国家的スポーツ政策を整えることに貢献した一方で、スポーツ界の自律性[13]を奪っていったことである。より重要なのは、政府から支出される補助金と、それを獲得するために政治家をスポーツ組織の長として招来することで、スポーツ組織が政治にコントロールされる構造を強化していったことだろう。このことは次に見る一九八〇年モスクワ大会のボイコット問題に際して、日本の不参加を決定づける大きな要因として作用することになる。

オリンピックボイコットの大規模化

オリンピックのメダル争いに加わるための国家による政策的関与は日本だけの特異な現象ではなく、世界的に見ても東西両陣営に分かれた冷戦構造を反映して次第に激化していくことが見て取れる。それが頂点に達したのがソ連で開催されたモスクワ大会における西側諸国のボイコットと、ロス大会における東側諸国の報復的ボイコット（不参加）の応酬である。しかしながら、ここで留意しておきたいのが、東西両陣営が一枚岩のようにボイコットを決断したかと言えば、そうではないことである。それぞれの国が置かれた政治状況、スポーツ組織が保持している自律性の度合いに応じて対応に違いが見られたのは当然であるが、これを静態的な冷戦構造とそれをめぐる政治闘争に帰着させては見えてこないものがある。ボイコットに至る歴史的経緯を確認しながら、オリンピックとの関係性を見ていこう。

戦後まもなく、オリンピックにおける各種のボイコットが発生していたことはすでに述べたが、一九八〇年大会に向けてボイコットが複数国にまたがる大規模なものへと進展しつつあった。そのことはオリンピックが政治的な問題を対外的にアピールする上で、もっとも効率の良い手段として位置付き始めたことを意味する。

一九七六年のモントリオール大会では、人種隔離政策を続ける南アフリカに対抗するアフリカ二二カ国が、ラグビーの親善マッチを行ったニュージーランドに抗議してオリンピックをボイコットした。そこには前回のミュンヘン大会で九個のメダルを獲得したケニアも含まれており、信念はメダルより貴重であるとの外務大臣談話が発表されたのが開会式一時間前であったことからもわかるように、その判断は苦渋に満ちたものだったと言える。[14]

そもそもラグビー競技は当時のオリンピック種目ではなく、ＩＯＣの統轄下になかったばかりか、ニュージーランドのラグビー協会も国内オリンピック委員会に加盟していなかった。その意味においてアフリカ諸国のボイコットはオリンピックを利用した政治的なアピールでしかなかったのだが、多くの国がメダル大国でなかった事情とあいまって、その後に続くモスクワ、ロサンゼルスと同等の扱いで語られることは少ない[15]。後述するように、アメリカのモスクワ大会ボイコットがオリンピックに対する政治的関与の悪例として語られるのに対して、アフリカ諸国の政治的関与はそのような文脈で議論されることは少ない。政治的権力の強弱という背景があるにせよ、後者も厳然たるオリンピックへの政治的介入である。

ソ連のアフガニスタン侵攻

一九七九年一二月、オリンピック開催を翌年に控えたソ連がアフガニスタンに軍事侵攻した。ソ連の主張はアフガニスタンの人民民主党（共産党）政権の内部抗争に終止符を打ち、反政府組織の拡大に歯止めをかけるために政府を支援するというものだった。早期撤退の意思に反して、撤退まで一〇年の長きにわたって侵攻は続いた[16]。アメリカのジミー・カーター大統領が即座に非難の声明を発表し、西側諸国を巻き込んだ政治問題へと拡大していくことになる。

一般的にモスクワ大会のボイコットは、ソ連のアフガニスタンへの侵攻によって引き金が引かれたとされるが、開催に対する懸念は以前から存在した。例えば、二年前の時点ですでに、イギリスの外相デイヴィッド・オーエンは、ソ連の人権抑圧に対して国際世論の批判が高まっていることに触れ、大会開催は既定の事実と考えるべきではないと発言していたし、日本の体育協会にあたるイギリスのスポーツ評議会は、一九七五年に三五カ国が署名したヘルシンキ宣言とオリンピック精神を無視するソ連に対し、各国政府に対して一斉ボイコットを呼びかけるように政府に要請する決議案を提出していた。また、西ベルリンを西ドイツの一部でないと主張し、出身選手の区別を要求す␣るソ連側の主張に対して、西ドイツが大会ボイコットを表明する一幕もあった[18]。

一九八〇年の年明け早々、北大西洋条約機構（ＮＡＴＯ）がオリンピックボイコットを検討していることが報道されたほか[19]、カーター大統領が報復措置を発表し、そこには対ソ連の穀物輸出の大幅削減、石油関連機材などの輸出の停止などのほか、オリンピックのボイコットを辞さないという事項が含まれていた[20]。その中で、真っ先にボイコットの意思表明をしたのはサウジアラビアである。サウジは一月六日の時点で不参加を決め、イスラム諸国に対して抗議のボイコットに同調するように主張した[21]。それに続くかたちで各国のボイコットに対する報道が加熱していった。西側諸国ではオランダが最初に不参加を表明し、選手団に対する財政支援を行わないとしたほか、イギリスがボイコットを辞さないという方針を表明し、モスクワ以外の都市での開催を呼びかけた[22]。しかしながらボイコットに対する各国の対応はまちまちで、政府方針と国内オリンピック委員会の見解が多くの場合で異なった。イギリスオリンピック協会（ＢＯＡ）は、「政治家によるスポーツへの多大な妨害である」と強く非難し、不参加はＩＯＣの指示かＢＯＡの決定によるという意思表明を行った[23]。

モスクワ大会のボイコットを強硬によびかけるアメリカであったが、決断時期は先送りにされた。というのも、この年に行われる冬季オリンピックの開催地はアメリカのレークプラシッドに決まっていたからである。一九八四年大会もロサンゼルスで開催することが決まっていたアメリカにとって、早期のボイコット表明はソ連のレークプラシッド大会ボイコットを誘発しかねず、それを避ける目的があった。

レークプラシッドオリンピック

モスクワ大会への西側諸国のボイコットが次々に検討されるという宙ぶらり状態の中、アメリカで開催されたこの大会には東西両陣営がかろうじて顔をそろえた。中でも緊張状態にあるアメリカ・ソ連両国の決戦となったアイスホッケーの試合はもっとも注目を集めた試合となった。当時のアイスホッケーはステート・アマチュア[24]を要するソ連の独壇場にあり、ソ連が冬季大会にはじめて参加した一九五六年以降、一九六〇年のスコーバレー大会以外はすべての大会でソ連が金メダルを獲得している。

ソ連にとってのアイスホッケーは共産主義陣営のスポーツにおける優越性を証明するもっとも重要な位置づけが与えられ、「レッド・アーミー」と呼ばれるエリートチームが幼少期からの選抜システムによって国家に統制されていた[25]。選手は一年のほとんどを合宿で過ごし、共産党の威光をかさにきたコーチへの絶対服従が要求され、国家のプロパガンダとして勝利が義務づけられた。

今大会を迎えるにあたってもソ連の快進撃は続き、直前の三ヶ月間に四二戦全勝という圧倒的な実力を見せていた。また、北米のプロ・リーグ、ナショナルホッケーリーグ（ＮＨＬ）のオールスター選手との対戦でも、ソ連チームが完勝している。これに対してアメリカチームは、ＮＨＬでプレイするプロ選手の参加が認められていなかったため、大学生を中心とするいわゆるアマチュアのチーム編成で大会に臨んだ。コーチのハーブ・ブルックスに率いられたアメリカチームは、勝利は不可能とされた下馬評を覆し、ソ連との直接対決を四 - 三で制し金メダルを獲得した。この試合は「氷上の奇跡」（Miracle on Ice）と呼ばれ、二〇〇四年にMiracleというタイトルで映画化されて

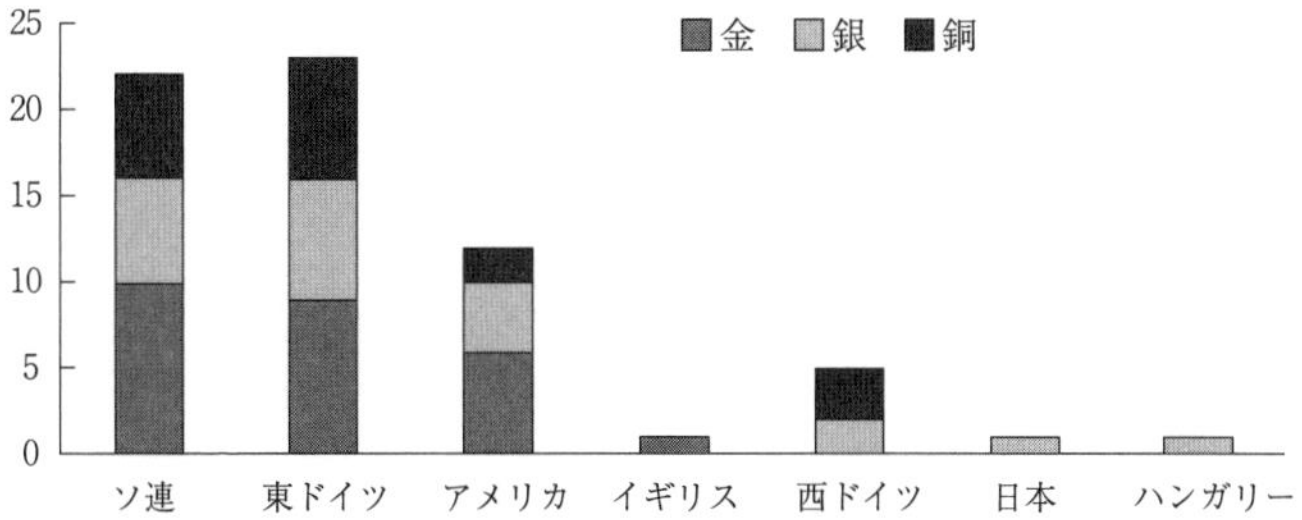

図4　レークプラシッドオリンピックの獲得メダル数

出典：IOC 公式 HP から作成。

いる[26]。

アイスホッケー・アメリカチームの劇的な勝利に焦点が当てられがちだが、この大会でアメリカは金メダル六個[27]、総メダル数一二個に対して、ソ連が金メダル一〇個、総メダル数二二個と大差をつけられ、金メダル数九個で二位の東ドイツにも水をあけられた（図4）。この大会は結果としてソ連の優勢を示すことになったのである。

モスクワオリンピックボイコット

共産主義国ではじめて開催されたモスクワ大会は七月一九日に開幕した。この大会に参加したのはＩＯＣ加盟の一四七の国（と地域）の中の八〇カ国で[28]、西側諸国ではイギリスやフランスなどの主要国も参加した。政府がボイコットを表明した国々は国内オリンピック委員会の判断で参加を決め、オリンピック旗、国内オリンピック（ＮＯＣ）旗を掲げての参加となった。イタリア、フランス、オランダをはじめとする七カ国選手団は開会式のボイコットを表明し入場行進を行わず、イギリス、ポルトガル、アイルランドの三カ国は旗手のみ参加した。

西側諸国の選手が表彰台に上る際には、オリンピック旗またはNOC旗が掲揚され、オリンピック賛歌が流された。自転車競技の四千メートル個人追い抜き種目では、上位三名がスイス、フランス、デンマークの選手であり、国としては不参加だったため、すべてのポールにオリンピック旗が翻るというシーンもみられた。一九八〇年以前のオリンピック憲章では、開・閉開式や表彰式に国歌や国旗を使用することが明文化されていたが、レークプラシッドでのIOC総会以降それらの文言が削除され、選手団の旗、選手団の歌に切り替えるという憲章の改訂が行われていた。ボイコットの事態を想定してのことだが、前述のナショナリズムをめぐる国歌・国旗の議論から見ると興味深い変更である。

ところで、この大会で注目を浴びたのが政府の不参加要請に反して出場した選手たちの結果であった。特にイギリスの陸上界を代表し、二〇一二年ロンドン大会で組織委員会会長をつとめることになるセバスチャン・コーはもっとも注目された選手の一人である。コーは一九七九年の世界選手権で八〇〇メートル競技の世界記録を更新しており、一五〇〇メートル競技との二冠が期待されていた。当時イギリスの陸上中距離界には好選手が多く、一五〇〇メートルを得意とするスティーブ・オベットとの熱戦はモスクワ大会を代表するレースとも呼ばれる。結果は八〇〇メートルではオベットが、一五〇〇メートルではコーがそれぞれお互いの得意種目で金メダルを獲得した。これらの選手に、通常のオリンピック参加以上の重圧がかけられていたことは想像に難くない。[29]八〇〇メートルでの敗北について、コーはこれまでに経験したことのない重圧の存在を吐露している。コーはレース後の記者会見で、タス通信の記者にモスクワにいることについて人間としてどのような感情をもっているかと質問され、興奮する要素をもっていると返答していることが印象深いやりとりである。[30]また、二種目とも金メダルが取れなかったら、引退の岐路に立たされていたことを素直に認めてもいる。後にコーは、この大会に出場した理由について、スポーツが政治に利用されないために出場する必要があったことを語っている。[31]

アメリカチームはカーター大統領が参加選手のパスポートを無効にすることを言明するなど圧力をかけ続けており、最終的にはオリンピック委員会（ＵＳＯＣ）が四月一二日に行われた代議員会の投票によって不参加を決めた。ＵＳＯＣは一九七八年のアマチュア・スポーツ法案成立以後、国家予算からの財政援助を受けておらず、[32]その運営費は民間企業などからの寄付やマーケティング収入で獲得していることから、後述する日本のケースと違い、政府による強化費打ち切りといった資金的圧力はそれほど大きくない。ただし、その代議員会にはモンデール副大統領の同席と演説を認めるなど、政治的な圧力は紛れもなく存在した。

アメリカ選手のすべてがボイコットに対して賛同していたかと言えば必ずしもそうではない。例えば、マラソンで金メダル候補の一人だったビル・ロジャース、円盤投げのリンク・パブカなどが抗議の声を上げた。[33]また、後にアメリカ史上初の女性ＩＯＣ委員となるアニタ・デフランツは、モントリオール大会ボート競技の銅メダリストで、この大会も選手として参加予定であったが、ボイコットを決めたＵＳＯＣの判断に対して、二五人の選手団を組織して法廷闘争に持ち込むなど反対運動を展開した。[34]

その後、カーター大統領はモスクワ大会開催中の七月三〇日、アメリカ代表に選ばれた全選手と家族をワシントンに招待し、記念の金メダルを授与したうえで、パーティーを開催して慰労につとめた[35]。ボイコットの決定は支持率が低迷していたカーター自身の大統領再選戦略の一環であったとする見立てもあるが、この年に共和党候補のロナルド・レーガンに敗れて一期でホワイトハウスを去ることになった。

アメリカの方針に同調してボイコットを決めた西側諸国はカナダ、西ドイツ、日本などにとどまり、足並みは完全にそろわなかったと言えるだろう。次に日本のケースをまとめておこう。当時オリンピック委員会（ＪＯＣ）は日本体育協会の内部に置かれていた。体協会長には参議院議長を務めた河野謙三[36]が就くなど、スポーツ経験のある大物政治家をトップに据えた組織運営が常態化しており、この時点でスポーツ界の自律性はまったく失われていたと言って良いだろう。一九六四年の東京大会開催においては、準備に当たってきた組織委員会会長の津島寿一（日本体育協会会長）、事務総長の田畑政治をアジア大会の参加問題で引きずり下ろされ、以来政治の関与は決定的なものになっていた。また、前述したように、東京大会を目指したスポーツ振興法の成立やスポーツ政策の整備は、ノーサポート・ノーコントロールの原則を覆し、財源的裏付けをもたないスポーツ組織から完全に抵抗力を奪っていた[37]。金栗四三や南部忠平といった日本スポーツ界の重鎮たちのあきらめにも似た発言がそのことを明確に物語っている[38]。田畑政治は、「オリンピックはもう自爆だよ」と述べ、救いの道もなくなったオリンピックではなく、友好国の大会で楽しむべきと突き放すようなコメントを残している。日本はエントリー締め切りの前日にあたる五月二四日、ＪＯＣ総会でボイコットを決議した。

一方で、政府方針に反対した人物もわずかながら存在する。参加の可否を決議したJOC総会では、四六人中一三人がボイコット反対に挙手をした。その顔ぶれはIOC委員を務める竹田恒徳、清川正二（IOC副会長）は当然として、日本水泳連盟会長の藤田明、日本バレーボール協会の松平康隆、アイスホッケー連盟会長の堤義明（代理）らが反対を表明した。(39)

また、東京大会の選手団団長をつとめた大島鎌吉は独自に「大島アピール」を作成し、IOC、国際競技連盟（IF）などの国内外のスポーツ組織に送付した。その宣言は、「米国が過剰興奮を冷やし、モスクワだから大選手団を派遣すると宣言したら、その時こそ世界は米国の平和意志を讃えるだろう」という一文で結ばれている。(40)

ボイコットがもたらしたもっとも大きな影響は、すでに出場が決まっていた選手たちに対してのものであろう。四月二一日に行われた緊急強化コーチ・選手会議で柔道の山下泰裕、レスリングの高田裕司などが涙ながらに参加を訴えたシーンが象徴的だが、ついに判断が覆ることはなかった。山下は外国人との対戦では無敗という生涯成績をもち、モスクワでも金メダルが確実視されていた一人である。(41) 高田は一九七六年モントリオール大会の金メダリストで、ライバル関係にあったソ連のベログラゾフと雌雄を決するはずであったが、ボイコット（一九八四年にはソ連が不参加）によって対戦は実現しなかった。ロス大会で電撃復帰を果たすが、銅メダルに終わった。また、マラソンで金メダルが期待されていた瀬古利彦は淡々とボイコットを受け入れたが、その後のオリンピックでメダルを獲得することはなかった。(42) オリンピック後の一二月に開催された福岡国際マラソンでは、モスクワ大会の金メダリストで、アベベ・ビキラ以来の二連覇を達成した東ドイツのワルデマール・チェルピンスキーを破って優勝を果たしている。このほか、前後の大会でメダルを獲得できた選手はまだしも、出場の権利を奪われた選手たちの多くが大きく人生を変えられたことは疑いない。

以上に見てきたボイコットをめぐるアメリカ、イギリス、日本など各国のケースはスポーツ界の自律という問題を考える上で格好のテクストになっていることがわかる。強弱の差こそあれ、政府からの圧力が存在したことはどの国でも変わりないが、国内オリンピック委員会の対応に違いがみられた。日本の場合、補助金との関係性から反対できなかったと説明されることが多いが、政治家をトップにいただく組織の形はすでにスポーツ界の自律性を失っていたことはすでに述べた。この問題は二〇二〇年東京大会の開催を控えて、注目すべき観点であろう（第九章）。

一九八四年ロサンゼルスオリンピック

モスクワ大会から四年後、アメリカで開催されたこの大会は、商業主義にオリンピックを開いた大会として歴史に名を残すが（第五章）、東側諸国の報復的ボイコットが行われた大会としても知られる。大会にはソ連をはじめ、東ドイツ、チェコスロバキアなど一四カ国のボイコットが行われた。

一方で、ソ連のボイコットは「不参加」と表現されるなど、ソ連自身はボイコットという立場をとっていない[43]。ロス大会におけるソ連の不参加を研究している政治学者のフィリップ・ダガーチによると、これは単なる感情的報復ではなく、冷戦下におけるどちらの政治システムがオリンピックをいかに効果的に開催するかという競争であり、スポーツを手段とした代理戦争であったと論じる[44]。

ダガーチは、ソ連はボイコットをすることによって自らが被る損失と、アメリカによる商業主義的オリンピックの価値を自らの不参加によって減じることができる利益とを天秤にかけ、その結果としての不参加が導き出されたと分析する。ここで言う損失とは、ソ連にとってのオリンピックは競技者の優秀性を誇示することによって、自国の政治システムの優秀性を証明することにあり、不参加は社会主義の勝利というもっとも明確な結果を導く機会を失うことである。また、選手や家族、ファンなどの国内的犠牲を強いることに加えて、この大会に参加することでモスクワ大会で一方的に政治利用を行ったアメリカのボイコットを糾弾する権利も失ったことになる。

大会招致を中心に、一九七〇年代以降にソ連が進めてきたオリンピック・ムーブメントへの関与を無にするこの決定は、感情的報復では説明しきれないことになる[45]。ソ連にとって誤算だったのは、東側陣営の一角であったルーマニアが参加を決めたことである。ルーマニアはアメリカ（八三個）に次いで二位の金メダル（二〇個）を獲得して、西側諸国と比肩して社会主義国の優秀性を証明したが、ソ連の指導力の低下を示したばかりか、東側諸国がアスリートの安全と人権、人間の尊重が脅かされているため参加を見合わせるとした理由を根底から揺るがしかねないリスクを生み出していた[46]。

このときIOC会長をつとめていたアントニオ・サマランチは、大会前に行われたIOC総会で、「世界の政治家たちは、勝手に使用できる武器と方法を持っているが、IOCはそれらを持っていない。それだけに、われわれの推進する非政治団体としてのオリンピック・ムーブメントが、世界の人達に認知され、われわれの憲章が尊敬されることの重要性を強調したい」と述べ[47]、東西陣営に二分された政治状況を橋渡しするＩＯＣの役割を明確に見据えていた。これはオリンピックがもち得る象徴的権力についてサマランチが自覚した瞬間とは言えないだろうか。(48)この時点でＩＯＣは経済的にも、政治的にも十分な力を持ち得ず、二大会のボイコットすら抑制することができなかった。しかしながら、次章で述べるロス大会の経済的成功を経て、ＩＯＣがもつ象徴的権力は次第に増加していくのである。ＩＯＣがたどり着いた一つの到達点については第七章で明らかにしたい。

互いにボイコット合戦を展開した東西両陣営が出そろうのは一九八八年のソウル大会からで、多くの競技種目で真の世界一が競われることになる。ベルリンの壁やソ連邦の崩壊が目前に迫っており、ロス大会から新たに参加した中国の存在感が次第に大きなものになっていく時代が訪れようとしていた。ソウル大会はベン・ジョンソンが知られるように、国家間の科学競争をスポーツにもたらしたパワー・ゲームとコマーシャル・ゲーム（第五章）の間にドーピングという深刻な問題を胚胎していくのである。その一因とされる商業主義とオリンピックの濃密な関係のはじまりについて、次章ではアマチュアリズムの崩壊という観点から見ていくことにしよう。

（1）石坂友司「スポーツ・ナショナリズムの現代的特徴――商業主義・グローバル化時代の三つのメガイベント」、石坂友司・小澤考人編『オリンピックが生み出す愛国心――スポーツ・ナショナリズムへの視点』かもがわ出版、二〇一五年、四九‐五二ページ。

（2）スポーツに見られるナショナリズムについては、石坂・小澤編、前掲『オリンピックが生み出す愛国心』、小川伸彦・水垣源太郎編『ベネディクト・アンダーソン――奈良女子大学講義』(かもがわ出版、二〇一四年、一一四‐一二一ページ)などを参照。

(3) 黒須朱莉「近代オリンピックの理想と現実――ナショナリズムのなかの愛国心と排他的愛国主義」、石坂・小澤編、前掲『オリンピックが生み出す愛国心』九九‐一一〇ページ。

(4) 一九五六年メルボルン大会では、ハンガリー動乱に対するソ連の介入に抗議して、オランダ、スペイン、スイスが、また、スエズ動乱に対するイギリス、フランス、イスラエルの締め出しを要求してレバノン、イラクがボイコットを表明している。

(5) 小笠原博毅「ボイコット」、清水諭編『オリンピック・スタディーズ――複数の経験・複数の政治』せりか書房、二〇〇四年、二三四‐二五〇ページ。

(6) 東京大会がどのような歴史的、社会的文脈によって開催されていったのかについては以下の拙稿で詳しく論じている。石坂友司「国家戦略としての二つの東京オリンピック――国家のまなざしとスポーツの組織」(清水編、前掲『オリンピック・スタディーズ』一〇八‐一二一ページ)、石坂友司「東京オリンピックと高度成長の時代」(「年報日本現代史」編集委員会編『年報・日本現代史』現代史料出版、二〇〇九年、第一四号、一四三‐一八五ページ)。

(7) 関春南『戦後日本のスポーツ政策――その構造と展開』大修館書店、一九九七年、九三‐九六ページ。以下のスポーツ政策に関する記述は主に本書を参考にした。一方で、このような民主化を目的としたイベントが戦後復興、民族再建などを旗印に、ナショナリズム的様相を帯びていくことも事実である(権学俊『国民体育大会の研究――ナショナリズムとスポーツ・イベント』青木書店、二〇〇六年)。

(8) そもそも憲法第八九条がスポーツ組織に対する公金の支出を禁じているという見立てもあるが、一九五七年の法制局回答によって教育の事業から除外されるという解釈が提示されている。

(9) 当時ラグビーはオリンピックの正式種目として実施されていなかったが、イギリスにおいてボートと並んでアマチュアリズムを根幹に掲げていたことからもわかるように、理想としてのアマチュアリズムが確固たるものとして存在していた。しかしながら、日本体育協会を離脱することは、当時日本で最高峰の総合競技大会である国民体育大会への出場ができないことを意味し、一九五七年に復帰を果たした。

(10) 一九五九年に文部大臣や教育委員会が社会教育審議会その他の意見を聴いた上で補助金の交付を行えるよう第一三条が改正された。

(11) ただし、そのことは五〇年間スポーツ政策が進展しなかったことの裏返しでもある。

(12) 石坂友司「特集のねらい——スポーツをめぐるポリティクスを再考する」(『スポーツ社会学研究』第二〇巻第二号、二〇一二年、一七-二二ページ)を参照。

(13) ここで言う自律性とは、さまざまな領域(社会学者のピエール・ブルデューにならえば場)が構成員の共通の利益を保持しながら独自の論理で動くとき、他の集団との利害関係、支配/被支配という関係性の中で、どの程度自由に振る舞うことができるかという相対的な概念である(ピエール・ブルデュー『社会学の社会学』田原音和監訳、藤原書店、一九九一年)。

(14) BBC, "1976: African Countries Boycott Olympics," (Retrieved June 20, 2017, http://news.bbc.co.uk/onthisday/hi/dates/stories/july/17/newsid_3555000/3555450.stm).

(15) オリンピックと政治の問題として両大会の記述に多くの紙幅を割いている第四代IOC会長キラニン(ロード・キラニン『オリンピック激動の歳月——キラニン前IOC会長による五輪回想録』宮川毅訳、ベースボール・マガジン社、一九八三年)と副会長清川正二(清川正二『スポーツと政治——オリンピックとボイコット問題の視点』ベースボール・マガジン社、一九八七年)の著作においても、扱いは小さいものにとどまっている。

(16) ロドリク・ブレースウェート『アフガン侵攻一九七九-八九——ソ連の軍事介入と撤退』河野純治訳、白水社、二〇一三年。

(17) 『朝日新聞』一九七八年八月二五日付。なお、ヘルシンキ宣言とは、一九七五年に全欧安全保障協力会議にて調印された最終文書で、「人権はもはや国家の内政事項ではない」と規定し、武力による人権抑圧を禁止した。

(18) 『朝日新聞』一九七九年一月七日付。

(19)『朝日新聞』一九八〇年一月三日付。この報道に対してはＩＯＣ関係者がスポーツへの政治介入として一斉に反発したことがあわせて報道されている。
(20)『朝日新聞』一九八〇年一月五日付。
(21)『朝日新聞』一九八〇年一月七日付。
(22)『朝日新聞』一九八〇年一月一三日付、一六日付。
(23)『朝日新聞』一九八〇年一月一六日付。
(24)ステート・アマチュアとは、東側諸国に見られた国家が衣食住を提供して養成されたアスリートのことで、プロ化された多くの競技でトップ選手がオリンピックに出場できなかった西側諸国に対して競技力で優位に立った。
(25)ソ連の主将をつとめ、後にＮＨＬでも活躍したスラヴァ・フェティソフの競技人生を描いたドキュメンタリー映画『レッド・アーミー（Red Army）』（二〇一四年公開）では、当時のソ連のプロパガンダシステムについてうかがい知ることができる。
(26)この大会で金メダルを獲得した選手一七人が、二〇〇二年ソルトレークシティ大会の最終聖火点灯者として登場した。ハーブ・ブルックスはこの大会でも再びアメリカチームの指揮を執り、ロシアを破るなどしたが決勝でカナダに負けて銀メダルに終わっている。
(27)短距離から長距離種目までの全種目制覇で五個の金メダルを獲得した、スピード・スケートのエリック・ハイデンとホッケーチームの金メダルのみであった。
(28)公式報告書では八一カ国となっているが、リベリアが開会式後に帰国しているため、ＩＯＣの公式ＨＰでは八〇カ国と記されている。
(29)セバスチャン・コー／デヴィッド・ミラー『ザ・チャンピオン——セバスチャン・コー物語』佐藤亘訳、ベースボール・マガジン社、一九八三年、一五〇ページ。
(30)同上、一四四ページ。
(31)同上、二一二ページ。

(32) 村木征人「中央統括組織（USOC）と国内スポーツ別統括団体（NGB）の重点施策との相互関係」『競技力向上政策の国際比較研究』（一九八九年度科学研究費研究報告書）、一九八九年、七ページ。
(33) 清川、前掲『スポーツと政治』一〇九ページ。
(34) Gitlin, Martin, *The 1980 U.S. Olympic Boycott*, Cherry Lake Publishing, 2014, p. 24.
(35) 清川、前掲『スポーツと政治』一一三ページ。
(36) 一九六四年東京大会でオリンピック大臣を務めた河野一郎は実兄。
(37) 嘉納治五郎や岸清一といった、戦前のスポーツ界を支えた重鎮たちの象徴的権力は過去のものになり、スポーツ界の自律性は決定的に弱まっていたと言えるだろう（石坂友司『日本のスポーツ界形成における象徴的権力構造に関する研究』（筑波大学人間総合科学研究科二〇〇六年度博士論文）、二〇〇七年）。
(38) 『朝日新聞』一九八〇年二月三日付。金栗四三（一九一二年大会のマラソン代表）や南部忠平（一九三二年大会の三段跳び金メダリスト）はオリンピックの変質をただ嘆いているに過ぎない。
(39) 中条一雄『危機に立つオリンピック』朝日新聞社、一九八四年、二六 - 七ページ。その後JOCは一九八九年に日本体育協会から分離独立を果たすが（初代会長は堤義明）、モスクワ大会不参加問題への政治介入がきっかけとなり、財政的独立の必要性が叫ばれた。それを推し進めていったのはボイコットに反対をした松平、堤の他、日本サッカー協会の岡野俊一郎らが組織した「笑話会」であった。
(40) 岡邦行『大島鎌吉の東京オリンピック』東海教育研究所、二〇一三年、二七七ページ。
(41) その後一九八四年のロス大会では大けがを負いながら金メダルを獲得した。エジプトのモハメド・ラシュワンが山下のケガを直接攻めることなく敗れた決勝は、ユネスコ国際フェアプレイ賞を獲得した試合として有名である。
(42) 松瀬学『五輪ボイコット——幻のモスクワ、二八年目の証言』新潮社、二〇〇八年。
(43) ソ連NOCは四月七日にアメリカ非難の声明書を発表し、IOCに対応を求めたが奏功せず、五月八日に不参加声明が出された。ソ連の不参加の理由はあくまでも、アメリカがすべてのアスリートの安全を保証し、人権と人間の尊厳を尊重し、競技を実施する正常な状況をつくろうとしていないというものであった（清川、前掲『スポーツと政治』一五三－一五八ページ）。

（44）D'Agati, Philip A., *The Cold War and the 1984 Olympic Games: A Soviet-American Surrogate War*, Palgrave Macmillan, 2013, pp. 150-164.

（45）Ibid., pp. 162. ＩＯＣ会長をつとめたロード・キラニンは、ソ連が示すスポーツへの大衆参加の哲学は、クーベルタンが掲げたオリンピックを復活させながら世界を導いていこうとした方向に見事に合致していたとまで述べている（ロード・キラニン、前掲『オリンピック激動の歳月』二二八ページ）。

（46）D'Agati, *The Cold War and the 1984 Olympic Games*, op.cit., pp. 136-138. ルーマニアは独裁体制のもと、いち早く西ドイツと国交を樹立するなどソ連から距離を置いた自主外交を展開していた。

（47）清川、前掲『スポーツと政治』一七七－一七八ページ。

（48）オリンピックにおける平和概念を再創造していくのがサマランチである。このことは第七章で論じる。実はブランデージも一九五四年のＩＯＣ総会で同様の発言を行っている。「われわれは大砲もなければ、巨額の資金もない。しかしわれわれは、高邁な道義的理念を持つ。これ以上に強力な武器はない。」（清川正二『オリンピックとアマチュアリズム』ベースボール・マガジン社、一九八六年、五二ページ）。ただし、次章で論じるように、ブランデージがアマチュアリズムを念頭に置いて発言したのに対し、サマランチは商業主義が背景にあった。

第四章　オリンピックとアマチュアリズム

オリンピックに向けられたナショナリズムの高まりとそこで展開されるパワー・ゲームの様相について、前章ではモスクワ大会のボイコットを中心に確認してきた。オリンピックにおけるネイションの間の争いを抑制しようとした第五代ＩＯＣ会長のアベリー・ブランデージは、「ミスター・アマチュア」という異名をとるように、オリンピックにおけるアマチュア／アマチュアリズムを遵守しようとした人物としても知られる。現代のオリンピックは商業主義に開かれた大会となって久しいが、転換の契機になったのが一九八四年のロサンゼルス大会と言われる。次章で確認していくように、厳密に見ればロス大会が全てを転換させたわけではないが、この大会が象徴的に多くの仕組みを変え、コマーシャル・ゲームの様相を強くしていくのは事実である。

商業主義は利益を生み出す（とされる）大会へとオリンピックを変えたことで、アマチュアリズムという、これまで大事にされてきた倫理的性格を放棄、または変質させたとされる。アマチュアリズムの誕生については第一章で論じたが、オリンピックがどのようにアマチュアリズムを育んできたのかについてまずは見ておくことにしよう。

アマチュア資格と国際競技団体

アマチュアの定義問題は創設期からあり、オリンピックの歴史の一つと言っても過言ではない。アマチュアをめぐる概念が国ごと、競技団体ごとに異なっていたからだ。[1] IOCはたびたび統一見解を打ち出そうとしたが、結果として成功しなかった。最終的には各国際競技団体（IF）の判断に委ね、IOCがそれを承認するかたちに落ち着いたが、[2] それでもアマチュアの参加資格をめぐって、つねにIFとのせめぎ合いが続いた。例えば、国際スキー連盟（FIS）は、スキー産業が拡大、商業主義化していく背景の中で、その中心的存在であったスキー教師をあくまでもアマチュアであると主張してオリンピックへの参加資格を求めたのに対して、IOCはプロフェッショナルと断定してかたくなに認めず、戦前から対立関係にあった。FISは一九三八年にIOCからの離脱を決め、逆にIOCもスキー競技の削除を決めるなど、一九四〇年冬季オリンピックを実施することになっていた札幌では、準備段階から両者の対立が懸念事項になっていた。[3] 札幌大会は東京大会とともに返上され幻となったが、IOCとFISの対立は戦後も続いた。一九五一年、IOCは非常勤のスキー指導者をアマチュアとして認める例外措置を決め、FISと協定を結ぶ妥協を見せた。ところが、ますます産業化していくスキー業界はアスリートを広告塔として利用するなど、アマチュア規程との対立路線を歩み、後に見る一九七二年札幌大会でのカール・シュランツ追放問題が引き起こされていくのである。

国際サッカー連盟（FIFA）は第一章で示したように、アマチュアを中心とするオリンピックとプロの出場を認めるFIFA・W杯との間で揺れ動く、イギリス四協会の加盟と脱退に翻弄されてきた。アマチュアの参加資格をめぐってFIFAとIOCはたびたび衝突をくり返している。一九三二年には休業補償（Payments for Broken Time）をめぐって両者が対立、一九三二年のロサンゼルス大会においてサッカー競技が除外されるという事態を招いている。この休業補償はアマチュア選手がオリンピック大会に出場する際、欠勤時の給与保証を勤務先に請求するとアマチュア違反になるというもので、オリンピック憲章では認められていなかった。ロス大会では、FIFAが補償を受けた選手もアマチュアとして認定していたのに対し、IOCの側がこれを認めなかったため、競技除外となった。戦後、IOCは休業補償を認めないことを再確認したものの、一九四八年のロンドン大会ではサッカーを例外措置とするなど、サッカーに配慮する力が働いた(4)。

FIFAは現在、テレビの視聴者数においてはオリンピックをしのぐと言われるW杯を四年に一度実施しており、興行的にも十分な成功を収めていることから、オリンピックに対して対抗的な発言力を有している数少ない競技団体である。モスクワ大会を控えた一九七九年、FIFAはテレビ放映権の配分をめぐってIOCと対立し、オリンピック脱退をほのめかして、アマチュアのワールドカップを開く用意があるとまで発言した(5)。一方で、オリンピック種目のサッカー競技が二三歳以下の選手に限る参加年齢制限を行っているのは、W杯の価値を相対的に高めるための措置でもあるが、もともとは一九八四年のロス大会に際して、プロ選手の参加要望がIOCに認められず、その後一九八八年のソウル大会に向けて満二三歳以下の選手が参加できるとする譲歩によってプロ選手の参加を実現した経緯からだ[6]。

アマチュアリズムの展開と受容

アマチュアリズムの展開、受容の仕方は各国で大きく異なっていた。アマチュアリズムを生んだ国イギリスに対して、特異な形態を生んだのはソ連と日本である。アメリカとの関係性は最後で論じることにしたい。イギリスではアマチュアリズムが階級闘争の歴史の中でその意味を変容させてきたことは第一章で論じたが、社会学者のピエール・ブルデューが社会的空間との関わりで示したように[7]、アマチュアリズムはスポーツ組織を支える上流階級／ブルジョワジー、あるいは労働者階級がどのような比率で関与し、当該地域のリーグやチーム、そして組織を構成しているか、その歴史性によっても違いが見られる。例えば、社会学者のエリク・ダニングとケネス・シャドが示したように、指導層が上流階級の人びとによって構成されたサッカー（フットボール）協会は、合法化されたプロフェッショナリズムに対して賛成的であったのに対して、中流階級以下の人びとを中心に組織された地方の協会では反対の意見が強かった。この傾向はラグビーとも異なり、プロ化の進行がどの時期に起こったのかによっても影響を受けているとされる[8]。

特にサッカーとオリンピックの関係は微妙である。上記の傾向から、サッカーにおいてイギリスはアマチュアとプロの選手を次第に区別しないようになり、一九七〇年代には純粋なアマチュアのトップチームは存在しなくなっていた。従って、オリンピックにはセミプロかプロの一流と言った選手が派遣されることになり、いわゆる「偽・アマチュア」問題が発生することになる。イングランドサッカー協会が一九七五年に行ったルール改訂では、アマチュアとプロの区別が正式に撤廃され、名称がプレイヤーに統一された[9]。一方で、四つのホームネーションズが特例でそれぞれ出場権を持つＦＩＦＡ・Ｗ杯に対して、オリンピックは国内オリンピック委員会の資格でしか出場できないため、統一チームの選考ができなかったイギリスは、一九六〇年のローマ大会以降出場を見送っている[10]。

これに対して、保守的なアマチュアリズムの傾向が見られるのがボート競技、ラグビーなどである。クーベルタンがボート競技のアマチュア規定をオリンピックに持ちこんだことはすでに述べたが、同じ規程を用いていた陸上競技が一八八〇年には労働者の除外項目を削除したのに対して、ボート協会は一九三七年までこの項目を維持し続けた[11]。これらの競技では、プロフェッショナルとプレイすることは不名誉なこととされ、アマチュアリズムの影響が強く残された[12]。

ソ連が生んだステート・アマチュアについては第三章で論じてきた。ステート・アマの登場時、アマチュアリズムの厳格な守護者であるＩＯＣ会長ブランデージですら、ソ連が国家的に管理・育成している選手を問題のないアマチュアと呼んでいたし、次の会長となるキラニンはソ連の大衆的取り組みがクーベルタンの目指した方向性に合致しているという評価まで与えていた。ソ連のステート・アマはアマチュアの一形態としてオリンピック参加が容認されていたのである。ソ連や東ドイツといった東側諸国のステート・アマチュアによるオリンピックでの台頭は、プロを参加させられない西側諸国にとって、大きなフラストレーションになってきた。このことがアマチュアリズム崩壊の一要因となっていくのである。

日本とアマチュアリズム

アマチュア選手を企業が抱え、アマチュアリズムの倫理的側面を崇高なものへと昇華させて受容したケースが日本である。なぜイギリスで生まれた階級的な排他的コードでもあるアマチュアリズムが、階級制度とは関係ない日本で受け入れられていったのだろうか。これは文化のグローバルな伝播・変容をめぐる問題として、日本的な受容のメカニズムから考え合わせる必要がある[13]。

ＩＯＣ副会長を務めた清川正二は、ＩＯＣの啓蒙活動が世界的に周知、徹底されて効果があがったため、あたかもアマチュアリズムがオリンピック・ムーブメントの指導理念、あるいは基本哲学であるかのように受け取られるようになったと自説を展開し、結果として、アマチュアリズムを説けない指導者は指導者としての資質を疑われ、選手たちはアマチュアリズムを「鉄の掟」、あるいは宗教の厳しい戒律にも似た規則として教育されたと言う[14]。これは日本の特性を表した言葉と理解できるが、このことと対をなしているのが、プロはどこか劣る存在としてとらえてきたことである。このような対比はイギリスでも見られたものであるが、日本では特にその傾向が強く、独自の発展を遂げた。スポーツ社会学者の菊幸一がプロ野球の成立の観点から論じるように、戦前からアマチュアとプロフェッショナル・イデオロギーの相克は、互いに相容れない制度として組織的に確立していく契機となった[15]。

日本におけるスポーツマンシップ、アマチュアリズムの伝道者として、戦前の大日本体育協会副会長をつとめた武田千代三郎がいる。武田は一九二一年「アマチュアリズム」に関する論考を著すなど、アマチュアリズムに非物質主義的な高潔さとフェアーさを見出し、打算と利を嫌い、倹約と質素を重んじる武士の理念的な行動規範によってそれを理解しようとした[16]。武田の主張がどれほど当時のスポーツ界に受け入れられていたかは不明だが、「人間形成の手段としてのスポーツ」を根底にすえ、結果として学業とスポーツの両立ができない学生を競技から排除することを目指したものであったことは興味深い[17]。

このようなアマチュアリズムの導入と解釈は学生スポーツの花形であった野球で顕著に見られた。一九一一年に朝日新聞紙上で展開されたことで有名な野球害毒論争[18]をはじめ、教育とスポーツの関係性から、学生のあるべき姿を問う社会的出来事が相次いだ。現在でもある種の教育的な枠組みを保持し続けている、いわゆる甲子園野球が思想善導の一環として創設されたことや、学生野球を管理・統制する目的で一九三二年に作られた野球統制令が、教育の観点からアマチュアリズムの精神を学生の本分に掲げていたことなどは格好の事例であろう。野球統制令は戦後、日本学生野球憲章としてかたちを変え、二〇一〇年に改定されるまで、アマチュアと学生野球のあり方を規定してきた[19]。

以上の前提に立ったとき、日本においてアマチュアリズムが永続したひとつの理由として、後述する企業スポーツの問題に加えて、教育としてスポーツをみる思想が底流に存在している。すなわち、戦前は学生スポーツが中心であったことから、アマチュアリズムの昇華は、金銭的問題や参加資格の問題としてばかりでなく、教育との関係性から行われて来たと言える。

オリンピックとの関係性に戻ると、戦前、オリンピックに選手派遣をしていた大日本体育協会はＩＯＣのアマチュア規定に準拠していたことから、参加者資格に階級的な制約を課していた。ただし、一九二五年以降は各競技団体の規定によって選手派遣が行われるようになり[20]、身分規定としての性格はそれほど強くなかったとも言える。

戦後すぐ、一九四六年にはアマチュア規定の選定が大日本体育会（戦時中に大日本体育協会から改称）の専門委員会でいち早く行われ、金銭的、名声的、広告的目的のために利用されることをアマチュア・スポーツの本質に違背するとして規定した[21]。この規定は一九五七年に改定され、アマチュアの範囲、営利行為の禁止、資格の喪失など細部にわたって具体的な条件が追加されることになった。

戦前から一九五六年メルボルン大会まで、オリンピック選手派遣の母体になったのは大学などの学生選手である[22]。それがメルボルンを境に、大学などを卒業して企業に勤める学卒選手の比率が高まりを見せるようになった。その結果、日本型のアマチュア選手はカンパニー・アマチュア（またはコーポレート・アマチュア）と呼ばれる、企業がアマチュア選手を雇用し、一部業務を担わせながら、その他の時間で練習を行わせるという独特な形態を生み出していった。ブランデージ就任後、オリンピック憲章に盛り込まれた「競技能力を理由に政府、教育機関、または企業から援助を受けている者はアマチュアではない」という、いわゆる「偽・アマチュア」事項を厳密に適用すれば、この形態はアマチュア違反にあたると言える。

日本においてアマチュアリズムが長く維持されてきた理由を、スポーツ社会学者の内海和雄は企業スポーツの存在に求め、日本社会はオリンピックなどで活躍する一流選手の引受先を企業に依存し、給料、大会への遠征費、休業補償などを保証されていたためでないかと述べている[23]。すなわち、競技力が高まり、次第に高度化していく世界のスポーツ界にあって、長期の海外遠征を行い、その期間の休業補償が受けられないアマチュア選手は次第に困難を抱え、自ら資金を稼ぎ出す商業主義を志向していくことになるが、企業の支援が受けられた日本では、この力が相対的に弱かったと説明できる。

企業に支えられた日本スポーツ界の構造は、一九六四年の東京大会で金メダルを獲得した女子バレーボールチーム、いわゆる「東洋の魔女」が日紡貝塚という企業チームを母体にしていたことなどが有名であるが、企業スポーツの隆盛は大正時代の労働争議などをきっかけに、社内融和のシンボルとして創設されていった。

経営学者の澤野雅彦は、企業が収益を求める広告宣伝のため、あるいは、スポーツそのものを事業としているスポーツビジネスに対して、労務対策として社員の福利厚生や教育訓練として行われてきた形態を企業スポーツと定義して明確に区別している[24]。現在私たちが目にしているのは後者から前者へと移行しているスポーツ界の動向である。商業主義の影響が見られる一九七〇年代後半に至るまで、企業がスポーツに期待していたことは日本型家族経営を基盤とする福利厚生型の企業スポーツであり、労使協調路線を実現する存在としてのそれであった。

労務管理に企業スポーツの出発点を見定めた場合、いわゆるスポーツの高度化と大衆化に関わる二つの流れが導かれたと考えることができる[25]。第一に、都市対抗野球に代表されるように、企業スポーツが高度な競技力を形成する母体となることを通じて、企業の一体感の醸成に重要な役割を果たしたことである。第二に、福利厚生や教育訓練などの施策として、労働者が直接スポーツを享受できる場を創り出したことで、従業員の労働移動を防止し、企業への帰属意識を高めることに一役買った。加えて、労働力確保のために企業イメージの向上とアイデンティティーの醸成、モラールの高揚などが図られるようになった[26]。

以上のように形成された日本独特のシステムは、商業主義の浸透によって次第に営利活動に主眼を置く私企業とアマチュアリズムにとどまろうとするスポーツ選手との間で微妙な温度差を生み出していくことになる。日本でも、一九七〇年代後半には選手の輩出・支援にとどまらず、企業がスポンサーになることで、自らの名前を冠したリーグやトーナメント大会を組織する、いわゆる冠スポーツの隆盛が見られるようになった。その始まりは一九七八年のデサント八カ国陸上に求められるが、企業とアマチュア・スポーツの関係が明確に規定されないまま、企業によるさまざまな国際イベントへの進出や権利獲得がなされていったのである[27]。

このようにスポーツそのものを事業としてとらえるスポーツビジネスの登場は、企業スポーツの福利厚生的役割を後景に退かせ、対費用効果を優先する構造を創り出していくことになる[28]。これが後に、バブル経済の崩壊とともに引き起こされた企業の倒産や相次ぐリストラによって、スポーツからの撤退、休廃部を招く一因となった。

以上の構造的な要因を抱えながら、日本のアマチュアリズムは企業スポーツの中で維持されてきた。そこから派生するアマチュアリズムの倫理観がどれほどの強度をもって受け入れられていたのかを実証するのは難しいが、次章に見る商業主義の浸透によって引き起こされた拒絶反応とアマチュアリズムの神聖化を見ればその一端をつかみとることができる。

菊は日本のスポーツに対する見方、考え方には非金銭化された形態のアマチュアリズムと、金銭化され、他律化された形態である興業としてのプロ・スポーツという対立的把握がなされていたことを指摘する。[29] このような考え方は亡霊のように今でもスポーツ界に残存する。例えば、日本最高峰の総合競技大会である国民体育大会（国体）は、現在でもガイドラインを定めて国体協賛社以外の広告の掲出を原則として禁止している。今やどのスポーツでも恒常的に見られるようになった、ユニフォームへのスポンサー企業のロゴが入れられないのである。また、次章でまとめるように、商業主義導入以降のスポーツ、オリンピックにおける行き過ぎた金銭のやりとりに対しては、拒否感覚が形成され、現代ではもはや消え失せた理念としてのアマチュアリズムが対置されるのである。

カール・シュランツ追放問題

これまで述べてきたように、オリンピック参加のための基本資格であり、精神的基調を担ってきたアマチュア／アマチュアリズムは、スポーツ界における商業主義の浸透によって次第に浸食されていくことになる。一九六七年のＩＯＣ総会では、オリンピック憲章第二六条に規定されたアマチュア定義（Amateur definition）という標題が廃止され、代わりに参加資格（Eligibility Rules）の標題に置き換わった。[30] スポーツを行うことで報酬を受けないなどといった条件は同一で、それらを満たした者がアマチュアと考えられると表記されるなど、一定の留保はつけられていたものの、アマチュアが社会的に揺れをともなった概念としてとらえられ始めたことを示している。

歴代のＩＯＣ会長は程度の差こそあれ、アマチュアリズムを中心としたオリンピックの理念を引き継いできた。なかでも、第三代会長バイエ・ラトゥールは、クーベルタンの理念を忠実に継承しようとし、一九三六年のベルリン、一九四〇年の東京と続いた国家主義的なオリンピック開催に苦言を呈し続けたことはすでに述べたが、アマチュアリズムは精神の問題であって、法則上の問題ではない[31]と述べたことでも知られる。

また、冒頭で述べたように、ブランデージは「ミスター・アマチュア」として、退任するまでアマチュアリズムを堅持した。ブランデージはステート・アマチュア、軍人でステート・アマと同じ待遇を受ける者、スポーツ奨励金受領者、企業の選手などは参加規定の違反者であると述べるなど、アマチュアの定義には終始厳しい対応でのぞんだ。また、IOCだけがアマチュアの意義を正しく解釈できるとして、もしオリンピック大会がアマチュアのものでなかったら、今日まで続かなかったであろうとまで述べている[32]。

そのブランデージのもとで、最後のアマチュアリズムをめぐる論争が引き起こされたのが、日本初の冬季オリンピックとなる、一九七二年の札幌大会で起こったカール・シュランツ追放問題である。「滑降王」の異名をとり、「偉大なオールドマン」と賞されたオーストリアのスキー選手カール・シュランツは、アマチュア資格をめぐってオリンピック参加を許されず、札幌を去ることになった。この出来事は開催地のみならず、全世界のアスリートに衝撃を与えた。シュランツはW杯で一二勝を挙げ、直前の大会でも連勝するなど札幌大会では金メダルの最有力候補だった。この追放劇は、退任前のブランデージが強硬に主張して実現したとされる。

オリンピックに先立って札幌で開かれたIOC総会で、ブランデージはプロフェッショナリズムと商業主義に犯されたオリンピックの実態を非難し、冬季大会におけるアマチュアリズムの「使命はすでに終わった」と述べていた[33]。ＩＯＣ総会にのぞんで、ブランデージは商業主義的な行為を繰り返す選手のリストを準備し、大会からの追放を提案したとされる。なかでも、最も有名な選手の一人で、派手なメディア露出を繰り返していたのがシュランツであった。彼は「シュランツはクナイスル（スキーメーカー）で勝つ」などと書かれた雑誌やポスターに登場し、スキーの宣伝を堂々と行っていたのである。シーズンオフに、コーヒーメーカーの名前入りTシャツを着てサッカーをしていたことが写真で提示され、アマチュア違反の決定打とされた。

この当時、スキー競技を中心に、商業主義的な広告に選手が登場するようになったことをＩＯＣはたびたび問題視し、国際競技連盟に警告を繰り返していた。プロを除く多くのアスリートたちは、アマチュアリズムを遵守するために、ウェアーや用具に刻印されたメーカーのロゴがテレビや新聞、雑誌に映りこまないように細心の注意を払っていたとされる。例えば、身体を半身にしてロゴを隠したり、場合によっては、ガムテープを貼るなどの処置がとられていた。

シュランツはオリンピック・ビレッジに入村し、恵庭岳に用意されていた滑降コースで練習を続けており、ＩＯＣ総会で追放が決まったことが彼に告げられたのは大会直前のことであった。オーストリア選手団は猛反発し、全選手のボイコットを示唆するなど抗議を続けたが、シュランツが他の選手の参加を要請したことにより、チームは参加を決定するに至る。シュランツは一人オリンピック・ビレッジを後にし帰国、オーストリア国民は彼をヒーローとして迎え入れたことから、ＩＯＣの思惑とは別の反応を招いたと言えそうである[34]。その後オーストリアでは、日本に残り競技を続行したチームの判断をめぐって、ボイコットすべきだったとする国民世論の高まりを受けて、オーストリア・オリンピック委員会の理事が総辞職する辞退を招いている。なお、オリンピックの金メダルを獲得できずに終わったシュランツは帰国後引退を表明して伝説となった。

その後FISは、IOCの要請を受けてアマチュア違反に関する独自の調査を行い、シュランツとともに、フランスのアニー・ファモーズ（六八年グルノーブル大会・大回転銀メダリスト）に対して、条件付き資格停止処分を下した。その条件というのは、両選手が商業広告に自分の名前や写真を使用し、報酬を得ていたとされることから、広告主を提訴、法廷での争いに勝てば失格させないとの内容だった[35]。

後日談だが、オリンピックが商業主義に開かれ、札幌大会から一六年が経過した一九八八年、シュランツは当時のIOC会長アントニオ・サマランチによって札幌大会の参加メダルを手渡され、失格にされた名誉を回復された。そのときの感想をシュランツは、オリンピックは私が変えたと表現しながら、「バーも認められていない時代に、私はディスコへ足を踏み入れて頭の堅いじいさんに怒られた、ということさ」と冗談交じりに語っている[36]。

このように最後の抵抗を見せたブランデージの執念もむなしく、スポーツ界は商業主義的活動が許容される時代に突入しようとしていた。それを決定付けたのがIOC第六代会長マイケル・モリス（第三代キラニン男爵、このためキラニン卿と呼ばれる）の就任である。ブランデージがアマチュアリズムを堅持しようとしたのに対して、キラニンは現実路線に舵を切った。アマチュアの文言がスポーツ界の実態とかけ離れていたことはブランデージを除く衆目の一致するところであったが、キラニンは会長就任後、アマチュアリズムの文言削除を早急に進め、一九七四年版のオリンピック憲章第二六条からアマチュアリズムとアマチュア競技者の語をすべて消去した。彼は副会長時代から各ＩＦと交渉を重ね、参加資格をＩＦの規則に準じるようにオリンピック憲章第二六条と細則を整備、ＩＦの置かれた状況に応じて参加資格をコントロールさせる方法を取り入れてきた。これにより、ＩＦが認めれば、プロ選手の参加に道が開かれ、オリンピックによる休業補償、体育・スポーツ教員の参加、スポーツ奨学金の受け取りなども認められるようになった。[37]

実際はそのことによってプロの参加が許容されたわけではなく、一九八三年のＩＯＣ総会でもプロフェッショナル競技者は参加させず、オープン競技会にもしないとの項が確認されるなど、プロの参加には依然として高いハードルが用意されていた。[38] プロ選手の参加を求めていたのはアイスホッケー、サッカー、テニスなどで、一九八四年サラエボ冬季大会、ロス大会などで一部プロ選手の参加が認められたものの、プロリーグの側が出場を認めないケースも多く、アイスホッケーの正式なプロ参加は一九九八年長野冬季大会まで実現しなかった。[39]

一九八〇年代、商業主義への道を先頭で走った組織が国際陸上競技連盟（ＩＡＡＦ）である。同連盟は一九八二年に伝統的なアマチュアの概念を捨て去り、選手の広告への出演料やＣＭ活動を公然と認めた。一九八五年に制定した「Trust Fund for athletes」では、現役選手が連盟の承認を得て、大会や招待競技へ参加してアピアランス・マネー（出場料）や賞金を獲得でき、引退後にその額を受け取れるという仕組みを創設した。[40] ＩＡＡＦの商業主義化はいち早くアスリートに受け入れられ、次章で示すように、九個の金メダルを獲得し「ミスター・オリンピック」と呼ばれながら、大金を稼ぐ「スポーツ貴族[41]」という異名でも呼ばれたアメリカのカール・ルイスのような選手を生み出すことになるのである。

そのような流れは参加資格を規定し、倫理的に確立してきたアマチュアリズムとは少なくとも両立し得ず、やがてアマチュアリズムの崩壊を導くことになる。内海は、アマチュアリズムが次第に揺らいでいく要因についていくつかの分析を提示しているが、第三章で見てきたように、共産主義国の参加と優位が資本主義国の勝利を困難にし、労働者階級を動員する必要に駆られるとともに、アマチュア選手の休業補償を認めるように作用したことをあげている[42]。まさにアマチュアの解釈をめぐって西側諸国は不利な競争を強いられてきたのであるが、商業主義の大会と呼ばれるロサンゼルスの影響に加えて、このようなパワー・ゲームとしての影響を見落としてはならないだろう。

アマチュアリズムとアメリカ

最後に、この章を締めくくるにあたり、アメリカとアマチュアリズムの関係性を見ておきたい。記号学者の多木浩二はイギリスで発生した近代スポーツが、アメリカの影響を強く受け、現代社会に相応しい文化に仕立て上げられたと書き記している[43]。

アマチュアリズムがアメリカで問題となったのは、一八七二年にフィラデルフィアで開催されたボートレースであった[44]。イギリス同様、レースの参加資格がアマチュアのみと記載されたために、約半数の参加者が出場を拒否されるという事態が起こり、それを機にアマチュアの定義づけとクラブの創設がなされていった。スポーツ史学者の小田切毅一によると、アメリカにおけるスポーツへの志向は、情動や闘争に寛大な勝負へのあからさまな執着や、競い合うことへの合理的対処といった特性を早くから顕在化させてきたと言う[45]。具体的に言うと、選手のプレイはフェアか、ラフ・アンド・タンブル（荒々しさ）かという対立概念によって区分けされ、競技会のプロモーターや選手は英雄的な売名行為や賭け事に傾倒し、賞金を与えることも行われていた。アメリカのアマチュアリズムは、こうしたプロの賞金稼ぎから自らを区別するものとして機能し始めたのであり、パブリックスクールをはじめとする学校から大学、社会全般へと広がったイギリスとは逆の発展が生じた[46]。

アメリカのスポーツは、全米大学競技協会（NCAA、全米大学体育協会とも訳される）に代表される大学スポーツを中心としたアマチュア競技団体と、ベースボールなどに代表されるプロの競技団体によって組織化されてきた[47]。このうちアマチュア組織の統轄は、戦前にはオリンピックへの選手派遣をも担っていたアマチュア競技連盟（AAU）とNCAAなどの組織が対立し合う構造を維持し続けてきた。クーベルタンはオリンピック開催の理解を得るために渡米した際、この「馬鹿げた戦争状態」を目撃している[48]。NCAAの選手は表向きはアマチュアを標榜しているものの、フットボールを中心に早くから商業化されてきた。一九二九年に出されたカーネギー委員会レポートでは、大学が自発的にアマチュア規程に服従する制度を考案することは不可能とまで報告されている[49]。商業化されたフットボールなどは入場料で多額の収入を大学にもたらし、他の種目を支える資金源にもなっていたからである。その結果、表向きは禁止されている選手のリクルート、奨学金の供与などが有力選手獲得のために行われ、このことはアマチュア規程に抵触するのではないかという疑いを招いていた。

スポーツ史学者のベンジャミン・レイダーが述べるように、戦前からスペクテイタースポーツ（参加すること以上に、観ることを中心にして成立するスポーツ）として成功させるために、スポーツ組織やプロモーターは選手の人気を利用し、選手もアマチュアの資格を名乗りながらそれに便乗した。[50] 主催者は極秘裏に諸手当を選手に用意する一方で、関係がこじれるとアマチュア違反の事実を公表すると脅したり、暴露したりしたようである。第一章で紹介したジム・ソープやジェシー・オーエンスのアマチュア資格剝奪の事例もそのような関係性からとらえられるだろう。一部の種目を除いて、テレビ放映権の高騰とプロ・アマオープン大会が開催されるまで、プロが生計を立てるのは難しく、アマチュアの名称を伴いながら交通費やレッスン料などを受け取る「シャマチュアリズム」（偽のアマチュアリズム）が横行していた。また、初期のクラブをリードした上流階級がそのイメージを守るためにアマチュアリズムを厳守しようとしたという側面もある。

以上のように、アメリカはオリンピックのメダル争いというパワー・ゲームを展開してきた反面（第三章）、そのためにアマチュア・スポーツを統括し、トレーニングや選手選考を行う整合的なプログラムを意外にも持ち得てこなかった。[51] アメリカオリンピック委員会（USOC）がそれを統括する中央組織として認定されたのは、東側諸国の躍進を受け、フォード大統領が創設した専門委員会の議論を経て、一九七八年に成立したアマチュア・スポーツ法を待たねばならなかった。[52] アメリカが体現するアマチュアリズムとオリンピックが要請するそれには大きな懸隔があったのである。

一方で、アメリカは早くから大衆文化の産業化を推し進めた国であり、大衆を基盤としたスポーツを発達させ、スポーツをビジネスとして定着させた。[53] このことを指して多木はスポーツのアメリカナイゼーションと呼んだが、オリンピックとの関わりは次章で分析する。

ここまで見てきたように、理念化されたアマチュアリズムは、その創始国であるイギリスですら、階級ごと、競技種目によっても体現のされ方はまちまちであった。従って、理念的なアマチュアリズムに合致する事例を見出すのは非常に困難である。ソ連や日本の事例は見かけ上はアマチュアと名乗りながらも、内実はそれに反する構造によって支えられていたし、アメリカの事例も参加資格としてのアマチュアを体よく整えたに過ぎなかった。それではなぜこのアマチュア/アマチュアリズムがオリンピックの基本精神として七〇年にもわたって永続してきたのだろうか。そのことは逆に、オリンピックがなぜアマチュアリズムを必要としたのか、という問いに尽きる。前述したように、ブランデージはオリンピック大会がアマチュアのものでなかったら、今日まで続かなかったであろうと述べている。政治や経済など、オリンピックを手段化しようとするさまざまなゲームが展開される中、オリンピックがアマチュアの理念のみのために存在すると表明し続けることこそが、平和や環境、レガシーなど、現在のオリンピックの価値を形成する概念の発見に至るまで、オリンピックの象徴的な権力を高め、維持するために必要だったのである。その揺らぎについては次章で確認していくことにしよう。

「オリンピック」という言葉は、いまや世界のマジック・ワードになっている。それはアマチュア・スポーツだからだ。(54)(ブランデージ、一九五六年IOC総会にて)

（1）具体的条項の変遷などについては鈴木良徳『アマチュアリズム二〇〇年』（日本体育社、一九七四年）、清川正二『オリンピックとアマチュアリズム』（ベースボール・マガジン社、一九八六年）などが詳しい。
（2）ユージン・A・グレーダー『アマチュアリズムとスポーツ』四国スポーツ研究会編、不昧堂出版、一九八六年、一二三ページ。
（3）新井博「一九四〇年幻の札幌オリンピック招致運動について」、びわこ成蹊スポーツ大学『研究紀要』第一一号、二〇一四年、五五 - 六二ページ。なお、一九三七年のＩＯＣ総会では、大部分をスポーツ教育にあて、その収入の大部分をスポーツ教育より得るものはオリンピックに参加することはできないと決議していた（鈴木、前掲『アマチュアリズム二〇〇年』七一ページ）。
（4）グレーダー、前掲『アマチュアリズムとスポーツ』一三四ページ。
（5）『朝日新聞』一九七九年一〇月二四日付。
（6）清川、前掲『オリンピックとアマチュアリズム』一一〇 - 一一六ページ。
（7）ピエール・ブルデュー『構造と実践』石崎晴己訳、藤原書店、一九九一年、二〇二ページ。
（8）エリック・ダニング／ケネス・シャド『ラグビーとイギリス人――ラグビーフットボールの発達の社会学的研究』大西鉄之祐・大沼賢治訳、ベースボール・マガジン社、一九八三年、二二九ページ。
（9）『朝日新聞』一九七五年一月二九日付。
（10）地元開催となった二〇一二年ロンドン大会では、久しぶりに統一チームの編成が検討されたが結局折り合わず、イングランドとウェールズの統一チームが五二年ぶりに出場した。
（11）鈴木、前掲『アマチュアリズム二〇〇年』二三六 - 二三七ページ。
（12）ダニング／シャド、前掲『ラグビーとイギリス人』第九章。
（13）イギリス社会における企業スポーツ（職場スポーツ）については、市橋秀夫「イギリスにおける企業スポーツの発展と衰退――イギリス職場スポーツ史研究の成果をふまえて」（笹川スポーツ財団編『企業スポーツの現状と展望』創文企画、二〇一六年、一四八 - 一七〇ページ）が詳しい。

(14) 清川、前掲『オリンピックとアマチュアリズム』三二ページ。
(15) 菊幸一『「近代プロ・スポーツ」の歴史社会学——日本プロ野球の成立を中心に』不昧堂出版、一九九三年、二六〇ページ。
(16) 阿部生雄『近代スポーツマンシップの誕生と成長』筑波大学出版会、二〇〇九年、二九八ページ。
(17) 根本想・友添秀則・小野雄大「一九二〇年代における武田千代三郎のアマチュアリズム観——大阪市立高等商業学校長時代の活動を中心に」『体育・スポーツ哲学研究』第三八巻第一号、二〇一六年、五一 - 六五ページ。
(18) 石坂友司「野球害毒論争（一九一一年）再考——『教育論争』としての可能性を手がかりとして」、『スポーツ社会学研究』、第一一巻、二〇〇三年、一一五 - 一二七ページ。
(19) 中村哲也『学生野球憲章とはなにか——自治から見る日本野球史』青弓社、二〇一〇年。一方で、高校野球は新聞社が主催するといったように、商業主義的側面を胚胎した中でアマチュアリズムが強調されるという、自己矛盾が露呈していたことも事実である。
(20) 鈴木、前掲『アマチュアリズム二〇〇年』二〇五ページ。
(21) 同上、二〇六 - 二一一ページ。
(22) 中澤篤史「オリンピック日本代表選手団における学生選手に関する資料検討——一九一二年ストックホルム大会から一九九六年アトランタ大会までを対象に」（『一橋大学スポーツ研究』第二九号、二〇一〇年、三七 - 四八ページ）、東原文郎「一九一二年〜二〇〇八年夏季オリンピック日本代表選手団に関する資料——所属組織と最終学歴を中心に」（『スポーツ科学研究』第一〇号、二〇一三年、二四二 - 三一六ページ）などを参照。
(23) 内海和雄『アマチュアリズム論——差別なきスポーツ理念の探求へ』創文企画、二〇〇七年、一七七ページ。
(24) 澤野雅彦『企業スポーツの栄光と挫折』青弓社、二〇〇五年、第二章。
(25) 山下高行「企業スポーツと日本のスポーツレジーム——その特性を浮き彫りにする」『スポーツ社会学研究』第一七巻第二号、二〇〇九年、二四ページ。
(26) 佐伯年詩雄『現代企業スポーツ論』不昧堂出版、二〇〇四年、三七ページ。

(27) 佐伯年詩雄『現代スポーツを読む――スポーツ考現学の試み』世界思想社、二〇〇六年。
(28) 山下、前掲「企業スポーツと日本のスポーツレジーム」二九ページ。
(29) 菊、前掲『「近代プロ・スポーツ」の歴史社会学』二七八ページ。
(30) 清川、前掲『オリンピックとアマチュアリズム』四六ページ。
(31) 井上春雄『新体育大学大系第八巻 アマチュアリズム』逍遙書房、一九八〇年、七四ページ。
(32) 清川、前掲『オリンピックとアマチュアリズム』五四ページ。
(33) 『朝日新聞』一九七二年一月三一日付。
(34) シュランツが失格となった滑降競技では、スイスのベルンハルト・ルッシが金メダルを獲得しているが、彼もシュランツ同様に靴下メーカーの広告に出ており、IOCの裁定が不公平であったとされる一因となった。
(35) 『朝日新聞』一九七二年二月一二日付。彼女は滑降で八位に終わり、大会後引退を表明した。
(36) 『朝日新聞』一九九八年一月一六日付。
(37) ロード・キラニン『オリンピック激動の歳月――キラニン前IOC会長による五輪回想録』宮川毅訳、ベースボール・マガジン社、一九八三年、一一一-一二五ページ。
(38) 清川、前掲『オリンピックとアマチュアリズム』四七ページ。
(39) ここにはプロと興業をめぐる問題が潜んでいる(石坂友司「スポーツ・ナショナリズムの現代的特徴――商業主義、グローバル化時代の三つのメガイベント」、石坂友司・小澤考人編『オリンピックが生み出す愛国心――スポーツ・ナショナリズムへの視点』かもがわ出版、二〇一五年、四三-七四ページ)。
(40) 清川、前掲『オリンピックとアマチュアリズム』七一ページ。
(41) 同上、七二ページ。
(42) この他に、テレビ放映権の普及がスポーツ団体に還元され、資本となると同時に、プロ化と高度化を促したこと、スポーツ・フォー・オール政策が大衆レベルでのアマチュアリズム崩壊を招いたこと、旧植民地諸国の独立と選手の活躍が西洋的アマチュアに激震を与えたこと、産業界におけるスポーツの商業主義化が進んだことなどをあげている（内海、前掲『アマチュアリズム論』八三‐八四ページ）。

(43) 多木浩二『スポーツを考える――身体・資本・ナショナリズム』筑摩書房、一九九五年、第三章。

(44) 小田切毅一『アメリカスポーツの文化史』不昧堂、一九八二年、一五三ページ。

(45) 同上、一四八ページ。

(46) ピーター・マキントシュ『フェア・プレイ――スポーツと教育における倫理学』水野忠文訳、ベースボール・マガジン社、一九八三年、一〇一ページ。

(47) NCAAとアマチュアリズム、商業化の問題はグレン・M・ウォン／川井圭司『スポーツビジネスの法と文化――アメリカと日本』（成文堂、二〇一二年）が詳しい。

(48) ジョン・J・マカルーン『オリンピックと近代――評伝クーベルタン』柴田元幸・菅原克也訳、平凡社、一九八八年、三三二ページ。

(49) ベンジャミン・G・レイダー『スペクテイタースポーツ――二〇世紀アメリカスポーツの軌跡』川口智久監訳、平井肇訳、大修館書店、一九八七年、五一ページ。

(50) 同上、七九ページ。

(51) 同上、第七章。

(52) 笹川スポーツ財団編『諸外国から学ぶスポーツ基本法――日本が目指すスポーツ政策　改訂版』笹川スポーツ財団、二〇一〇年、三九ページ。

(53) 多木、前掲『スポーツを考える』第三章。社会学者の内田隆三は、アメリカのベースボールが急速な都市化――産業化にともなって発生した階級の流動化と大衆消費社会の進展によって、人びとを消費社会の群集の一人へと社会化し、その興奮と熱狂をホームランの一撃によって実現するようなゲームに変貌していったことを描いている（内田隆三『ベースボールの夢――アメリカ人は何をはじめたのか』岩波書店、二〇〇七年）。

(54) 清川、前掲『オリンピックとアマチュアリズム』五二ページ。

第五章　オリンピックと商業主義

現代のオリンピックについて考察するとき、商業主義との関係性を外すことはできない。なかでも、オリンピックの性格そのものを激変させた一九八四年のロサンゼルス大会は、アマチュアリズムの大原則を捨て去り、商業主義へと転換するきっかけとなったとされる大会である。スポンサーやテレビ放映権の獲得を主眼にした組織的改編は確かにこの大会からであるが、実はそれ以前から商業主義に開かれる社会的状況は整いつつあった。ところで、この商業主義という言葉を定義するのは実に難解な作業である。語句の定義を含めた分析は本章の最後に行うことにして、まずは商業主義という言葉がどのような時代と社会状況を説明するために用いられているのか、ながめていくことにしよう。

オリンピック消滅危機の到来

一九六四年東京大会以降の四つの大会は、それぞれがオリンピックを危機に陥れるインパクトをもっていた。一九六八年メキシコ大会は大会の反対デモを行っていた学生に対し、警察や軍隊が発砲し大惨事となった。一九七二年のミュンヘン大会ではパレスチナのテロ集団がオリンピック・ビレッジに侵入し、イスラエルの選手団を人質に立てこもるという事件が起こった。一九七六年のモントリオール大会は、開催都市が多額の借金を背負わなければならないことを世界に示す大会となり、今後の引き受け手をなくしてしまった（第六章）。共産主義国ではじめて開催されることになった一九八〇年のモスクワ大会は、東西冷戦の政治的あおりを受けて、ボイコット合戦に翻弄されることになった（第三章）。

オリンピックが経済的に困窮したのはモントリオールにはじまったことではない。もともと創始期のオリンピックはクーベルタンの思想がなかなか理解されず、開催資金集めに苦労した。最初からプロ選手の出場を前提として開催されたＦＩＦＡ・Ｗ杯とは異なり、参加者をアマチュアに限定したオリンピックの性格は、資金力のあるパトロンをつねに必要とするという意味で経済的な課題を内包していたのである。そのため一九三六年のベルリン大会、幻と消えた一九四〇年の東京大会など、国家の関与の度合いが強まることはＩＯＣの内部でも論議を呼んでいたが（第一章）、財政的な支援を得られるという意味において歓迎すべき趨勢でもあった。このことからも、オリンピックは開催の理念と現実の間で揺れ動いていたことがわかる。

ロサンゼルスオリンピック

以上の流れを受けて、一九八四年大会の招致に立候補した都市はついにロサンゼルスのみとなった。開催都市が背負う財政的負担と政治に翻弄されるオリンピックを目の当たりにして、開催立候補都市が激減していたのは事実だが、ロサンゼルスがその状況を変えるべく立候補したのはそれより少し前のことである。オリンピック開催には準備期間が必要となることから、大会開催地は現在では七年前、当時のルールでは六年前に選出される。ロサンゼルスは一九七六年大会への立候補を行っていたが、七六年に続き八〇年大会も競り負け、八四年大会が三度目の挑戦となった。招致レースには一九六七年から加わっており、八〇年代に隆盛を迎えたスポーツ界の商業主義的な流れとはいささかの距離があったことは記憶しておいた方が良いだろう。商業主義の隆盛に先駆けること二〇年あまり、すでにロサンゼルスはオリンピックへの民間資本の導入を打ち出していたのだ。

実は一九三二年大会に行われたロサンゼルス大会も投票は行われていない。当時は全会一致で開催国が推薦されるのが慣例化していたからだ。前述したように、三二年大会は競技場の大規模化を恒常的にした大会として知られる。また、七六年冬季大会に立候補し、開催地に選考されていたアメリカのデンバーが住民投票によって開催権を返上したことも有名だが、後述するいわゆるオリンピック・スキャンダルが発生した二〇〇二年のソルトレイクシティを含めると、アメリカ開催の大会は実に多くの変革をオリンピックにもたらしている。その意味で、二〇二八年大会の開催が決まったロサンゼルスが、三度目の開催でオリンピックに何らかの変革をもたらす可能性は大いにあり得るだろう。

一九八四年大会の立候補に際して、ロサンゼルスは政府や市の財政的保証を取り付けず、民間資本のみで運営し、利潤が生まれた際にはアメリカ国内のスポーツ振興のためにあてるという申請を行い、ＩＯＣをいらだたせていた(1)。モントリオール大会の経済的失敗を前にして、ＩＯＣにはこの提案を突っぱねるだけの余裕は残されていなかった。この計画では、負債が生じた場合はアメリカオリンピック組織委員会（ＵＳＯＣ）が責任を負うとし、収益が生まれた場合はＵＳＯＣが四〇％、アメリカのスポーツ統括団体が二〇％、南カリフォルニアのアマチュア・ユース・スポーツに四〇％がそれぞれ充当されることになっていた。後にロサンゼルス大会は、商業主義による現代的オリンピックの変質の責任を負わされることになるが、この大会は失敗後のリスクを抱えた挑戦でもあった。

ロサンゼルス組織委員会は当時四一歳だったピーター・ユベロス（一九三七年九月二日生まれ。偶然だが、彼が誕生した日にクーベルタンが死去している）を会長とし、斬新なアイデアでオリンピック改革に乗り出していた。ユベロスは航空サービスを介した旅行業で成功をとげ、若くして自社を巨大企業へと成長させており、その手腕に白羽の矢が立った。

オリンピック改革のなかでももっとも物議を醸した一つが、聖火リレーの商業化ともいえる、実施権の販売である。聖火リレーはベルリン大会から開始され、当初は政治的な意図があったにせよ、ギリシャ・オリンピアのヘラ神殿で採火されることから、平和の祭典オリンピックの象徴的なイベントとして行われていた。東京大会では全四ルートで日本国中を駆けめぐり、オリンピックムードを高めるのに一役買ったとされる。形式上は神聖な手続きによって採火され、開催都市へと運ばれる聖なる火を、三千万ドル（約七〇億円）の契約金で販売することになったのだから、反発が起きないはずがない。

もっとも抵抗を見せたのがギリシャである。ギリシャの文化科学相が開始時期となる四月は学生の授業に差し支えるとして採火式への反対を表明したほか、ヘラ神殿があるオリンピアの村長スピロス・フォテイノスが、聖火を冒涜しているとして引き渡しを拒絶した。スピロスは「もし、われわれや世界中の聖火を本当に愛する人たちの意に反して聖火が出て行ったとしても、それはもはやオリンピアの火ではない」と述べ、強硬に反対した。[2] 当初は採火式典のボイコットを示唆していたギリシャオリンピック委員会であったが、収益が青少年、スポーツ団体のために使われるという説明を受け、結局は同意に転じた。最終的に、オリンピックの採火式は関係者のみが参加する閉じられたセレモニーとして行われ、聖火はひっそりと運ばれることになった。

聖火はアメリカに渡り、「若者への遺産計画」(Youth Legacy Kilometer Program) としてニューヨークから五〇州をリレー、ロサンゼルスに到達する計画だった。七〇万円を支払えば誰でも聖火ランナーとして一キロを走れる権利を販売したが、一万人の応募者見込みに対して三四三六人にとどまったため、最終的には三三州、全長約一万五千キロに縮小された。これに対して、顕著な反応を見せたのが日本人と日本企業であった。リレーを走った外国籍の参加者は数人だったのに対して、日本の参加者は六〇人を超えたとされ、オリンピック好きの国民性を表していた。商業化が批判される中、聖火リレーの実施権販売は基金として約一千万ドルを生み出し、以後のオリンピック大会でも継続されることになる。[3]

ロサンゼルス大会は表1に示すような収入を生み出し、黒字の大会となった。[4] 次章で示すように、「オリンピックが黒字を生み出す大会に変貌した」という言説はこの結果によるものである。なか

表1　ロサンゼルスオリンピック収支（単位：千ドル）

【収入】		【支出】	
テレビ放映権	286,524	IOC	49,696
スポンサー収入	123,191	運営費	384,469
利息その他	167,303	建設費	97,389
コイン販売	29,707		
チケット	139,834		
合計	746,559	合計	531,554

出典：The Los Angels Olympic Organizing Committee, 1984, *Official Report of the Games of the XXIIIrd Olympiad Los Angels*, 1984 (the digital version), 310-311.

でも、大会収益の中心となったのが、以後のオリンピックと商業主義の関係性を規定していくことになるテレビ放映権料とスポンサーからの収入であった。ただし、このロサンゼルスモデルはあくまでもアメリカ国内の企業を前提としたものであり、商業主義的制度の確立にはまだ時間を要することに注意が必要だ。すなわち、商業主義は必ずしもロサンゼルス大会で完結したわけではなかったのである。それでは次に、この大会をモデルにしながらオリンピックに導入された商業主義のメカニズムについて詳しく見ていくことにしよう。

テレビ放映権料の高騰

オリンピックの商業主義化を支えるのは、第一に、テレビ放映権の販売による収入、第二に、スポンサー協賛金、いわゆるＴＯＰ（後述）と国内スポンサー収入の二本柱である。[5] 図1は、一九九三年から二〇一六年までのＩＯＣの収入割合を見たものである。おおむね五〇%をテレビ放映権料が占め、国内スポンサー収入、ＴＯＰスポンサー収入が続く。シェアとしては三番目に留まるが、ＴＯＰスポンサーはわずか数社によってこの数字をたたき出している。まずは第一の柱であるテレビ放映権料収入から見ていくことにしよう。

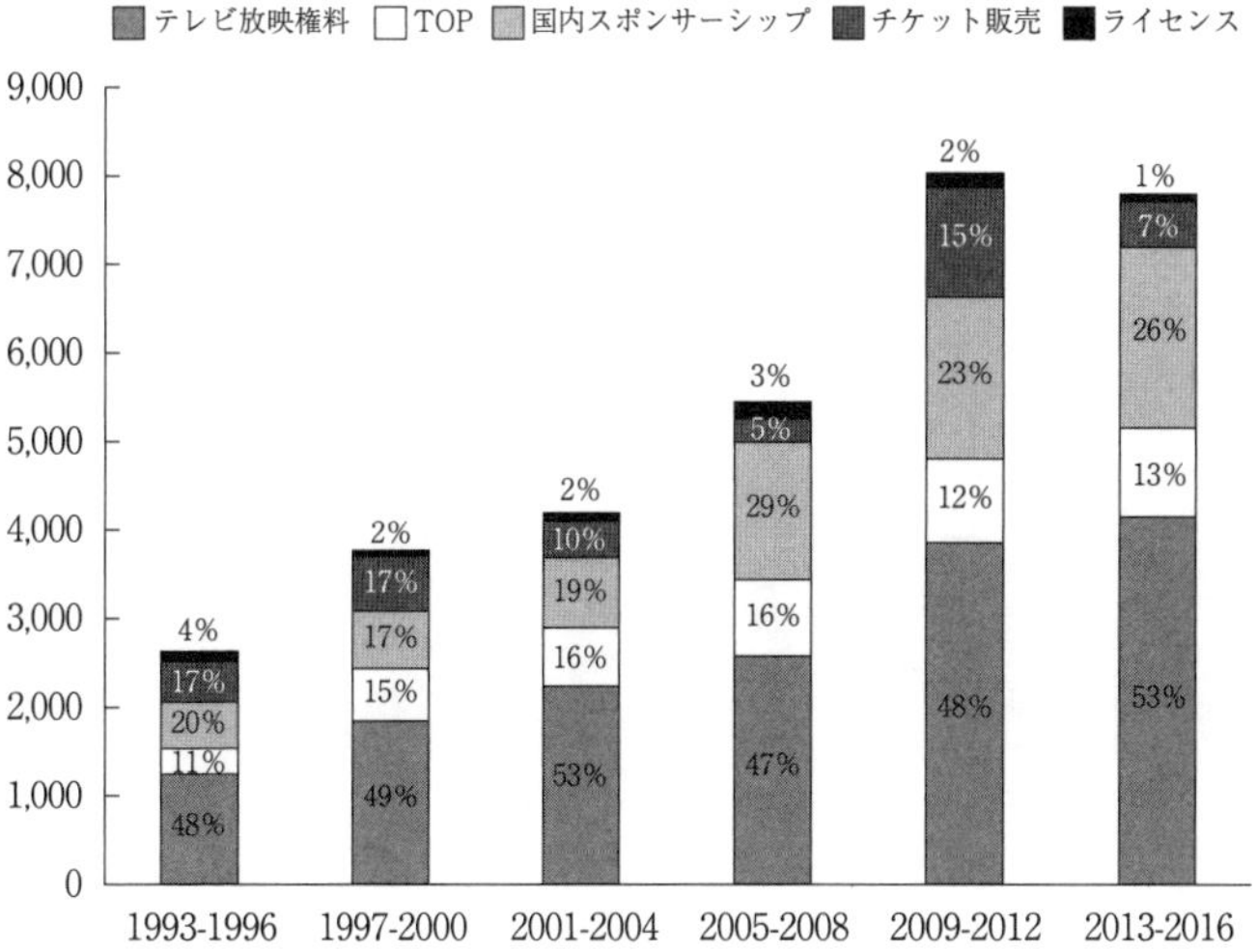

図1　オリンピックの収入割合（単位：百万ドル）

出典：Olympic Marketing Fact File（IOC 各年版）より作成。

図2はオリンピックにおけるテレビ放映権料の推移を見たものである。テレビ放映権に高騰の兆しが見え始めたのは、モスクワ大会からであった。この大会は結果としてアメリカのボイコットにあい、ビジネスという意味では必ずしも成功モデルを築くことはできなかったが、アメリカの放送局NBCがおよそ七割もの放映権料を払い込むなど、その後に展開されることになるアメリカ中心の放映権ビジネスの先駆けとなった。

続くロサンゼルス大会では、逆にソ連のボイコットの危険性があったが、その分アメリカの獲得メダル数が大幅に増加されることが予想され、放映権も三倍近くにふくれあがった。また、この大会からスポンサー収入を得ている選手の参加が許容され、オリンピックが一気に注目を集める大会へと変貌を遂げたことも高騰の大きな要因となった。なお、こ

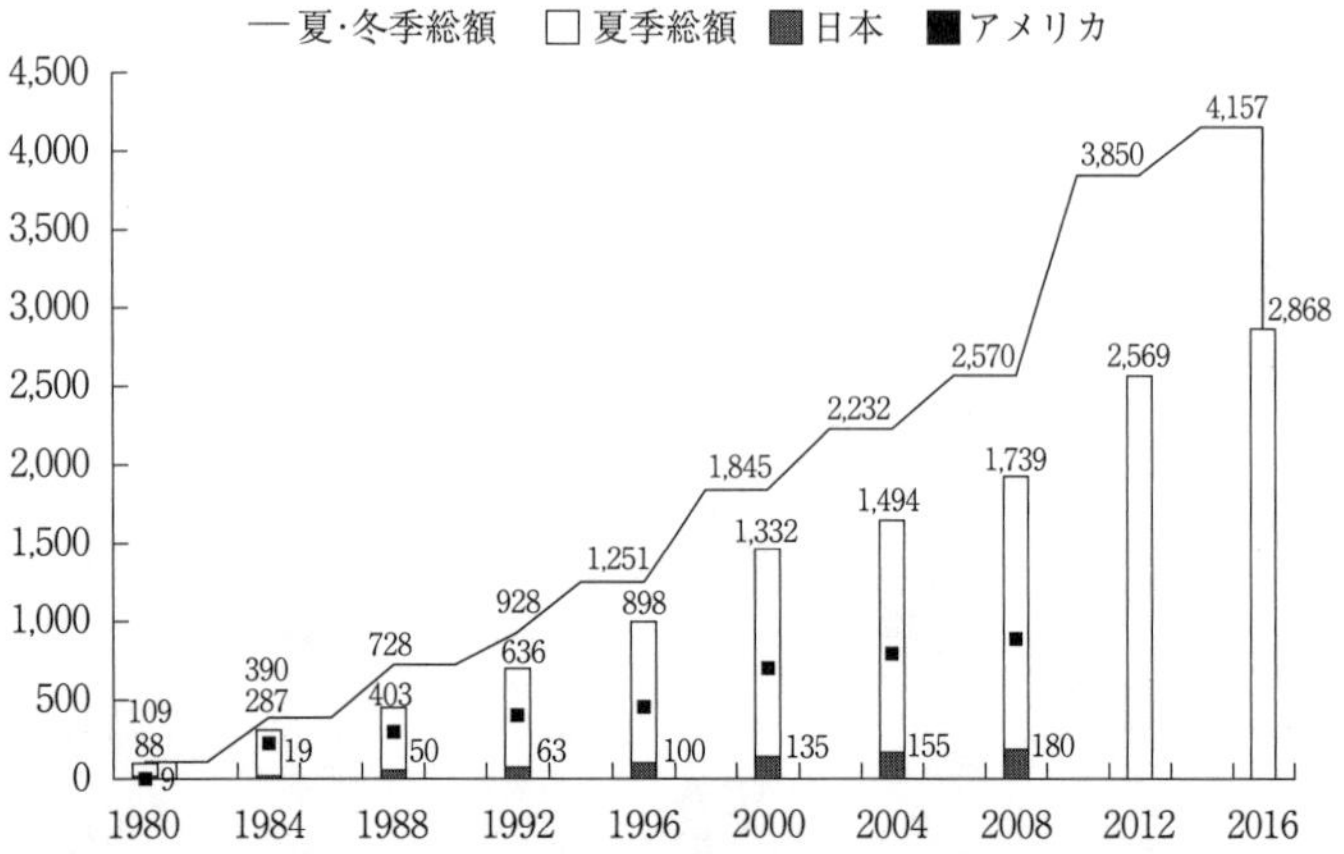

図2　オリンピック・テレビ放映権の推移（単位：百万ドル）

出典：Olympic Marketing Fact File（IOC 各年版）より作成。

注1：1992年までは夏季・冬季大会は同年開催。1993年より4年間（夏季・冬季大会は2年ごとに開催）の総額を表記。

注2：2010年バンクーバー大会より各国の1大会放映権は公表されなくなった。

の大会のアメリカの放映権はＡＢＣが獲得している。続く一九八八年のソウル大会では、政情不安からテレビ放映権料は横ばいになることが予想されたが、ＩＯＣがアメリカの放送局三社に競売的価格競争を強いたことから、高騰の流れが確固たるものとなっていった。この大会以後、アメリカのテレビ放映権はＮＢＣが獲得するようになり、オリンピックに対する絶大な力を発揮するようになる。

　現在では、オリンピックに限らずスポーツ興行のほとんどがテレビ放映権による収入に頼っており、連盟やリーグ、チームにいたるまでがその分配金によって運営される構造が確立しつつある。いわゆるスポーツ・メガイベントの中では、オリンピックが比較的早くにこの構造の恩恵を受け始めたといっても良いだろう。参考までに、図3はオリンピックと並ぶ二大メガイベントであるＦＩＦＡ・Ｗ

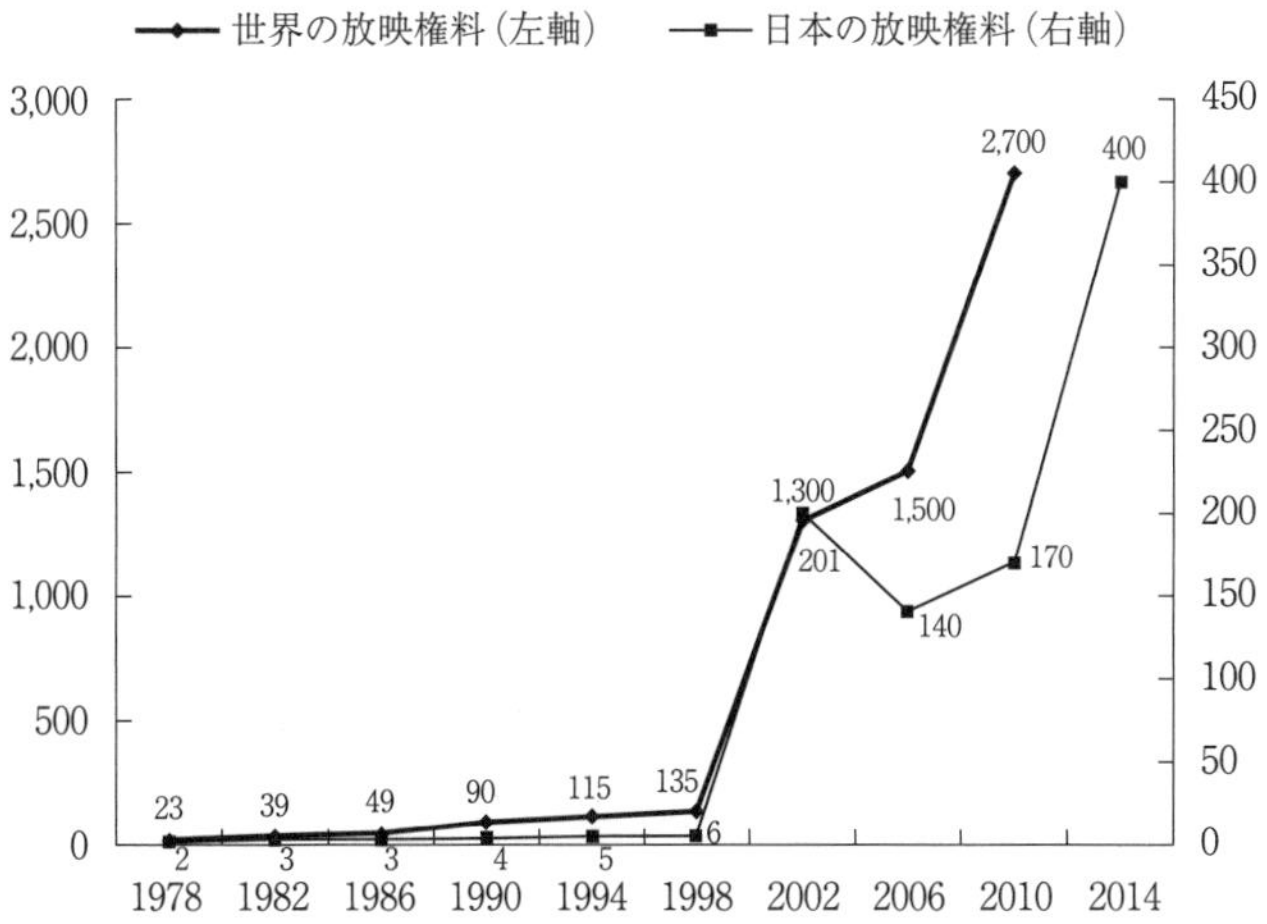

図３　FIFA・W杯・テレビ放映権の推移（単位：左軸百万スイスフラン、右軸億円）

出典：メディア総合研究所編『新スポーツ放送権ビジネス最前線』花伝社、2006年、18ページに近年のデータ（推計）を加えて作成。

杯のテレビ放映権の推移を示したものである。オリンピックと違い、アメリカの市場を完全に獲得できていないサッカーだが、日本がはじめてW杯に出場した一九九八年のフランス大会以降、二〇〇二年の日韓大会、二〇〇六年のドイツ大会と、放映権料の異常な値上がりが確認できる。すでに、二〇一〇年の南アフリカ大会、二〇一四年のブラジル大会では、高騰する放映権料にスポンサーから得られるCM権料が釣り合わなくなったと言われており、テレビ放映権ビジネスの見直しが加速する可能性がある。

　オリンピックとFIFA・W杯の放映権をめぐる構造の違いは、アメリカの市場が獲得できているかいなかといった点に加え、有料放送をめぐる考え方にも影響を受ける。サッカーはテレビ視聴者数ではオリンピックを凌ぐと言われるものの、強豪国のひしめく南米大陸や、新興国が多く存在するアフリカ大陸では十分な収益を上げられないために、中心的市場がヨーロッパにとどまる。このため、一九九〇年代以降、オーストラリアのメディア王ルパート・マードック率いるBskyBがイングランドのプレミアリーグを独占的に放映したのを皮切りに、有料衛星放送による放映にシフトしている。この影響を受けて、プレミアリーグは金銭的に世界屈指のリーグへと成長し、その放映権収入を軸に多くの資本家オーナーや、有名選手を引きつけている。[6]

一方で、オリンピックは現在のところ有料放送化を拒んでおり、多くの国や地域で見られることを優先している。二〇〇〇年のシドニー大会に際してマードックは、彼の母国開催となるこの大会に二〇億ドルという有料放送による破格の放映権料を提示したと言われる。IOCはこの提案をはねつけ、アメリカ中心の放映権構造を維持する決断をした。

アメリカ中心の放映権構造とは、放映権の総額の約五割をアメリカが支払っている実情である（図2）。図1で見たように、オリンピックにおけるIOCの収益の五割を支える放映権料の半分、すなわち、実質四分の一の収益をアメリカが負担している計算になる。そのため、オリンピック開催時期の選定から競技の放映時間に至るまで、近年ではアメリカのテレビ放送局（主にNBC）の意向が無視できないものとなっているのである。二〇二〇年の東京大会が高温多湿の七月に開催せざるを得ないのは、このことと関係がある（第九章）。

以上のようなテレビ放映権の高騰はオリンピック、ひいてはスポーツ界にどのような影響をもたらしているのだろうか。これまで言及してきたように、瀕死に窮したオリンピックの経済力を見かけ上は安定させ、ブランド力を高め、多くの開催立候補都市を引きつけるまでに成長した一端はこの放映権収入によるものである。一方で、後に商業主義の弊害としてまとめるように、テレビ放映権を中心とした大会の運営方法は必然的にテレビメディアの権利増大を招く。その結果、メディア映りの良い種目が重宝され、ルールや試合時間が変更されるなど、スポーツを映し出す媒介＝メディアから、スポーツそのものを支配し、構造そのものを変化させる力をメディアがもつに至るのである。

一業種一企業制

次に、オリンピックを変革した商業主義の二本目の柱は、オリンピックのスポンサー企業に独占的マーケティング権を与えるＴＯＰ（The Olympic Partner）である。ＴＯＰとは一九八八年から導入された制度で、もとはThe Olympic Programと呼ばれていたが、後にThe Olympic Partnerと正式に呼称され、現在に至っている。オリンピックのマーケティング・プログラムを構築したマイケル・ペインによると、ＩＯＣが商業主義に転じるに際して、各国のオリンピック委員会（ＮＯＣ）やＩＦなどとの非常に難解な契約調整を必要とした。そのことから、関係者の間ではＴＯＰと名付けられたコードネームが、オリンピックのパズル（The Olympic Puzzle）を解くという意味の略語として呼ばれるようになったと言う(7)。

意外な話だが、オリンピックのシンボルともいえる五輪のマークですら、このときＩＯＣは完全な商標権を行使できず、各国ＮＯＣ、特にＵＳＯＣから権利を取り戻すのに苦労したようである。政治的理由で拒絶したキューバや北朝鮮などを除き、一六七ヶ国のうち、一五四ヶ国がＴＯＰの契約を結んだ。[8] 先進国で参加しなかったのは、聖火リレーの商業化に反対したギリシャのみだったのが興味深い。第一期のTOPは九社を引きつけ、約九五〇〇万ドルを生み出すことになった。

この制度は、IOCとスポンサー契約を結んだ企業は、他企業の参入を許さない排他的な権利が与えられることに特徴がある。例えば、ノンアルコール飲料の部門を独占するコカ・コーラ社は、大会期間中会場の販売機をすべて自社製品にすることができるだけでなく、オリンピックの最大のパートナーであることを宣伝することができる。制度導入時はIOCやオリンピックのブランド力は必ずしも高いものとは言えなかったが、商業主義化によってプロ選手の参入が認められるなど、大会そのものの価値が高まってくると、次第に参入企業数も増え、入札額も高まっていった。近年のオリンピックはレガシーという概念を用いてますますブランド力の向上をはかっている（第八章）。その際、オリンピックがもっている平和思想や、環境問題への取り組み、政治的な中立性がスポーツ選手のポジティブなイメージと混ざり合い、オリンピックの価値を創造し始めている。

図4はTOPの区分を見たものであるが、一見してわかるとおり、カテゴリーは増加し続けている。二〇一七年時点のTOPスポンサーを見ると、カテゴリーは一三まで拡大しており、コカ・コーラ社やビザ社など、アメリカを代表する企業が多く名前を連ねている。[9] 放映権料のみならず、スポンサー収入においても、オリンピックがいかにアメリカの資本をもとに成立しているかがわかる。

中でもコカ・コーラ社、マクドナルド社はオリンピックを代表するスポンサーとして知られるようになった。コカ・コーラ社は一九二八年から、マクドナルド社は一九七六年からオリンピックに協賛している企業である。商業主義によるスポンサーの力を象徴的に示す出来事としては、一〇〇

人文書院
刊行案内

2025.7

紅緋色

映画が恋したフロイト

岡田温司著

精神分析と映画の屈折した運命

精神分析とほぼ同時に産声をあげた映画は、精神分析の影響を常に受けていた。ドッペルゲンガー、パラノイア、シェルショック……。映画のなかに登場する精神分析的なモチーフやテーマに注目し、それらが分かち合ってきたパラレルな運命に照準をあわせその多彩な局面を考察する。

購入はこちら

四六判上製246頁　定価2860円

ネオリベラル・フェミニズムの誕生

キャサリン・ロッテンバーグ著
河野真太郎訳

女性たちの選択肢と隘路

すべてが女性の肩にのしかかる「自己責任化」を促す、新自由主義的なフェミニズムの出現とは？果たしてそれはフェミニズムと呼べるのか？アメリカ・フェミニズムのいまを映し出す待望の邦訳。

購入はこちら

四六判並製270頁　定価3080円

人文書院ホームページで直接ご注文が可能です。スマートフォンで各QRコードを読み込んでください。注文方法は右記QRコードでご確認ください。決済可能方法：クレジットカード／PayPay／楽天ペイ／代金引換

〒612-8447 京都市伏見区竹田西内畑町9　TEL 075-603-1344
http://www.jimbunshoin.co.jp/　【X】@jimbunshoin（価格は10％税込）

新刊

人文学のための計量分析入門
——歴史を数量化する

クレール・ルメルシエ／クレール・ザルク著
長野壮一訳

数量的研究の威力と限界

数量的なアプローチは、テキストの精読に依拠する伝統的な研究方法にいかなる価値を付加することができるのか。歴史的資料を扱う全ての人に向けた恰好の書。

購入はこちら

Now Printing

四六判並製276頁　定価3300円

普通の組織
——ホロコーストの社会学

シュテファン・キュール著　田野大輔訳

「悪の凡庸さ」を超えて

ナチ体制下で普通の人びとがユダヤ人の大量虐殺に進んで参加したのはなぜか。殺戮部隊を駆り立てた様々な要因——イデオロギー、強制力、仲間意識、物欲、残虐性——の働きを組織社会学の視点から解明した、ホロコースト研究の金字塔。

購入はこちら

四六判上製440頁　定価6600円

公共内芸術
——民主主義の基盤としてのアート

ランバート・ザイダーヴァアート著
篠木涼訳

国家は芸術になぜ
お金を出すべきなのか

国家による芸術への助成について理論的な正当化を試みるとともに、芸術が民主主義と市民社会に対して果たす重要な貢献を丹念に論じる。壮大で精密な考察に基づく提起の書。

購入はこちら

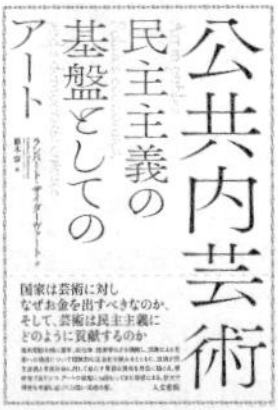

四六判並製476頁　定価5940円

新　刊

英雄の旅
—ジョーゼフ・キャンベルの世界

ジョーゼフ・キャンベル著
斎藤伸治／斎藤珠代訳

偉大なる思想の集大成

神話という時を超えたつながりによって、人類共通の心理的根源に迫ったキャンベル。ジョージ・ルーカスをはじめ数多の映画製作者・作家・作品に計り知れない影響を与えた大いなる旅路の終着点。

購入はこちら

四六判上製396頁　定価4950円

共産党の戦後八〇年
—「大衆的前衛党」の矛盾を問う

富田武著

党史はどう書き換えられたのか？

スターリニズム研究の第一人者である著者が、日本共産党の「公式党史」はどう書き換えられたのか」を検討し詳細に分析。革命観と組織観の変遷や綱領論争から、戦後共産党の理論と運動の軌跡を辿る。

購入はこちら

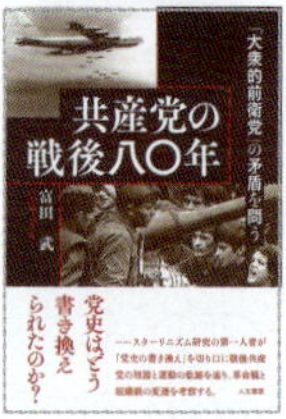

四六判上製300頁　定価4950円

性理論のための三論文
（一九〇五年版）

フロイト著　光末紀子訳　石﨑美侑解題
松本卓也解説

初版に基づく日本語訳

本書は20世紀のセクシュアリティをめぐる議論に決定的な影響を与えたが、その後の度重なる加筆により、性器を中心に欲動が統合され、当初のラディカルさは影を潜める。本翻訳はその初版に基づく、はじめての試みである。

購入はこちら

四六判上製300頁　定価3850円

TOP区分	TOP Ⅰ	TOP Ⅱ	TOP Ⅲ	TOP Ⅳ	TOP Ⅴ	TOP Ⅵ	TOP Ⅶ	TOP Ⅷ	TOP Ⅸ	
期間	1985-88	1989-92	1993-96	1997-00	2001-04	2005-08	2009-12	2013-16	2017-20	
企業数	9	12	10	11	11	12	11	10	13	現在のカテゴリー
現在の契約企業の開始時期	コカ・コーラ	〃	〃	〃	〃	〃	〃	〃	〃	ノンアルコール飲料
	パナソニック	〃	〃	〃	〃	〃	〃	〃	〃	AV 機器
	ビザ	〃	〃	〃	〃	〃	〃	〃	〃	決済システム
				マクドナルド	〃	〃	〃	〃	注1	フードサービス
				サムスン	〃	〃	〃	〃	〃	無線通信機器
					アトス・オリジン	〃	〃	アトス	〃	IT
					オメガ	〃	〃	〃	〃	計測機器
						GE	〃	〃	〃	エネルギー
							ダウ	〃	〃	化学
							P&G	〃	〃	生活用品
									ブリヂストン	タイヤ
									トヨタ	モビリティー
									アリババ	クラウドサービス
									インテル	プロセッサー

図4　TOOP企業の変遷

注１：マクドナルドは2017年途中に撤退を発表した。

周年の節目となった一九九六年のオリンピック開催地をめぐる選考が有名だ。この大会には一回目の開催都市アテネが立候補していたにもかかわらず、ＩＯＣはアメリカのアトランタを選択した。アトランタはコカ・コーラ社の本拠地でもあり、ギリシャとの歴史よりも、アメリカとの商業主義を優先したことが当時話題になった。ＩＯＣにとって結果的に失敗に終わったこの選択は、後にレガシーという言葉を生み出すことになる。

ところで、近年ではオリンピックのポジティブな価値とスポンサーの企業イメージが衝突する事案も発生し始めている。マクドナルド社は、オリンピック会場で世界最大級のフードセンターを開設しファストフードの提供を行っているが、高カロリー食品でもあるハンバーガーが、アスリートの祭典であるオリンピックに似つかわしくないという批判が顕在化するようになった。この影響があるのか現時点では定かではないが、二〇一七年にはＴＯＰスポンサー撤退のニュースが報じられた。また、ダウ・ケミカル社は、インドで大規模な化学工場の爆発事故を引き起こし、不適切な対応で非難されたユニオンカーバイド社を傘下に収めていることから、オリンピックスポンサーとして不適であるという論調も見られる。二〇一二年のロンドン大会では、会場前で毒ガスを吸って倒れ込むパフォーマンスを行う団体も現れ、痛烈に非難された。これらの問題に関して第八代ＩＯＣ会長のジャック・ロゲは、ＩＯＣ内でも問題視されていることを明かしたうえで、オリンピックにふさわしい企業イメージの向上に向けた説明が必要であると一歩踏み込んだ発言を行っている。

アメリカとオリンピック

以上のように、アメリカがもたらしたと言っても過言ではないオリンピックの商業主義は、必然的にアメリカを前提として成立する構造に帰結している。ＩＯＣと各国オリンピック委員会との契約内容は非公開となっているものの、二〇一二年五月、ＡＰ通信が報じたＩＯＣとＵＳＯＣの新たな収益分配交渉の妥結報道から、その一端を知ることができる。これまでＵＳＯＣはアメリカのテレビ局が支払ったテレビ放映権料の一二・七五％、ＴＯＰスポンサー協賛金の二〇％が還元される収益分配契約を結んでいたが、二〇二〇年から二〇四〇年までの二〇年間で、これまでの配分額を維持した上で、テレビ放映権の七％、ＴＯＰスポンサー協賛金の一〇％が還元される比率に引き下げられた。アメリカ優先の分配構造は今後も維持される見通しだが、一定の譲歩であったことは事実だ[10]。

一方で、アメリカ側もトップのメダル数を獲得し、スポーツによる政治的な覇権争いを演じるための重要な位置づけをオリンピックに与えている。例えば、第七章で詳しく論じる二〇〇八年の北京大会では、アメリカチームは大会に備えて近隣の北京師範大学を借り切り、ハイパフォーマンスセンターと呼ばれる拠点整備に二五〇〇万ドルを投資した[11]。ここに選手が合宿し、食事と栄養の管理から疲労回復に至るまで、アメリカでの通常練習と同様の環境を作り上げるという仕組みである。このようなスキームは以後も継続しており、日本をはじめとする各国のスポーツ強化策も追随している[12]。もはやオリンピックは、個人の競技者による努力では到底メダルに届かない領域にまで達している。

商業主義は何をもたらしたのか――トップアスリートへの影響

この時代を代表するアスリートにアメリカの陸上選手カール・ルイスとソ連（後にウクライナ）の陸上選手セルゲイ・ブブカの二人をあげることに異論はないであろう。カール・ルイスは「ミスター・オリンピック」の異名をとり、オリンピックで金メダルを九個獲得したほか、一〇〇メートルで二連覇、走幅跳では四連覇を達成している。[13] 彼は晩年にミズノ社と契約を結んだことから、日本にとってはなじみの深いアスリートの一人であるが、その前はアメリカのＮＩＫＥ社と契約を結び、二人三脚で歩んできた。その後、出場試合やイメージ戦略に対する意見相違で別れ、裁判にもつれこむなど、アメリカでの評判は二分されるという。[14] この時代のアスリートは商業主義の解禁によって、スポンサードを受けた企業の広告やテレビＣＭに登場し、企業の知名度アップやイメージ戦略に協力することでスポンサー料を受け取るばかりか、大会で優勝したり世界記録を出した際には報奨金を受け取るなど、インセンティブ契約を独自に結び始めていた。

一方で、商業主義への移行については、人びとに残るアマチュアリズムの意識から、露骨な拝金主義的アスリートに対して批判が向けられていくといった微妙な時代であったと言うことができる。企業はアスリートと細かな契約を結び、冠大会や関連イベントへの出場・参加を義務づけた。カール・ルイスは賞金になる大会とならない大会をはっきりとより分け、義務によって出場しなければならない大会などは予選を走って棄権するなど、明確な態度を示したとされる。

セルゲイ・ブブカは棒高跳で自身の世界記録（室内・室外）を三五回更新し、「ブブカを超えるのはブブカだけ」という名言を生んだ。[15] 彼は圧倒的な競技力を背景に世界記録を更新し続けたが、どこまで高く跳べるのかといったファンの期待に反して、大会で優勝を決めると、自身の世界記録を一センチだけ更新して会場を去って行った。もちろん記録を更新し続ける圧倒的な実力があったことは事実だが、限界まで挑戦していればどれほど偉大な記録が生まれていたであろうか。ブブカが結んでいた契約の詳細はわからないが、例えば世界記録更新に報奨金が用意されていた場合、一〇センチを一度で超えるより、一〇回更新した方がより多くのボーナスを受け取れることになる。一センチずつ小刻みに記録を更新しているという批判をものともせず、彼は結果を残し続けた。

この頃から、トップ選手は身体のメンテナンスや出場大会の選択、コーチの手配など自らマネジメントし、賞金と企業からのスポンサードによって自立していった。その結果、コーチと選手の立場は逆転することになった。怪我や成績不振によるアスリートとしての価値低下はすべて自らに降りかかり、最終的には引退に追い込まれることを意味した。従って、アスリートが契約を優位に運ぶように行動したのはある意味当然のことと言える。現在でこそトップアスリートをとりまく金銭的マネジメントは当たり前のこととなっているが、アマチュアリズムが残存する時代にあって、それは想像以上に困難であったと言って良いだろう。

ルールの変更

次に、商業主義がオリンピックにもたらした影響を見ていこう。まず、商業主義、より正確にはテレビ放映権の高騰がもたらした変化の一つがルールの変更である。視聴者にとってのわかりやすさ、ゲームの面白さ、視聴時間に収まるかどうかといった観点から、頻繁にルール変更が行われるようになった。このようなルール変更はほとんどの競技に見出すことができる[16]。

例えば、一九九七年に導入が決定された柔道におけるカラー柔道着はその最たるものだ。嘉納治五郎が柔道を考案して以来、白い柔道着を着用するのが当たり前で、それは柔道の精神を示すものとまで言われてきた。試合に際しては、白と赤の紐を帯の上に着用することがルール化されてきた。ところが、柔道に詳しくない視聴者がゲームを観戦した場合、どちらの選手かが一目で判別しにくいという問題があった。東京大会無差別級で金メダルを獲得したオランダのアントン・ヘーシンクなどが提唱者となり、欧州柔道連盟はかねてから、ブルーのカラー柔道着を導入することで柔道人気につなげることができると主張していた。柔道の精神、伝統とメディア映りのどちらが優先されるのかという対決は後者に軍配があがり、現在では白と青のカラー柔道着が使用されるようになっている。

一九九九年にバレーボールに導入され、バドミントンなどその他の競技にも広がっていったラリー・ポイント制も有名だ。それまでバレーボールはサイドアウト制を採用し、点数はサーブ権を有するチームにしか入らなかった。そのため、場合によっては点数が動かないままサーブ権だけが移動し、ラリーの応酬を楽しむことができた。東京大会で優勝し、「東洋の魔女」と呼ばれた女子日本チームの活躍も、回転レシーブなど粘り強くつなげていく日本バレーの神髄に勝因があった。一方で、バレーボールは一般的にサーブ・アンド・レシーブが組み立てられれば守備側が有利になるため、サイドアウト制は熱戦になればなるほど点数が動かなくなり、試合時間が長引く傾向があった。

メディア界が強く要請したとされるラリー・ポイント制の導入は、ミスによっても点数が加点されるため、試合が動きやすくなること、さらには一試合の時間が計算できるというメリットがあった。この変更で生中継での放映が十分に可能となったが、その一方で強打をもち、身長の高いチームが有利になるなど、バレーボールの勢力圏を変えることにもなった。

その他、ゲームのルール変更はメディア映りや試合時間の他に、スポンサー企業を獲得するために行われることもある。例えば、バスケットボールの世界大会は二〇〇〇年から、それまでの二〇分ハーフによる試合から、一クォーター一〇分からなる四クォーター制に移行した。これはアメリカのプロバスケットボールリーグNBAに影響を受けたものだが、NBAでは試合展開のスピード化とともに、CM枠の増加によるスポンサー確保をねらっていた。

また、サッカーでは現在行われている前後半四五分ハーフの試合形式を、三〇分からなるクォーター制に変更しようと議論を重ねてきた歴史がある。ゲーム展開によってはわずか数秒でゴールが生み出されることもあり得るこの競技で、競技時間中にCMを入れることは困難である。このためサッカーではハーフタイムに大量のCMが流されることになるが、この時間帯は視聴者にとってもブレークタイムになるため、企業にとっても十分なCMの効果をあげることはできない。このことが四大プロスポーツを有しスポーツ大国と呼ばれるアメリカで、文化的理由の他に、サッカーがメディア・スポーツとして成功しない理由の一つであると言われる。FIFAにとっても、スポンサーの増加によってアメリカの市場を獲得できるのであれば、より大きな発展を手にすることができるという算段だ。

高騰する放映権料をあてにして行われる現代のスポーツは、ＣＭ権料を支払うスポンサー企業の獲得を前提として成り立っている。スポンサー企業はスポーツ中継によってはじき出される視聴率、広告の露出度などをもとに、契約料を決定している。そのため、試合中にＣＭを入れることのできないサッカーの試合は、その他の競技と同様のビジネスが容易には成立しないことを意味するのである。

この観点から試合ルールを大きく転換したのが卓球である。卓球はこれまで二一点制のゲームを行っていたが、より多くのＣＭを入れるために一一点制となり、ゲーム数も増加する改変を行った[17]。また、ラリーが続きやすく、そして視聴者が競技を見やすくするため、ボールの直径が大きなものに変更された。

このように、多くの競技種目でメディアを意識したルール変更が行われている。ルール変更は時に競技の勢力圏を大きく変化させ、競技者の成績にとどまらず、競技の人気すら左右する。逆に言えば、メディア映りが悪いとして、露出を減らされた種目は死活問題に直結することを意味するのである。野球とソフトボールのオリンピック種目の除外問題や、古代ギリシャの時代から実施されてきたレスリングが、そのルールの難解さなどから、一時「中核競技」から除外されるといった問題は、さまざまな競技種目がもはやメディアに対する意識なしには成立し得ない状況を示していると言える。

ＩＯＣスキャンダル

一九九八年、二〇〇二年ソルトレークシティ冬季大会の開催をめぐって一大スキャンダルが明るみに出た。ソルトレークシティが開催都市の選考をめぐって、投票権をもつＩＯＣ委員に対してさまざまな接待攻勢をかけ、賄賂を渡していたことが判明したのである。このことを内部告発したのが、国際スキー連盟の会長をつとめたスイスのマーク・ホドラーＩＯＣ理事で、オリンピックが抱え込んだ金権体質が批判にさらされることとなった。ソルトレークシティの招致委員会は、買収工作のためにＩＯＣ委員の好みなどを収集したメモを作成していたことを後に公表したが、その手法のきっかけとなったのは一九九八年大会の招致立候補で長野に敗れたことであった。ソルトレークシティは投票直前に持ちかけられた票のとりまとめのための金銭要求を拒絶し、結果として四票差で敗れた。このことを教訓として、長野に学んだとされる接待攻勢が展開された（第六章）。ＩＯＣは六委員を追放、九人を警告処分としたほか、ＩＯＣ委員が立候補都市を訪れることを禁止、特別の委員会で招致が検討される仕組み作りを余儀なくされた。

商業主義を取り込んだオリンピックは、これまでの開催都市が借金を抱えてしまう大会から、黒字を生み出す（とされる）大会へと変貌をとげた。次章で詳しく見ていくように、この表現は正確な状況を言い表してはおらず、あくまでも大会運営費に限定された資金を調達できるようになったに過ぎない。それにもかかわらず、オリンピックが黒字を生み出すという言説は拡散し続け、ロサンゼルス大会で一都市のみになった立候補都市は、この大会後はじめての選考となった一九九二年大会（一九八六年に決定）で六都市にまで増加することになった。

ドーピングの発生

ドーピングの発生が商業主義の導入によってのみ引き起こされているわけではないが、ロサンゼルス大会以降、私たちが目にすることになったのはドーピングの競演ともいうべき大量のドーピングアスリートの誕生である。もちろんそこには東西冷戦下の政治状況をめぐるパワー・ゲームや、科学技術の発達、いわゆるエンハンスメントと呼ばれる身体の拡張もここに含まれる。(18) そして現在、ドーピングの理由は実にありふれたものに代わり、カジュアルとも言える経験に置き換わっている。

八〇年代当時もっとも衝撃を与えたアスリートは、ソウル大会における陸上男子一〇〇メートル決勝で圧倒的なスピードで優勝しながら、その後のドーピング検査で失格となったカナダのベン・ジョンソンであろう。このレースで二位に入ったカール・ルイスが繰り上げで金メダルとなり、一〇〇メートル史上はじめての二連覇を達成したが、それは観客の祝福を受けないものだった。

その後も陸上や水泳、重量挙げなどを中心にドーピング選手の失格が相次いだ。陸上一〇〇メートルでは、二〇〇四年アテネ大会で優勝したアメリカのジャスティン・ガトリンが、その後の大会で九秒七七の世界記録を出した後にドーピングが発覚、記録は除外され、四年の出場資格停止処分を科されている。処分が終わった後にガトリンは陸上界に復帰し、ロンドン大会では銅、二〇一六年のリオ・デ・ジャネイロ大会では銀メダルを獲得するなど、異色の存在として競技を継続中であるが、レース後ブーイングの洗礼を受け続けている。

ドーピング技術はベン・ジョンソンなどが使用した筋肉増強剤を使用したものから、ホルモンバランスを調整したり、遺伝子そのものを変更したりする世界へと踏み出している。これを取り締まるドーピング検査も年々進化を続けているものの、いたちごっこの様相を呈しており、二〇一六年にはロシアのドーピング問題に世界が再び揺れることになる。

商業主義とは何か

ここまで見てきたように、一般的にオリンピックが商業主義に転じた事例としてロサンゼルス大会が持ち出されるケースが実に多く、本章でもそのような説明を念頭に置いて論じてきた。ただし、いくつかの留保をつけておいたように、必ずしもこの大会から商業主義が始まったわけでも、システムが貫徹したわけでもない。重要なのはオリンピックがこの大会から変質したと受け止められているその事実の方である。そこで、最後に商業主義をめぐる問題をどのように考えることができるのかまとめておきたい。

ここまで商業主義と一般的に呼ばれる事象について、あえて何の定義もせずに論じてきた。実は商業主義を定義するのはなかなかやっかいな作業である。例えば、『スポーツ科学事典』では、「市場経済において財貨が取引されることで利得を目指そうとする考え方。……スポーツの文化的価値は、財貨によってその対価を判断することはできない。そのためスポーツのコマーシャリズムは、しばしばスポーツの文化的な存在価値を保持しようとする立場から倫理的な批判的態度として表される」などと記述される。[19] 小川勝が指摘するように、価値や質よりも利益が優先されることという商業主義の辞書的な定義は、そもそもオリンピックの価値や質とは何かを確定することに困難が伴うし、さまざまな形態の営利活動をすべて商業主義と呼んでしまうことにもなりかねない。[20] そのような意味での商業主義はつねに存在した。

　それでもここでは商業主義を辞書的な定義にならって、「他の文化的諸価値と比べて、市場経済における利益を優先し、それを極大化しようとすること」とまずは定義しておきたい。そうすると次に問題となるのが、これまで説明してきたようにオリンピックの原理として創設期から存在してきたマチュアリズムとの関係性である。アマチュアリズム自体は、イギリスをはじめとして、ヨーロッパにおけるある階級に根ざした倫理コード、より正確に書けば、労働者階級を排除するために成立してきた参加原理であった。それが日本のような階級社会とは無縁の国々に敷延していったところにスポーツのグローバル化があったことはすでに論じた。

　それら近代スポーツの後発国にとって、アマチュアリズムはスポーツにおける美徳や倫理的な意味合いを表現し、高められるべき観念として受容されてきた。その受容の仕方は各国によって異なるが、特に日本においては、階級的エートスとは直接関係しない、スポーツがもっているとされる、結果ではなく過程を重視する本質なるものが重要な価値観として賞揚されてきた。アマチュアリズムの概念が、日本的な概念に変質して受容されてきたことは前章で説明してきたが、アマチュアリズムと商業主義を対比させて考える際には、前者が近代スポーツの本質なるものを強く希求することで成立してきたことを押さえておく必要がある。また、アマチュアとしてオリンピックへの参加資格を獲得するために、選手は企業に所属しプロ選手とは一線を画すことが必要だったため、独特な企業スポーツ文化が創り上げられてきたこともすでに述べた。

　このように近代スポーツを受容してきた日本にとって、商業主義の導入はこの価値観をゆがめる存在としてとらえ返される一方で、アマチュアリズムをどこか崇光なものとしてとらえる思考を生んでいくことになる。[21]それは例えば、勝利や賞金・名誉に優先する価値があるとする倫理的なコードの一般化と、それにまつわるさまざまな物語の生成である。社会学者の井上俊がいみじくも指摘するように、人びとは道徳劇としてのスポーツの様態を過度に求めるようになってきた。[22]勝利者には内助の功を際立たせる家族の物語、死者の遺言、挫折から栄光への転向などが、敗者には不屈の精神、感動を呼ぶ涙の物語が要求され、この物語を提供できないアスリートは一顧だにされることなく忘却される。加えて、メダルの獲得によってナショナリズムを喚起する物語がメディア言説の中に過剰に埋め込まれている。[23]

以上の物語に照らせば、価値や質よりも利益が優先されることとする商業主義の第一義的な意味合いは、否定されるべきものとして解釈されていくのである。しかしながらことはそう単純だろうか。私たちが現在目にしているのは、ＮＩＫＥやadidasといったスポーツメーカーのＣＭに代表されるように、商業主義下におけるスポーツやスポーツ選手のポジティブなイメージ戦略の数々である。ここでは利益を極大化するために、スポーツにおける価値や質を最大限高めようとすることが同時並行的、いやアマチュアの時代よりも強く行われている。この側面が商業主義を定義する第二の特徴である。すなわち、商業主義は文化的諸価値を否定するのではなく、商業的利益を優先するために、自らに取り込みながらそれらを利用するのである。このことが、オリンピックが価値よりも結果を重視するとされるプロ選手の参加を認めてきたにもかかわらず、未だに道徳劇としてのスポーツの物語を紡ぎ続ける理由である。

ただし、この変化は大きく二つの態度を生んだ。第一に、商業主義的なシステムの導入とともに生じてきたさまざまな社会問題や、アスリートの身体や心性における変化をすべて商業主義の悪弊として論じることである。第二に、その対比としてオリンピックを創始したクーベルタンの理念が強烈に照射され、かつ歪められたものとして再定義されることである。第一章で見てきたように、必ずしも完璧とは言えなかったクーベルタンの理念はこうして理想化されるのである。

また、明確な実証的データが存在するわけではないので経験的な分析と断ったうえで、アマチュアリズムと商業主義に対する感性には、世代間格差が存在すると考えてよいだろう。すなわち、それまでアマチュアリズムの枠でアスリートを眺めてきた世代と、アマチュアリズムを経験していない世代との差異である。繰り返しになるが、ここで言うアマチュアリズムとは、日本的な解釈で受容された近代スポーツの概念を指している。本章の記述がまさにそれに当たるが、アマチュアリズムの世界を経験してきた世代は商業主義の導入をスポーツ界そのものがゆがめられたと思考するのに対して[24]、その後に生まれた世代は、そもそも商業主義を前提としてスポーツを思考しているため、アマチュアという言葉自体が愛好家や技術の未熟なアスリートを指す言葉へと変質し、さほど重要な意味を与えられていない。興味深いのは、その両者がスポーツを眺めるとき、アスリートが金銭だけのためにプレイし、経済競争の一翼を担う存在になっていることに対しては拒否感を抱くことが多いという経験的な事実である。人びとは商業主義の世界に生きているにもかかわらず、ではなく、その時代に生きているがゆえに、時に金銭への過剰を感じ、受け入れがたい感覚を抱くのである。そのことは明らかにアマチュアリズムがスポーツに残した痕跡である。

以上のことは、商業主義を厳密な定義から説明することではなく、変化を含み込んだ複眼的な視野でとらえることの重要性を示している。そこで本章が試みてきたのは、繰り返しになるが、商業主義と名指し、人びとが抱くイメージを歴史的事象とともに記述することであった。社会学者のピエール・ブルデューは近代スポーツの誕生とともに、スポーツという場が誕生することを論じた。商業主義と呼ばれるものの登場は、このスポーツをめぐる場の編成替えである。つまり、商業主義を必要とし、社会におけるスポーツやオリンピックの意味合い（＝「闘争の掛け金」）をより重要なものへと変化させた場の力学こそが、商業主義の第三の特徴である。

現在スポーツやオリンピックを価値づけているものは、変容したアマチュアリズムを理想化し、そこへと接合されるスポーツの物語＝神話である。本書ではそれを象徴的権力の問題として検討したいと思うが、このことは第七章で改めて論じることにしよう。最後に、八四年大会を論じる本章の射程をわずかばかり越えることになるが、商業主義が進展を続けた社会におけるスポーツ、すなわち記号学者の多木浩二が超近代スポーツと呼んだものの分析について一言だけ付け加えておこう。(25)

社会学者の西山哲郎は、アマチュアリズムが過去の遺物として葬り去られた後に、一見するとアマチュアリズムの遵守と見まがうような「スポーツのためのスポーツ」を追求する、ブルデューが論じた意味での「相対的に自立した場」が実現していると述べる。そこではドーピングや過度のトレーニングに代表されるように、合理化を徹底し、組織化され、過剰を生み出す世界と論理が登場すると言う。(26)

本章でみてきたように、八〇年代初期のスポーツ界においては、金銭的利益のためにドーピングをしたり、スポンサーとの関係性でパフォーマンスをコントロールするアスリートがいたことは事実だろう。それと比べると、現代のドーピングは多くのアスリートが日常的、かつ罪悪感をもたない中でのカジュアルなものとして経験されてきているようにも見えるし、[27] 競技スケジュールはスポンサーのみならず、ランキング制度によってコントロールされ、コンサルタントが介入する時代に入っている。一方で、最後の二章で論じるように、都市開発と一体化した近年のオリンピック招致の動向について検討していくと、辞書的な意味での商業主義、すなわち都市や政治家の野心といった、オリンピックの価値や質よりも利益が優先する相貌が際だつという事態も起こっている。このように商業主義は批判を増大させる過程で理想を胚胎し、やがては自らをもコントロールできないほど拡張し続ける。そこに魅せられたオリンピックの展開を描写するのが次章からの課題である。

(1) ロード・キラニン『オリンピック激動の歳月――キラニン前IOC会長による五輪回想録』宮川毅訳、ベースボール・マガジン社、一九八三年、一四八‐一四九ページ。
(2) 『朝日新聞』一九八四年四月一三日付。
(3) この聖火リレーの収益はYMCAなどに寄付され、商業的と言うより話題集めという側面が強かった(小川勝『オリンピックと商業主義』集英社、二〇一二年、二四‐二七ページ)。
(4) スポーツライターの小川勝が指摘するように、イメージに反して、この大会の黒字化は収入の大幅な増加と言うより、支出の大幅削減によるところが大きい(小川、前掲『オリンピックと商業主義』一三六ページ)。
(5) オリンピックの商業化を支える項目の分析と影響について、須田泰明『三七億人のテレビンピック――巨額放映権と巨大五輪の真実』（創文企画、二〇〇二年）を参考にしている。

（6）グローバリゼーションの進展に伴うヨーロッパへの資本と選手の集中は、サッカーの勢力図を大きくゆがめている。例えば、クラブの世界一を決めるＦＩＦＡクラブＷ杯では、かつてトヨタカップと呼ばれ日本で世界一を争ったヨーロッパと南米チャンピオンの対戦は影を潜め、ヨーロッパ代表が圧倒的な戦力で優勝をさらっている。これに関連してみられるナショナリズムの様相については石坂友司「スポーツ・ナショナリズムの現代的特徴——商業主義・グローバル化時代の三つのメガイベント」（石坂友司・小澤考人編『オリンピックが生み出す愛国心——スポーツ・ナショナリズムへの視点』かもがわ出版、二〇一五年、四三‐七四ページ）を参照。

（7）マイケル・ペイン『オリンピックはなぜ、世界最大のイベントに成長したのか』保科京子・本間恵子訳、グランドライン、二〇〇八年、一二三‐一二四ページ。

（8）同上、一二六ページ。

（9）アメリカ企業は七社。その他日本の企業が三社含まれるのは東京大会を見据えたものである（第九章）。

（10）ＵＳＯＣが妥結に転じた理由として、アトランタ大会以降、アメリカでの夏季オリンピック招致が実現していないという事情がある。二〇一六年大会の招致にシカゴが敗れたことをきっかけに、ＵＳＯＣは二〇二〇年大会の立候補を認めない方針を掲げていたが、二〇二四年大会のロサンゼルス招致を勝ち取るために譲歩したとの見立てがある。結果として、二〇二八年大会の招致が決定した。

（11）Washington Post, February 21, 2008. なお、大会後施設は現地の大学に寄贈されている。

（12）二〇二〇年大会に向けて、ＵＳＯＣは東京都世田谷区において関連施設の提供を受ける協定をすでに結んでいる。

（13）二〇一六年リオ・デ・ジャネイロ大会を終えて、この数は個人が獲得した金メダル数としては歴代二位タイの記録（銀一）にあたる。一位はアメリカの水泳選手マイケル・フェルプスが獲得した二三個（銀三、銅二）。二位タイに並ぶ記録としては、ソ連の体操選手ラリサ・ラチニナ（銀五、銅四）、フィンランドの陸上選手パーヴォ・ヌルミ（銀三個）、アメリカの水泳選手マーク・スピッツ（銀一、銅一）がいる。

(14) カール・ルイスはadidas社からＮＩＫＥ社へと契約を乗り換え、年四回の遠征費のほか、ワールドカップの優勝と世界記録のたびに五千ドルの報奨金を獲得した。一九八五年までの四年契約では基本契約料として二〇万ドル、世界記録に最高で一万七五〇〇ドル、オリンピックの金メダルには四万ドルが支払われたと言う（カール・ルイス／ジェフリー・マークス『カール・ルイス　アマチュア神話への挑戦』山際淳司訳、日本テレビ、一九九一年、五四-六五ページ）。

(15) その屋外記録六・一四メートルは二〇一七年現在も破られていない。世界陸上では第一回から六連覇を達成しているにもかかわらず、意外なことに、オリンピックでのメダル獲得はソウル大会の金メダルのみである。

(16) メディアの影響によるルール変更については須田、前掲『三七億人のテレビンピック』、生島淳『スポーツルールはなぜ不公平か』（新潮社、二〇〇三年）などが詳しい。

(17) 生島、前掲『スポーツルールはなぜ不公平か』第四章。

(18) ドーピングとエンハンスメントをめぐる問題については、マイケル・Ｊ・サンデル『完全な人間を目指さなくてもよい理由――遺伝子操作とエンハンスメントの倫理』（林芳紀・伊吹友秀訳、ナカニシヤ出版、二〇一〇年）、美馬達哉「正常・病理・エンハンスメント」（『スポーツ社会学研究』第二三巻第一号、二〇一五年、七-一八ページ）などを参照。

(19) 日本体育学会監修『最新　スポーツ科学事典』平凡社、二〇〇六年、八二二ページ。

(20) 小川、前掲『オリンピックと商業主義』二二-二三ページ。

(21) オリンピック研究に関して言えば、商業主義による社会の変質、金権体質を糾弾することに目が向けられ、商業主義そのものに対して学問的探求が十分に深められてこなかったことがこれに起因する。オリンピックやスポーツがもち得る社会性が問われ、分析対象になったのは、オリンピックがメガイベント化したごく最近のことである（石坂友司・松林秀樹編『〈オリンピックの遺産〉の社会学――長野オリンピックとその後の一〇年』青弓社、二〇一三年）。

(22) 井上俊『芸術とスポーツの社会学』世界思想社、二〇〇〇年。

(23) 石坂・小澤編、前掲『オリンピックが生み出す愛国心』などを参照。
(24) 例えば、谷口源太郎『スポーツを殺すもの』(花伝社、二〇〇二年) など。後者の例としては、スポーツ・マネジメントに関する書籍の多くをながめてみれば良いだろう。
(25) 多木浩二『スポーツを考える――身体・資本・ナショナリズム』筑摩書房、一九九五年。
(26) 西山はこのことを「『スポーツ至上主義』の覇権」と呼び、選手がアマチュアリズムの時代に重視されていた礼儀作法や義理人情、生計の心配、さらには国家すらも恐れることなく、スポーツのパフォーマンスを高めることに集中する現代的スポーツの様相を描いている(西山哲郎『近代スポーツ文化とは何か』世界思想社、二〇〇六年、一六三―一六八ページ)。
(27) 社会学者の内田隆三が指摘するように、現代のドーピングは分類学が複雑になり、広範で微細に差異化された現象になっていること、さらにはその選択は構造的な差異の次元にはなく、違法行為の弁別的要素となり得る実体的な差異として認識されなくなったことと関係していると考えられる(内田隆三「インタビュー　スポーツ・ナショナリズムへの視座」、石坂・小澤編、前掲『オリンピックが生み出す愛国心』二五〇ページ)。

第六章　オリンピックは本当に黒字を生むのか
――一九七六年モントリオール／一九九八年長野

商業主義の効果と影響について確認するために、一九八四年のロサンゼルス大会がオリンピック開催と都市の関係をどのように変えたのか、特に経済的な観点から前後の大会を比較してみたい。

オリンピックの経済的危機を象徴的に示すとされるのが一九七六年モントリオール大会である。モスクワ、ロサンゼルスとの招致レースに勝利して開催を決めたモントリオールであったが、空前絶後の借金を生み出し、以後のオリンピック開催に向けた都市の立候補を難しくするとともに、オリンピックにとって禁断の果実であった商業主義に手をつけさせるきっかけとなった大会でもあった。また、この年に冬季大会を開催するはずだったアメリカのデンバーが、環境破壊などへの懸念から、一九七二年の住民投票によって大会返上を決めたことからもわかるように、オリンピックは混乱の渦に巻き込まれていた。[1]

モントリオールオリンピックが生み出した借金

それでは、モントリオール大会にどれほどの経費がかかったのか公式報告書をもとに見ていくことにしよう。意外なことに、この大会は大会運営費二億七〇〇〇万カナダドル（約六二三億円）に対し、四億三〇〇〇万カナダドル（約一二九四億円、補助金を含めると六億六〇〇〇万カナダドル、約一八二四億円）の収入を計上していることからもわかるように、大会運営という観点からは黒字を生みだした、比較的うまく実施された大会である。[2]

一方で、競技施設の建設やオリンピック・ビレッジの建設に一二億一三〇〇万カナダドル（約三六五一億円）という多額の資金を投入したことにより、全体としては九億九〇〇〇万カナダドル（約二九八〇億円）という大幅な赤字を計上し、ケベック州が七億九〇〇〇万カナダドル（約二三七八億円）、モントリオール市が二億カナダドル（約六〇二億円）の負担をすることになった。[3] これらの負債の返済にはたばこ税などをあて、二〇〇六年までおよそ三〇年が費やされたとされる。このことが、都市に多額の損失をもたらすオリンピックの失敗的象徴とされるゆえんである。

当初予算では大会運営や競技施設の建設など関連するすべての経費は三億一〇〇〇万カナダドル（約九三三億円）を超えない見込みであったが、結果として約一六億カナダドル（約四八〇〇億円）が費やされ、その額は五倍にも達した。[4] 特に材料費や人件費といった経費の高騰を計算に入れず、コストの過少見積もりを行っていたこと、さらにはオリンピックパークの新しい建設技術に多額の費用がかかったことが一因と説明されている。これほどまで額が超過するのは近年のオリンピックでは通例とみなされているところもあるが、当時住民に驚きと怒りを持って迎えられたことは想像

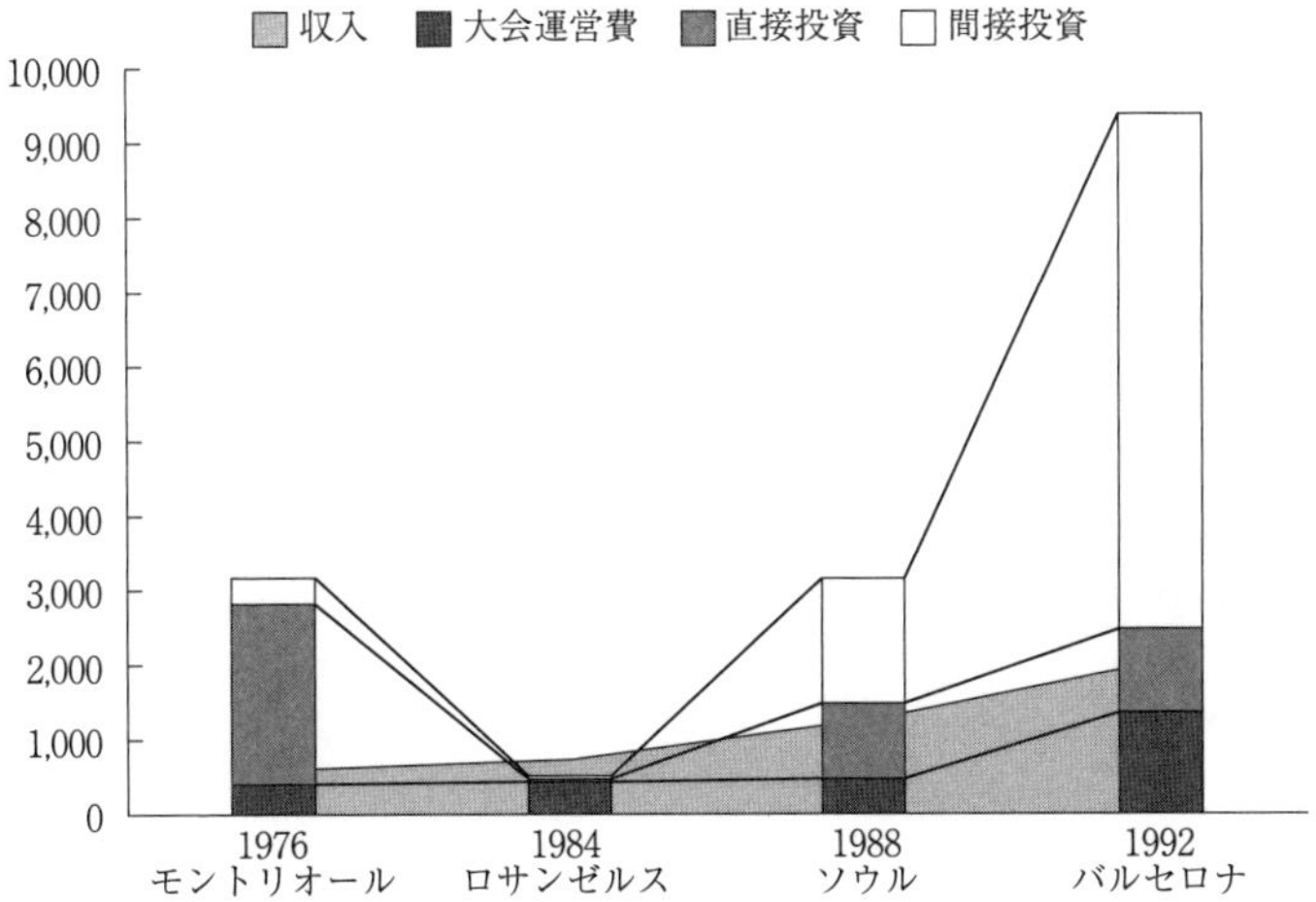

図1　間接経費を含む開催コスト（単位：百万ドル）

出典：Brunet, Ferran, 1995, “An Economic Analysis of the Barcelona '92 Olympic Games: Resources, Financing, and Impact,” Miquel de Moragas and Miquel Bostella eds., *The Keys to Success*, Bellaterra: Servei de Publicacions de la Universitat Autònoma de Barcelona, p. 13. より一部抜粋して筆者作成。収入は各公式報告書より算出（補助金を含む）。

に難くない。

ロサンゼルス大会はオリンピックの何を変えたのか

では、前章で詳しく見てきたロサンゼルス大会は、このように大きな負債を生むオリンピックと都市の関係をどのように変えていったのだろうか。さしあたってここでの結論は、ロサンゼルス大会から導入されたと一般的に語られる商業主義の最大の効果は、オリンピックが黒字を生み出す大会に変貌したという事実ではなく、そのような言説が流布することで、多くの人がオリンピックは利益が出る大会なのだと誤解し始めたことに求めたい。近年それらの言説がオリンピックの一面のみに焦点を当てたもので、真実を覆い隠していることが次第に明らかになりつつある。

オリンピックは本当に黒字を生む大会に変貌したのか、詳しく見ていくことにしよう。図1は経済学者のフェラン・ブルーネットがまとめたモントリオール大会以後のオリンピック開催経費を比較したものである（モスクワ大会を除く）。大会運営費に限って言えば、ロサンゼルス大会と遜色ないことがわかる。背景に示した収入の増加は確かにロサンゼルス以降に顕著な傾向だが、大会運営費だけに着目すると、先に記したように、モントリオール大会も黒字を生み出していることがわかる。一九九二年バルセロナ大会は、大会の大規模化がもたらした運営コストの増加によって、ソウル大会に比べて黒字額は減少しているものの、傾向として収入は増加している。大会規模の拡大はプロ選手の参加によって注目度の高い大会運営が可能になったこと、バドミントンのような新規競技の採用、そして柔道で女性に門戸が開かれたことなどが関係する。

バルセロナ大会はベルリンの壁の崩壊、ソ連邦の解体後に行われたオリンピックであり、ドイツは統一チームで、ソ連は一五の国が独立し、統一チーム（EUN）としての参加となった[6]。また、一九七二年以来政治的なボイコットが行われなかった初めての大会となり、参加アスリートはソウル大会の八三九七人を千人も上回る九三五六人となった。バスケットボール競技では、マイケル・ジョーダンなどアメリカのプロリーグNBAのオールスター選手が参加し、圧倒的実力で金メダルを獲得するなど、プロに開かれた商業主義の大会を印象づけた。

開催経費に話を戻そう。オリンピック開催には大会そのものを実施するための大会運営費や競技場整備費（図1では直接投資）からなる直接経費と呼ばれるものと、関連して整備される道路やインフラ、都市開発の費用、新幹線や高速道路網の整備といった間接経費（図1では間接投資）が必要となる。[7] オリンピックが黒字を生むと説明されるとき、多くの場合は前者の直接経費、しかも大会運営費をめぐる収支のみを念頭に置いて語られることが多い。しかしながら、オリンピックは都市開発の期待を含みこみ、単なるスポーツの祭典としてのみ完結するわけではない。大会の開催は同時に、都市開発というメガプロジェクトとしても進行するのである。これらオリンピック開催には競技場の建設費用の他に、大会とは直接関係しない経費、すなわち間接経費が必要となるが、この経費の膨張がこれまでの議論では見落とされてきた。

繰り返しになるが、モントリオール大会は大会運営に関する経費では黒字を達成していた一方で、そこに競技場整備費を加えた直接経費全体、都市開発等の間接経費を含めると負債は桁違いの数字となった。モントリオール大会が多額の赤字を生みだし、オリンピックを危機に陥れたと言われるとき、間接経費を含めた全体額で議論されていることを記憶しておきたい。ロサンゼルス大会以後は果たしてどうなっているのだろうか。

前章でみたように、ロサンゼルスは公約で政府や市の経済的補償を一切得ずに立候補したことから、直接投資、間接投資は計上されていない（図1）。ソウル大会は直接経費ではわずかの赤字に収めたものの、間接経費を含めれば多額の赤字を抱え込んでいる。バルセロナ大会は大会運営規模の拡大にもかかわらず大会運営費では黒字を生んだが、都市開発を最大の目的化し、結果としてモントリオールの約三倍もの資金を投資した。モントリオールが負のイメージでとらえられるのに対して、バルセロナは成功モデルとして語られることが多い。[8] これは大会開催に付随する都市開発の費用が、オリンピックの損得勘定に含まれなくなったことを意味する。このあと一九九八年冬季長野大会の事例で詳述するように、都市開発の費用はオリンピック開催費とは別立てであるという議論は一見すると妥当性を持つように思われるが、その費用は開催都市の借金として結局は積み上がっていくのである。商業主義に開かれたオリンピックは、この事実を見事に括弧に包み込むことに成功した。

図2はロサンゼルス大会以後の、オリンピック招致に立候補した都市の増減を見たものである。ロサンゼルス以後に招致選考が行われたのは夏季はバルセロナ大会、冬季はアルベールビル大会からであるが、夏・冬ともに立候補数は増加していることがわかる。世界中の都市にとって、オリンピックが魅力的な存在に変化したことの証左である。一九九四年以降は、夏季・冬季大会を分離し、二年おきにオリンピックを開催するＩＯＣのマーケット戦略が功を奏し、オリンピック招致は世界の名だたる都市が挑戦する、経済的に保証される大会となったかのようである。しかしながら、現状私たちが目にしているのは、冬季大会では立候補都市が激減し、夏季大会でも最終選考まで手を上げ続ける都市の減少である。オリンピックが黒字を生む大会という幻想が、ようやく消え始めた証左だろう。

黒字を生んだとされる長野オリンピックの実際

長野大会は商業主義に開かれたオリンピックにおいて、黒字を生み出したと説明される大会の一つである。筆者は大会開催後一〇年を経過した地域の変容とオリンピックの遺産を調査するために、

	夏季大会		冬季大会	
	開催都市	立候補都市数	開催都市	立候補都市数
1972年	ミュンヘン	4	札幌	4
1976年	モントリオール	3	インスブルック	4
1980年	モスクワ	2	レークプラシッド	1
1984年	ロサンゼルス	1	サラエボ	3
1988年	ソウル	2	カルガリー	3
1992年	バルセロナ	6	アルベールビル	7
1994年			リレハンメル	4
1996年	アトランタ	6		
1998年			長野	5
2000年	シドニー	5		
2002年			ソルトレークシティ	9
2004年	アテネ	11		
2006年			トリノ	6
2008年	北京	10		
2010年			バンクーバー	8
2012年	ロンドン	9		
2014年			ソチ	3
2016年	リオ・デ・ジャネイロ	7		
2018年			平昌	3
2020年	東京	5		
2022年			北京	2
2024年	パリ	2		

図2　オリンピック立候補都市数

社会学者による共同研究を行ってきた。[9] そこで明らかになってきた商業主義の幻想についてデータをもとに説明しよう。

長野大会は札幌に次ぐ日本で二例目となる冬季オリンピックで、日本経済がバブル期にさしかかる一九八〇年代後半に招致が計画され、一九九一年に招致が実現した。[10] その後バブルの崩壊で日本経済が急降下していく中、関連事業費の計上によって、「長野には失われた一〇年はなかった」[11]と言わしめる大会でもある。

この大会の招致は、当時IOC会長であったサマランチと、JOC会長堤義明の蜜月関係から実現したとも言われる。[12] また、この大会の招致はソルトレークシティ大会で発覚したIOCスキャンダルの遠因を作ったとされるもので、IOC委員への接待攻勢が行われた。[13] 招致活動を行った招致委員会[14]が不透明な支出を行っていたこと、会計帳簿を処分していたことなどが後に発覚し、オリンピック招致選考における信頼を根底から揺さぶった。[15] これらの問題については、二〇〇〇年から長野県知事をつとめた田中康夫の指示で、二〇〇四年に設置された「長野県」調査委員会によって、実態解明のための詳細な調査が行われている。[16] その報告書によると、招致準備を含む招致委員会における支出累計は二五億七四七〇万円とされ、県独自の交付金などを合わせると二八億三四五〇万円にのぼるとされる。[17] そのうち、一九八八年度から一九九一年度までにIOC委員に対するお土産関連予算は、配布リストこそ明らかになっていないものの、総額約六三〇四万円にのぼることが判明している。[18] また、長野開催が決定した一九九一年のIOCバーミンガム総会では、九〇〇〇万円の使途不明金が確認されており、領収書のないロビーイング活動に使用されたことが明らかとなっている。[19]

そこまでして実現にこぎ着ける必要があった長野大会は黒字を生み出した大会と言われるが、[20] そのことは事実だろうか。大会終了後に確定した収支の内訳は表1に示したとおりである。この大会では大会運営費が一一四二億円、施設整備費が一三六三億円（直接経費の総計二五〇五億円）に対して、オリンピック関連道路整備費に一九八〇億円、高速交通網整備費に一兆九三〇億円（間接経費の総計一兆二九一〇億円）が費やされた。

表1　長野オリンピック関連事業費（単位：億円）

直接経費	大会運営費	1,142
	施設整備費	1,363
	競技施設	(854)
	運営施設	(509)
間接経費	オリンピック関連道路整備費	1,980
	高速交通網整備費	10,930
	北陸新幹線（高崎—長野）	(4,461)
	長野自動車道（豊科—更埴）	(2,079)
	上信越自動車道（佐久—信州中野）	(4,390)
合計		15,415

出典：『信濃毎日新聞』1999年3月1日付、及び長野市編『第18回オリンピック冬季競技大会長野市報告書』1999年、286-291ページより作成。

このうち、大会運営費の収支内訳は表2に示したとおりである。支出の中には約五〇億円の黒字分が含まれており、その余剰金の一部約四六億円は「オリンピックムーブメント基金」と名付けられて基金化され、オリンピックの遺産としてその後一〇年にわたって長野県内の冬季競技大会の開催、冬季種目の強化・育成に利用された。ただし、ここで注目したいのが収入の内訳で、テレビ放映権やスポンサー収入による七七四億円に加えて、県や市からの運営補助費に五〇億円が投入されていることがみてとれる。この額は大会が生み出したとされる黒字分に等しく、実際のところは黒字と言うより税金による補

表2　長野オリンピック大会運営費（単位：億円）

【収入】		【支出】	
事業費（テレビ放映権・スポンサー収入など）	774	管理費（人件費等）	141
運営費補助	50	事業費（競技・会場運営費、広報報道費など）	1,000
その他（開催自治体からの人件費など）	318	精算事務費	1
合計	1,142	合計	1,142

出典：『信濃毎日新聞』1999年3月1日付より作成。

填と言い換えても良いだろう[21]。

また、すでに述べたように、オリンピックは大会運営費と施設整備費を含むいわゆる直接経費のみで成立するわけではなく、オリンピック関連道路や新幹線、高速道路の建設などの国家的プロジェクトを加えた間接経費に多額の投資を必要とする。大会運営費はテレビ放映権収入をはじめとする事業費の七七四億円で大半がまかなわれたことは事実だが、インフラ整備を含む大規模な開発のために、都市が大きな負債を抱え込んだことが覆い隠されている。

長野大会の負の遺産

長野市が抱え込んだ負の遺産をいくつかの観点から確認しておこう[22]。図3は、長野市におけるオリンピックを境にした負債残高の推移をあらわしたものである。例えば、オリンピック開催決定時に六二六億円しかなかった市の借金＝市債はオリンピック開催前年の一九二五億円を頂点として、一五年が経過してもなお一三三三億円と高止まっている[23]。一方で、市の説明では、オリンピックの借金（起債）は二〇一七年度に償還が完了するとされるが、オリンピックが作り出した借金が名前を変えて置き換わっているだけで、返済し切れていないことは誰

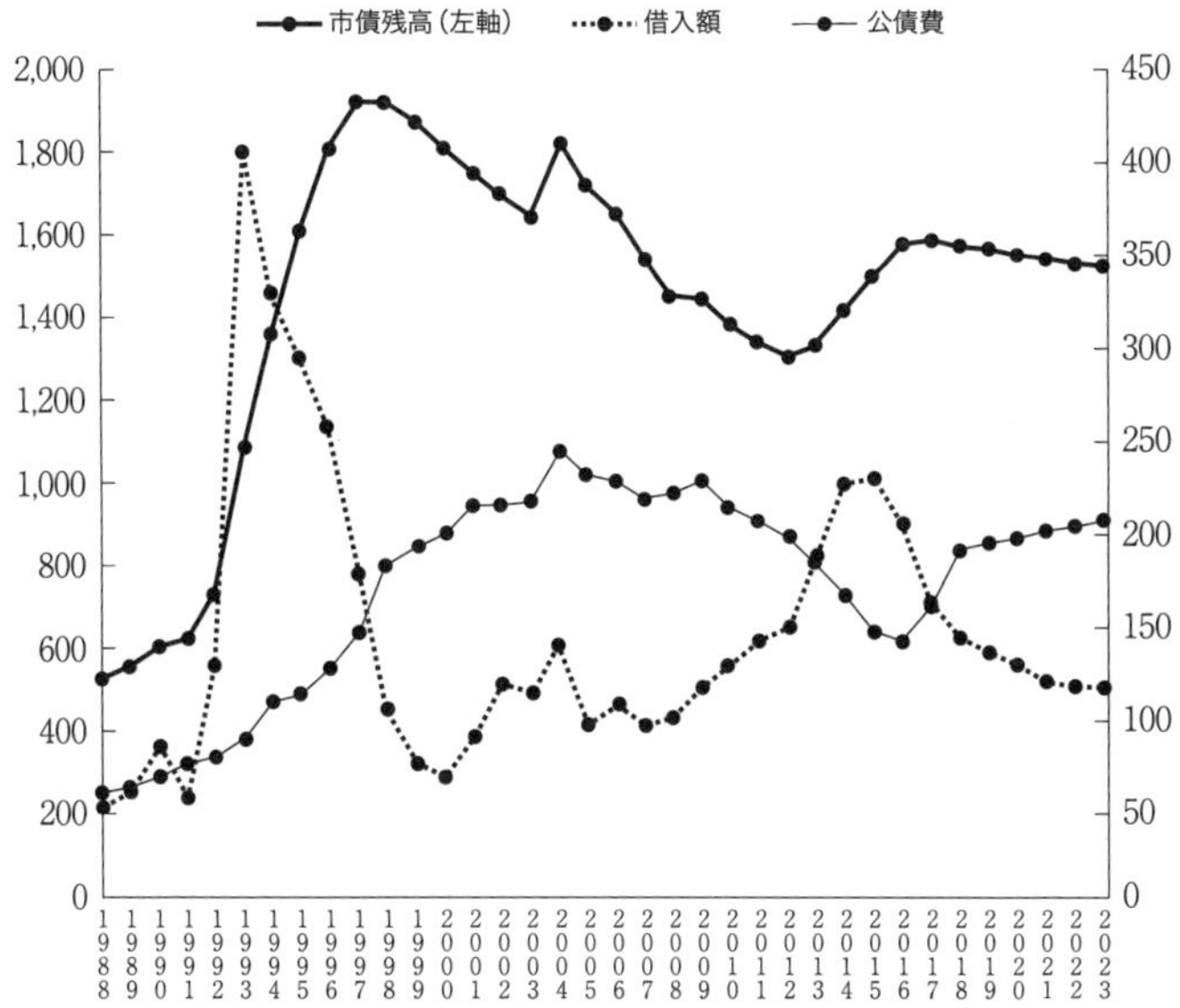

図３　長野市借入金（普通会計部分）の推移（単位：億円）

出典：2006度までの数値は西澤利雄、2007、『平成18年度　長野市包括外部監査結果報告書――市債について』、2007年度以降は『長野市財政推計』より作成。2017年度以降は推定値。

の目にも明らかである。借金の返済に三〇年を費やしたことから、オリンピック危機の象徴のように語られるモントリオール大会と長野で起きていることとの違いは果たしてあるだろうか。

次に、長野市の財政状況を経常収支比率[24]で見た場合、大会開催から一〇年を経過した二〇〇八年度では九〇・〇%となり、他の中核市の平均九〇・九%に迫っている。これをさかのぼってみると、一九九八年には七五・〇%、一九九一年には五五・三%となっており、オリンピック招致を経て財政が硬直化してきていることがわかる。

経常収支比率で言えば、全国の中核市と比べて長野市は比較的上位に位置付く。より財政の硬直度が高い自治体と比べれば、オリンピック開催によってもこの程度で済んでいるという議論は成り立つかもしれない。ただし、大会を開催せずに教育や社会保障費、その他の投資に回せた可能性を指す機会費用について考えると、損失の方が遙かに大きいとは言えないだろうか。

また、建設に多額の費用を必要とした競技場が、大会後の維持に膨大な費用を費やしていることを考える必要もある。[25] 長野市に存在する施設の多くが冬の施設としては利用されておらず、それぞれ毎年二億円程度の維持費を必要とする。中でも、競技者数が少ないにもかかわらず、施設の稼働に多額の維持費を必要としてきたスパイラル（ボブスレー、リュージュの専用コース）は、約二〇年の使用を経て二〇一七年に休止が決定した。加えて、大会後二五年から三〇年をめどに生じる施設の老朽化による立て替えや、修繕費が今後必要となってくることを考え合わせれば、市民の負担はさらに大きなものになると言わざるを得ない。

それでは、オリンピック開催の一つの目的とされる経済効果についてはどうだろうか。これは一般的に経済波及効果から計算される。長野大会の場合、オリンピック関連事業費に交通費、宿泊費、買い物費などを含む観客などの消費部門、移転家屋新築効果などを加えた初期投資額一兆六五一二億円に対して、日本国内での生産誘発額は四兆六八〇三億円（波及倍率は二・八三倍）、長野県内での生産誘発額は二兆四五四八億円（波及倍率は一・四九倍）と推定されている。[26] ただし、経済波及効果はそれがオリンピックの影響によるものなのかどうか特定しづらいため、大会後に十分に検証されることは少ない。

その他、ソフトなレガシーなどと呼ばれる、大会の記憶や経験、ボランティア組織の醸成など、無形の遺産も存在する。これらが多額の資金を投入してでも得るべき遺産なのかという点については東京大会の開催に向けて議論が必要だが、長野の場合は少なくとも釣り合いはとれていないのでないだろうか。ただし、すべての遺産が負の遺産と述べるつもりはない。競技施設や新幹線、高速道路の建設など、住民やスポーツ界にとって有益な整備も行われているからである。このことは誰にとっての遺産となるのかを個別具体的に検証する必要性を示している。(27)

なぜ検証は行われないのか

長野大会はオリンピック反対論者の著作などを除けば、大会後の施設使用や借金の高止まりに十分配慮されていたとは言いがたい。著者らが長野大会から一〇年後に行った現地調査で印象的だったのは、行政担当者の「準備期は開催に精一杯で、開催後のことを考える余裕はなかった。いまにして思えばもう少し考えておくべきだった」という言葉である。(28)ではオリンピック開催後に地域はどのように変化し、遺産が生み出されていくのか、そして無駄な施設の建設やわずか数日の祭典のために費やされる莫大な費用のツケを住民が払わされることに対して、事後の検証が十分に行われてこなかったことにはどのような原因があるのだろうか。いくつかの仮説を挙げることが可能だ。

第一に、冒頭に示したように、オリンピックはロサンゼルス大会以後の商業主義の導入によって、利益を生み出す大会へと変貌したとする言説が流布されてきた。一時は消滅がささやかれながら、世界的なメガイベントとして再浮上したオリンピックは、かつては添え物の位置に甘んじてきたとされる万博を越える存在にまで成長してきた。トップ選手を抱え、商業主義に特化していくマーケットの拡張は、選手にまつわる膨大な物語を生み出すことに成功し、テレビ放映権やスポンサー収入といった資本を獲得するにいたる。オリンピックの成功神話とそれへの期待、そして大会運営にかかる資金の捻出を比較的容易にした商業主義的スキームが、大会が国家や都市を破綻に追い込むという言説を反転させた。環境整備や都市開発にはこれまでと変わらず、いやそれ以上に膨大な費用が費やされるという事実は覆い隠されるようになったのである。

日本の状況に目を向ければ、長野が立候補した時代はバブル経済のまっただ中にあり、総合保養地域整備法（通称リゾート法）により、全国津々浦々リゾート開発の風が吹き荒れていた時代である。中央からの大型資本を元手に、自然環境が豊かで過疎化する地域に雇用を生み出すことと、都会で働く人びとの人間性回復が期待され、地方の起死回生策として位置づけられた。こうして全国各地に作られたリゾート施設は、その多くがバブルの崩壊とともに命運をたたれ、建設された箱物だけが地方に残されることになった。日本経済の減速や近隣にいくつも同型の開発が出現したことが失敗を導いたのであるが、失敗の可能性について十分に考えられておらず、結果としてその責任は地方に押しつけられることになった。長野大会は開発主義と呼ばれるこの時代背景を共有している(29)。

第二に、この時期にオリンピックを問題視する風潮は、大会が生み出す経済的な課題とは別の方向に向けられていたことがあげられる。九〇年代以降、大会招致の際に重要な問題関心となっていたのが環境問題である。それまでの歴史では、自然環境保護の観点から開催そのものや施設の建設に反対運動が起きることがしばしばであった。一九九四年に開催されたリレハンメル冬季大会が環境オリンピックと呼ばれ、グリーンスポーツ、持続可能な環境をテーマに掲げたように[30]、オリンピック開催の是非はメガイベントが自然環境を破壊することを前提として議論され、それをいかに食い止めるか、あるいは共存できるのかというテーマに焦点化されていった。一九九四年にＩＯＣはオリンピック・ムーブメントの柱の一つとして環境を加えることで、アマチュアリズムに変わる新たな価値を付与したが、環境オリンピックの概念は二〇〇〇年シドニー大会にも引き継がれていった。

長野大会では、志賀高原の岩菅山で開催予定だった、滑降競技をめぐるスキー場開発の是非が自然環境保護の観点から問われたほか[31]、後に白馬村で開催されることになった同競技のスタート地点をめぐる問題が、自然環境保護運動に配慮する組織委員会と国際競技連盟との板挟みに遭い、連日報道をにぎわすという事態が続いた[32]。

第三に、オリンピックが生み出す遺産が大会後にどのように利用され、地域に影響をもたらしていくのかについて考察する枠組みそのものが、自然環境保護の観点を除いて学問、メディアの追求においても存在し得なかったということが関係する。意外にもこのテーマは十分に突き詰めて論じられてこなかったのである[33]。その後商業主義の影響とされるオリンピックの肥大化が顕著になり、開催経費が再び都市を圧迫するようになってきたこと、ＩＯＣのレガシー戦略の登場によって隠蔽されることとなった、オリンピックのネガティブな遺産の存在が明らかになってきたことで、それらに焦点を当てた批判的研究が大会後を見据えて蓄積され始めた。

第四に、第八章で詳しく論じるが、都市社会学者の町村敬志が指摘するように、かつて国家の規制から相対的に自由になるためにグローバルへ開かれた都市群が、近年国家による領域形成の力に遭遇し始めたことで、オリンピックによる都市開発／再開発に正当化の論理が与えられ、過剰な開発への批判をすり抜けていることも要因の一つである(34)。

以上に論じてきたように、商業主義の導入が黒字を生む大会という見せかけの言説によって、オリンピックが多くの都市を引きつけたことは事実である。一方で、大会規模は拡大の一途をたどり、それにともない支出される大会運営費や競技場建設費の増額を招いた。また、都市開発のアリバイ作りとしてのオリンピック開催への期待の増加は、間接経費の増加を招くに至る。皮肉にも、オリンピックを救ったとされる商業主義がもたらした拡大路線が、再びオリンピックを危機に陥れようとしている事態を私たちは現在目にしている。そこへとたどり着く三〇年あまりの間に、オリンピックが新たに獲得した象徴的権力の大きさについて、次章では北京大会を事例に分析することにしよう。

（1） 代わりに開催されたのがオーストリアのインスブルックで、一九六四年に続く二度目の開催となった。

（2） 今回使用したデータは大会報告書（COJO 76, 1978, *The Official Report of the Games of the XXIst Olympiad Montreal 1976 Volume 1*, pp. 58–59）からの引用であるが、それから一年後の一九七八年四月の決算は Howell,

Paul Charles, *The Montreal Olympics: An Insider's View of Organizing a Self-Financing Games*, McGill-Queen's University Press, 2009, pp. 210-214 に記載されている。この時期急激な円高が進行中で円に置き換えるのが難しいが、オリンピック開催中の一九七六年七月の平均的なレート一カナダドル＝三〇一円として計算した。

（3） Ibid., pp. 58-59.

（4） Ibid., p.15.

（5） 大会経費の比較にあたっては最大の注意を払わなければならない。まず公式報告書のデータは比較しやすいが、都合の悪いデータや関連支出が計上されていないケースがある。後述する間接経費まで考慮に入れるためには各開催都市の財務データを調べた経済学者や社会学者のデータを比較するよりない。図1が公式報告書の数値と異なっているのはこの点による。一方で、研究者が計算に用いるデータの違いによって、いくつかの大会の比較は必ずしも数値が一致しないという問題を抱える。加えて、開催時の為替レートやインフレ率、物価変動などを考慮にいれるとさらに複雑になるため、ここではあくまで参考的データとして考えたい。

（6） ＥＵＮチームは金メダルを四五個獲得し、政治体制の混乱の中、アメリカをおさえて一位になった。

（7） 二〇二〇年東京大会の開催経費をめぐる報道を一瞥しても、直接経費と間接経費の混同、混乱が見られる。詳しくは第九章で論じる。

（8） 例えば、スポーツ経済学者のアンドリュー・ジンバリストは、いくつかのデータが存在すると断った上で、これら投資の多くが民間企業から出資されたものであることを要因にあげている（アンドリュー・ジンバリスト『オリンピック経済幻想論——二〇二〇年東京五輪で日本が失うもの』田端優訳、ブックマン社、二〇一六年、第五章など）。ただし、公的資金が投入されなかったわけではない。

（9） 石坂友司・松林秀樹編『〈オリンピックの遺産〉の社会学——長野オリンピックとその後の一〇年』青弓社、二〇一三年。

（10） 招致準備委員会の結成が一九八五年、一九八六年の招致委員会結成を経て、一九八八年に国内立候補都市となり、一九九〇年にＩＯＣに正式立候補を行った。

(11) 石坂・松林編、前掲『〈オリンピックの遺産〉の社会学』七ページ。
(12) 谷口源太郎『堤義明とオリンピック――野望の軌跡』三一書房、一九九二年。
(13) 相川俊英『長野オリンピック騒動記』草思社、一九九八年、第四章。
(14) 招致委員会には一九八五年から国内での招致活動を担った旧招致委員会と、一九八九年から国際的な招致活動を担った拡大招致委員会があった。
(15) ことの顚末は、一九九二年に市民グループが公金支出の違法性をめぐって起こした訴訟によって判明し、裁判資料として要請された会計帳簿が処分されていたことから始まった。その後支出記入帳の一部コピー（一九九一年分）がみつかるなどして、断片ながら解明が進んだ。
(16) 「長野県」調査委員会『「長野県」調査委員会報告書――一九九八年長野冬季オリンピックの招致活動を中心に』（二〇〇五年）、並びに「長野県」調査委員会『「長野県」調査委員会報告書――一九九八年長野冬季オリンピックの招致活動を中心に　資料編』（二〇〇五年）としてまとめられている。
(17) 「長野県」調査委員会、前掲『「長野県」調査委員会報告書』二一ページ。
(18) 同上、九二ページ。ソウル大会における招致活動で、ＩＯＣ委員に約六万円相当の皮製ノートと真珠ネックレスのセットが配られている。また、委員会が調査対象とした一九八八年六月から翌年一一月までの一年半、招致委員会が訪問したＩＯＣ委員はのべ九一名、腕時計や記念アルバム、ビデオカメラなど三一一万円が贈呈された（同上、八九‐九〇ページ）。最多一一回の訪問を受けたＩＯＣ委員は皮肉なことに、ソルトレークシティの告発を行ったマーク・ホドラーで、試算可能な範囲でも約二三万円にのぼる。ちなみに、この当時ＩＯＣが定める贈答品に対する倫理規定は非公開で、その後一九九〇年に公表された文書（カラード規定）では一人二〇〇ドルを超えないとする金額設定が定められたものの（同上、八七‐八八ページ）、それが守られていなかったのはソルトレークシティの調査報告から明らかになっている。
(19) 同上、一〇‐一一ページ。
(20) 『朝日新聞』一九九八年七月四日付。

(21) 二〇〇〇年のシドニー大会においても同様の手法がとられていることを須田泰明が明らかにしている（須田泰明『三七億人のテレビンピック――巨額放映権と巨大五輪の真実』創文企画、二〇〇二年、一七一ページ）。また、モントリオール大会で示したように、収支を合わせるため、多くの場合国や都市の補助金が収入に計上されている。

(22) 大会開催の効果を測定する指標はいくつか存在する。ジンバリストは短期的、長期的な投資効果について、生産波及効果を示す逆行列係数や観光への影響など、いくつかわかりやすい事例を掲げて説明している（ジンバリスト、前掲『オリンピック経済幻想論』第三章、第四章）。また、長野大会の観光、商工業などへの影響は石坂・松林編、前掲『〈オリンピックの遺産〉の社会学』第一章を参照。

(23) 長野市の市債は市町村合併等の拡大分も含みながら、二〇一二年から二〇一五年にかけていくつかの元金償還を迎えるため、二〇一六年に再び一五八一億円に増大することが見込まれ、返済の目途は立っていない。

(24) 市税や地方交付税などの経常的な財源が、人件費や公債費など義務的な経費や経常的な経費にどれだけ使われているかを示す割合。七〇～八〇％が妥当とされ、それ以下の場合に弾力性のある財政構造と判断される。

(25) 石坂・松林編、前掲『〈オリンピックの遺産〉の社会学』四四 - 四六ページ。

(26) 長野市編『第一八回オリンピック冬季競技大会長野市報告書――一九九八年』一九九九年、二九〇ページ。

(27) 石坂・松林編、前掲『〈オリンピックの遺産〉の社会学』。

(28) 同上、一九一ページ。

(29) 松村和則編『増訂版　メガ・スポーツイベントの社会学――白いスタジアムのある風景』南窓社、二〇〇七年。

(30) デイビット・チェルナシェンコ『オリンピックは変わるか――Green Sport への道』小椋博・松村和則編訳、道和書院、一九九九年。

(31) 自然環境保護運動の影響力は大きく、西武グループがもくろんでいた岩菅山の開発をストップさせた（町田和信『志賀高原・岩菅山の二〇〇〇日――冬季オリンピックと自然保護』新日本出版社、一九九一年）。

(32) 白馬ではコースに含まれた自然保護区域（国立公園第一種特別地域）の滑降が問題となり、最終的にはジャンプで通過するという奇策を導くに至った。なお、蛇足ではあるが、一九七二年に開催された札幌冬季大会は恵庭岳の開発と自然保護というテーマが先鋭に問われた初発の事例の一つである。記録映画を撮影した篠田正浩によると、この撮影には恵庭岳の復元と映画で扱うことが条件として含まれていたという（日本体育協会・日本オリンピック委員会編『日本体育協会・日本オリンピック委員会一〇〇年史』第一巻、二〇一二年、五五三ページ）。

(33) 筆者らが進めた共同研究は、オリンピックが大会後に地域にもたらす影響＝遺産について実証的に論じた国内初めての研究と自負しているが（石坂・松林編、前掲『〈オリンピックの遺産〉の社会学』）、多くの先行研究が大会開催前、あるいは大会開催後すぐの調査研究で完結している。その理由はいくつか考えられるが、例えば人びとの興味・関心が薄れてしまうこと、数年後の影響を検証するための研究組織が整備しづらいこと、自治体は積み重なった借金や失敗を検証したがらないといったことなどがあげられる。

(34) 町村敬志「メガ・イベントと都市空間――第二ラウンドの『東京オリンピック』の歴史的意味を考える」『スポーツ社会学研究』第一五巻、二〇〇七年、一二ページ。

第七章　オリンピックと象徴的権力
――二〇〇八年北京オリンピック

二〇〇八年八月八日、夏の大会では東京、ソウルについでアジアとして三国目となる、中国初のオリンピック、北京大会が開幕し、史上最多の二〇四の国と地域が参加して熱戦が展開された。陸上男子一〇〇メートル決勝では、ジャマイカのウサイン・ボルトが当時の世界記録となる九秒六九という驚異的な記録で金メダルを獲得した。競泳ではアメリカのマイケル・フェルプスが、マーク・スピッツ（アメリカ）が一九七二年のミュンヘン大会で記録した七種目での金メダル獲得記録をやぶり、八種目で金メダルを獲得した。

日本選手としては、競泳の北島康介が平泳ぎの一〇〇メートルと二〇〇メートルでアテネ大会に続いて二種目二連覇を達成したほか、レスリング女子の吉田沙保里、伊調馨なども二連覇を達成した(1)。また、今大会を最後にいったんはオリンピック種目から外れることが決まった女子ソフトボールでは、上野由岐子が四一三球を投げきり、初の金メダルをもたらすなど、四年に一度のアスリートの祭典は数々の物語を生み出して終幕を迎えた。一方で、今回のオリンピックは、大会そのものというより、準備段階に世界の視線がより多く注がれた。オリンピックのボイコット騒動にはじまり、聖火リレーでの混乱など、問題の多い大会であったと言える。

この章で考えたいことは、北京大会をめぐってわき起こった混乱と問題は、どのようにして引き起こされたのか、その原因と結果のプロセスだけではなく、オリンピックそのものがはらんでいる象徴的権力の大きさについてである。すなわち、なぜオリンピックがこれほどまでに人をひきつけ、政治・経済的な諸力を含み込んでしまうのか、そのメカニズムを分析することである。

北京大会は開催日の設定がそうであったように、アメリカを中心とするテレビ局、スポンサーの論理から自由であることの難しさを示すことになった。そこで展開される経済的なゲーム、いわゆるコマーシャル・ゲームはアスリートの祭典オリンピックを大きく変え始めたのである。

また、北京大会が示したオリンピックと政治との関係性は露骨なものだったが、それは今に始まったことではない。スポーツ社会学者の清水諭は、「オリンピックはいまや政治にまみれている」という批判を掲げる際につきものの、矮小化され、固定化されてしまう想像力の側に問題があることを指摘する。(2) その発想は、「純然たるスポーツの祭典」であるはずのオリンピックが、政治によって絡めとられ、利用されているという認識にしか立てないからである。ここまで明らかにしてきたように、そもそもオリンピックはアマチュアリズムのような選手の参加資格をめぐって他者を選別してきたばかりではなく、ボイコットやナショナリズムが展開されるアリーナ、まさに政治の場としてあった。

コマーシャル・ゲーム

まずはコマーシャル・ゲームの側面から見ていくことにしよう。第五章で論じてきたように、一九八四年のロサンゼルス大会の成功によるオリンピックの商業主義化という流れは、オリンピック・マネジメントという手法を確立したかに見える。(3) オリンピックとスポンサー、テレビ・メディアの関係性はより密接になり、われわれのスポーツ参与に影響を与えるまでに発展してきた。その関係性がもっとも可視化された大会の一つが北京大会である。

ところで、オリンピックの開催時期について、オリンピックの憲法とも言える「オリンピック憲章」には、競技期間が一六日間を超えてはならないと記されているのみで決まっていない。ところが、開催都市に立候補するための申請書類には夏の期間が指定され、そこから選択するように求められる。例えば二〇二〇年の東京大会では、二〇二〇年七月一五日から八月三一日の間で選択することになっていた。一九六四年の東京大会は一〇月一〇日に開会式が行われたことから明らかなように、高温多湿で雨が多い東京の気候を考慮して、秋に開催された。その中でもっとも晴天の確率が高い日として選ばれたのが一〇月一〇日（以前の「体育の日」）である。北京大会にしろ、二〇二〇年の東京大会にしろ、アジアの夏の気候は競技大会にはまったく適さない。それにもかかわらず、北京大会は八月八日に開幕し、東京大会に至っては七月二四日の開幕となる。

このように、アスリートにとって必ずしも好条件とはいえない日程でオリンピックが開催されるのには、オリンピックの放映権を獲得しているアメリカのNBCを中心としたテレビ・メディアの事情が反映されている。アメリカはオリンピック中継を好む国であり、そこにはメダル大国アメリカがオリンピックを通じて国威を発揚するという政治的な問題にとどまらず、ビジネスとしての影響力が存在する。

アメリカには四大プロスポーツと呼ばれる競技種目、すなわち、アメリカンフットボール（NFL）、ベースボール（MLB）、バスケットボール（NBA）、アイスホッケー（NHL）が存在する。現在サッカー（MLS）が五大プロスポーツの仲間入りを果たそうとしているが、試合中にCMを入れることのできないサッカーのゲーム構造から、テレビ放映権ビジネスを介した発展はもう少し先のことになりそうである。

これら四大プロスポーツは九月に開幕するNHLを筆頭に、一〇月に優勝決定戦（ワールドシリーズ）を行うメジャーリーグベースボールなど、一〇月に向けて話題が持ちきりとなる。したがって、これらプロスポーツと人気を分け合うオリンピックは、八月に終了しておく必要があるということだ。八は中国にとって縁起の良い数字である、という説明で八月八日に開催された開会式設定の背景にはこのような事情が存在した。二〇二二年にカタールで開催されることが決まっているFIFA・W杯と違い、オリンピック開催は赤道直下の国々では認められないということになるのである。このため、夏季に高気温を記録するドバイなどは立候補都市から除外されるという事態も起きている。ドバイは開催時期に関するIOCの招致ルール変更を訴えて立候補することが取りざたされているが現時点で実現していない。

開催期間に加えて、今大会メディアの影響力があらわになったのが試合時間の変更である。競泳種目や体操競技など、多種目を抱え個人が数種目にわたって出場する可能性がある競技は、選手のコンディションを優先して夕方、または夜に決勝が組まれるのが通常である。しかしながら、北京大会ではそのほとんどが午前中に開催され、選手はコンディション調整に苦労したと言われる。

図1は北京大会の競泳種目で史上初の八冠を達成した、マイケル・フェルプスが出場したレースとその開始時刻を前回のアテネ大会と比較したものである[4]。また、図2は彼の出場時間帯を表したものである。図2から読みとれるように、予選と決勝のサイクルが逆になっており、選手は早朝のコンディション作りを余儀なくされた。

レース時間の変更が選手のパフォーマンスにどのような影響を与えたのかについて、前大会との比較検討は興味深いテーマであるが、今大会に限っては意味をもたない。大会直前に登場したスピード社の水着、レーザー・レーサーがレースのタイムを劇的に縮め、世界新記録を量産したからである。レーザー・レーサーは「魔法の水着」と呼ばれ、着用するだけで一〇〇メートルで〇・一秒、一〇〇メートルのレースで〇・五～一秒も有利に立つと言われ、百分の一秒を争う競泳競技にとって、この水着を着用するか否かがレースの勝敗を分けるどころか必要最低条件になってしまったのである。

ではこのような競泳競技の公平性を根本から揺るがす水着がどうして認可されてしまったのだろうか。そもそもレーザー・レーサーは生地を超音波で貼り合わせ、水着の抵抗を低減させるとともに、選手の身体そのものをポリウレタンのパネルで締め付け変形することで、浮きやすいストリームラインをつくり出したとされる。水着を着るのに数十分を要したと言われ、明らかに選手間の実力本意の競争を阻害した。

アテネ大会			北京大会		
8月14日	10：00	400m 個人メドレー・予選	8月9日	18：50	400m 個人メドレー・予選
	19：30	400m 個人メドレー・決勝	8月10日	10：04	400m 個人メドレー・決勝
8月15日	10：20	200m 自由形・予選		19：21	200m 自由形・予選
	19：40	200m 自由形・準決勝	8月11日	10：19	200m 自由形・準決勝
	20：55	4×100m リレー・決勝		11：27	4×100m リレー・決勝
8月16日	10：38	200m バタフライ・予選		19：32	200m バタフライ・予選
	19：43	200m 自由形・決勝	8月12日	10：16	200m 自由形・決勝
	20：31	200m バタフライ・準決勝		11：10	200m バタフライ・準決勝
8月17日	19：48	200m バタフライ・決勝	8月13日	10：21	200m バタフライ・決勝
	20：46	4×200m リレー・決勝		11：22	4×200m リレー・決勝
8月18日	11：47	200m 個人メドレー・予選		20：07	200m 個人メドレー・予選
	20：35	200m 個人メドレー・準決勝	8月14日	11：09	200m 個人メドレー・準決勝
8月19日	11：26	100m バタフライ・予選		20：19	100m バタフライ・予選
	20：18	200m 個人メドレー・決勝	8月15日	10：50	200m 個人メドレー・決勝
	20：55	100m バタフライ・準決勝		11：26	100m バタフライ・準決勝
8月20日	19：40	100m バタフライ・決勝	8月16日	10：10	100m バタフライ・決勝
	20：30	4×100m メドレーリレー・決勝	8月17日	11：07	4×100m メドレーリレー・決勝

図1　フェルプス出場レース

時間	1日目		2日目		3日目		4日目		5日目		6日目		7日目		8日目		9日目	
9																		
10	○		○	▲	○	■		▲		▲				▲		▲		
11						▲		■	○	▲	○	■		■				▲
18		●																
19	△		□	●	△	●	△						△					
20			△		□		△		□	●	△/□	●	△					
21																		

アテネ大会　○：予選、□：準決勝、△：決勝
北京大会　●：予選、■：準決勝、▲：決勝

図２　フェルプス出場時間帯

その水着の使用をめぐって、もっとも翻弄されたのが日本選手である。大会直前まで、日本水泳連盟はスピード社の水着を供給するゴールドウイン社と契約を結んでおらず、国内メーカーからスポンサードを受ける北島康介をはじめとする多くの選手が、レーザー・レーサーを着用できないという事態に陥った。連日この問題に対する見解を迫るメディアの取材攻勢に対して、北島は無言を貫き、最後には「泳ぐのは僕だ」と三カ国語で書かれたＴシャツを着用して抗議した。

結果として、国内メーカーは自社の水着を着た選手が敗北するデメリットを勘案し、他社製の水着着用を容認することになった。その意味で、北京大会はスポンサー制度の揺らぎを示した大会でもあった。この混乱で、例えばアテネに続く二大会連続の金メダルを目指した柴田亜衣は調子を落とし、結果を残すことができなかったのである。

その後、水着はラバー水着の開発に至る熾烈な開発競争が展開された。二〇〇九年日豪対抗男子二〇〇メートル背泳ぎでは、入江陵介が記録した日本新記録が、彼の着用し

た水着が世界水泳連盟の公認を受けられなかったことで世界記録の認定を受けられず、結果として当時の世界記録よりも早い日本記録が存在するという珍事も生じている。二〇一〇年以降、素材は繊維のみとする規定が適用され、全身を覆う水着の着用は禁止されることになり、選手の能力を超え出た過度の技術競争は収束に向かった。ただし、現在の世界記録のなかには、それ以後に現出したものが多くあり、水着の技術革新と選手の能力向上は引き続いていると言えそうである。

余談だが、八冠を獲得したマイケル・フェルプスと激突し、大記録を阻止する寸前まで追い詰めたセルビアのミロラド・カビッチにはこれらの水着を含めた因縁のストーリーがある。北京大会の一〇〇メートルバタフライ、カビッチは疲れの見えるフェルプスを前半大きくリードし、ターン。七位と出遅れたフェルプスの猛追がそこから始まった。フェルプスは残り五メートルほどで並びかけると最後のタッチでカビッチを交わして七個目の金メダルを決めた。ところが、スロー映像を見るかぎり、カビッチの方が先にタッチしているようにも見える。これは水泳のタッチ版がある程度の圧力を加えないと止まらない構造によるもので、タッチが流れたカビッチに対し、最後の一かきを小さくコンパクトにたたいたフェルプスに軍配が上がった。その差一〇〇分の一秒のできごとだった。

当然カビッチ陣営は猛抗議をし、国際水泳連盟はビデオ判定を実施したと言われるが、結果は覆らず、その後八冠を達成したフェルプスは世界のヒーローとして賞賛を受けることになった。翌二〇〇九年、ローマで行われた世界水泳の場で両者は再び激突した。カビッチは当時まだ禁止されていなかった新種のラバー水着を着用し、レーザー・レーサーを着用するフェルプスに対してアドバ

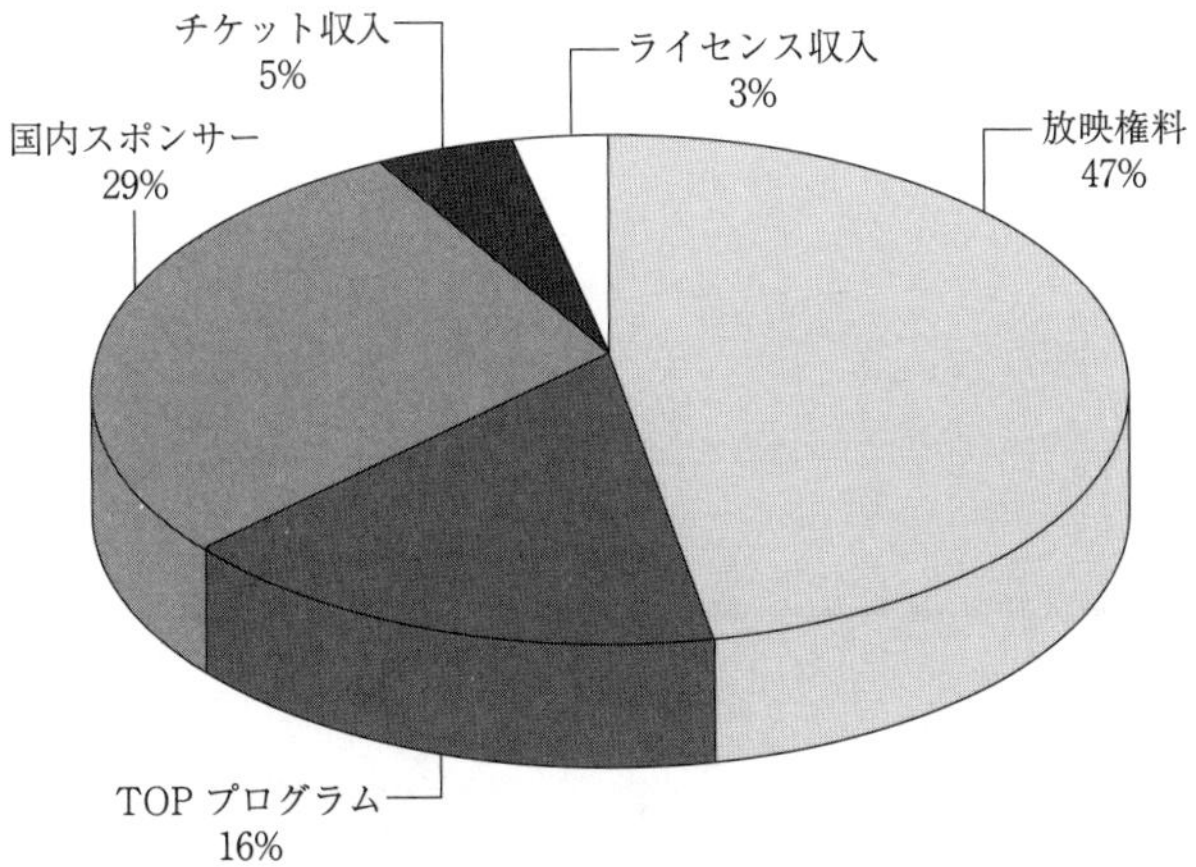

図３　IOC マーケティング関連収益（2005〜2008年）

出典：IOC, 2011, *Olympic Marketing Fact File 2011 Edition*, p. 6. より作成。

ンテージを築いていた。スピード社のスポンサードを受けるフェルプスはラバー水着を着用することはなかった。北京大会での自身の敗北に対してカビッチは陰謀説をとなえ、今の自分が最速であることを繰り返し主張し、フェルプスを執拗に挑発していた。準決勝ではカビッチが世界新記録を出してトップ通過、決勝ではスタート台を挟んで両者がにらみ合う一幕も演出された。レースはカビッチが先行し、後半フェルプスが追い上げる北京と同様の展開となったが、鬼気迫る泳ぎで猛追するフェルプスがカビッチを最後にかわし、史上初めて五〇秒台の壁を破って優勝、胸についたスピード社のマークを誇示し、雄叫びをあげたのであった。

話を競技時間の変更問題に戻そう。競技開始時刻が通常の夕方から午前に変更された理由は、オリンピックのテレビ放映権の影響によるものである。これら競技の決勝は、北京と一二時間の時差があるアメリカのプライムタイムに合わせられた(5)。図３に示

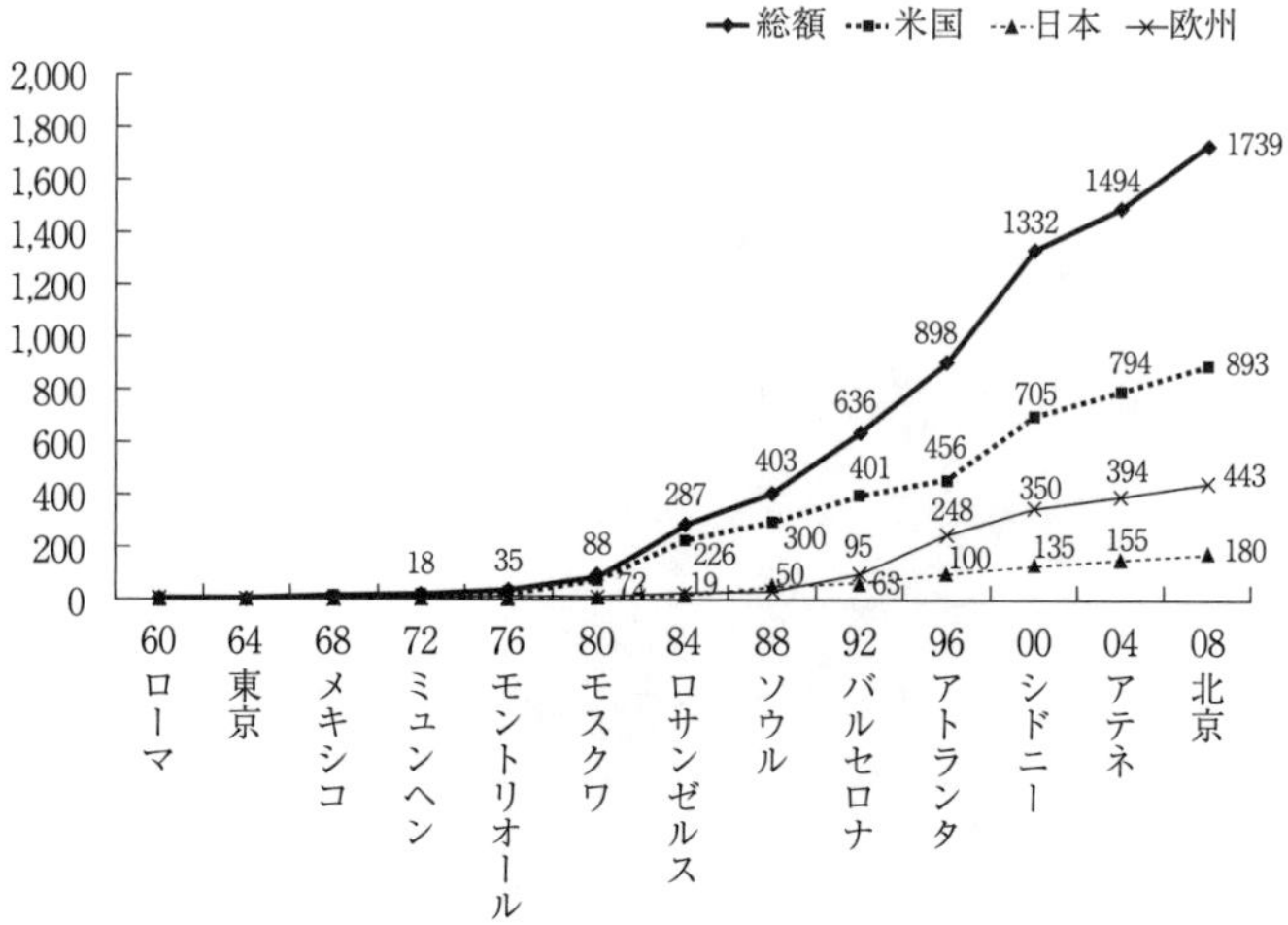

図４　テレビ放映権の推移（単位：百万ドル）

出典：*Olympic Marketing Fact File*（IOC 各年版）より作成。

すように、一九八四年以降、オリンピックの収益構造を支えているものはテレビ放映権の存在である（第五章図1参照）。二〇〇五年から二〇〇八年までのＩＯＣのマーケティング関連収益のうち、実に四七％をテレビ放映権料が支えていることがわかる。図４はテレビ放映権の推移をみたものだが、北京大会はロサンゼルス大会の六倍にも高騰していることがわかる（第五章図2参照）。すでに示したように、アメリカはテレビ放映権料やＴＯＰスポンサーといったアメリカ国内の企業によるＩＯＣ収益を還元させる有利な契約を結んでいる。そのため、オリンピック開催時期の選定から競技の放映時間に至るまで、アメリカのテレビ放送局の意向が無視できないものとなっているのである。

メディア権力の増大

今回の北京大会に限らず、近年のオリンピック大会開催にはメディアの意向が強く反映されている。その一つがさまざまな競技におけるルールの変更であり、今大会でもメディア映りのためのいくつかのルール変更や表記方法の変更がなされている。柔道放送はこれまでの一本、技あり、有効、効果という採点方式に、一〇〇点、一〇点、一点という得点表示を加えた。実際のルールでは技あり、有効、効果が電光掲示板上に並んでいるに過ぎないのだが、そのような得点制に重ね合わせたのである。周知のように、一本を獲得してしまえばそれで試合は終了になり、技あり一つは有効を何個積み重ねるよりも重みがある。しかしながら、柔道にあまり詳しくない視聴者が観戦したとき、有効を何個も獲得した選手が、一つの技ありを獲得した選手に負けるのが理解しがたいということから、この表示が行われた。一つの技ありは一〇〇点になるため、それを超える有効が積み重ねられることはオリンピックではまず起きえないための工夫である。[6]

また、野球は試合時間の短縮措置として、延長一一回突入時にランナーを塁上(一・二塁)に置いてスタートするタイブレーク方式の導入を決めた。ルール変更は、時に競技の特性を変質させ、勢力図も塗り替える。オリンピック種目残留のため、このようなルール変更を余儀なくされたというのは、メディアのもつ影響力を十分に示している。

オリンピックとメディアの関係性を考える上で、最も重大な問題をはらむのがオリンピック種目からの除外である。上野由岐子の活躍に沸いた女子ソフトボールは、野球とともに今大会を最後にオリンピック種目から除外されることが決まった。野球が除外される要因には、世界最高峰の競技大会を自認するオリンピックへの参加を拒み続ける、メジャーリーグ・ベースボールへの制裁的意味合いや、野球種目の不人気なヨーロッパで開催されることが決まった二〇一二年のロンドン大会が影響したと言われる。後に二〇二〇年大会で一時的復帰を果たすが、二〇一六年大会でも復帰は認められず、そのあおりを受けたかたちとなった女子ソフト界は深刻な問題に直面している。

野球界は日本、アメリカ、韓国など、プロ組織が整備され、オリンピック種目からの除外が直接的に野球人気を揺るがすことはない[7]。また、二〇〇六年から始まった野球の世界大会、ワールド・ベースボール・クラシック（WBC）の開催は新規の市場を切り開くのではないかと期待されている。一方で、女子ソフトボールは確固たる経営基盤をもたず、依然として企業スポーツが下支えしているかたちである。オリンピック種目から外されることはすなわち、日本オリンピック協会（JOC）からのオリンピック強化費の削減を意味する。この時点ではオリンピック復帰の道筋は見えなかっただけに、女子ソフト界にとっては死活問題であった。

以上のように、ますます拡大するメディアの影響力とオリンピックの関係性から「テレビンピック」という名称まで生まれている[8]。このような関係性の強化は、前述した水泳競技にとどまらず、本来最も尊重されてしかるべき競技者の身体とパフォーマンス、すなわちアスレティック・ゲームの部分を浸食し始めている。コマーシャル・ゲームの中で、アスリートはその顔をはぎとられて、記号化されているかのようである。

一方で、アスリートの側もメディアに映されるその身体を変容させてきた。社会学者の阿部潔は、最新テクノロジーを駆使した記録への挑戦が追求されていく中で、アスリートの身体がますます「ヒューマン」から乖離し、「マシーン」へと近づく、いわゆる「不気味な身体」という特徴を備えてきたと指摘している。現代スポーツの最先端で、「凄さ／不気味さ」を秘めるアスリートの身体の衝撃を和らげるため、スポーツをめぐるメディア言説は、より「ヒューマン」なものに照準した感動物語を紡ぎ出すことに腐心するのである。(9)

冒頭に触れた、陸上男子一〇〇メートル決勝で、世界最速を決めるアスリートたちの遙か前方を駆け抜けたウサイン・ボルトの「凄さ／不気味さ」をわれわれは感じずにはいられない。(10)その後、ドーピングへの疑念がボルトに向けられ続けたことは想像に難くないが、ソウル大会のベン・ジョンソンの失格から、アスリートの身体とドーピングをめぐる問題が隣り合わせになって浮上してきたことも現代的問題の一つである。

アスリートの身体を考えるとき、コマーシャル・ゲームのみならず、次に述べるパワー・ゲームの一部を構成し、オリンピックの中心的話題となってきたのがドーピング問題であろう。フェアプレーに則り、正々堂々と技を競うアマチュアリズムの精神は、いまや完全に意味内容を喪失している。何人のドーピング失格者が生み出されるのか、さながらドーピング選手権が開かれているかのような錯覚を覚える現代のオリンピックは、北京大会でも同様であった。(11)

北京大会期間中のドーピング検査は実に三七〇九回（アテネ大会は三五〇五回）とオリンピック史上最高となった。(12)この他、国際競技連盟（ＩＦ）を通じた水際作戦、すなわち、オリンピック・ビレッジに入る以前のドーピング検査の多用によって、大会期間中のドーピング失格者を極力出さない方針がとられていた。ここから、クリーンな大会イメージを保持するために、ＩＯＣをはじめ、オリンピック組織委員会が躍起になっていたことがわかる。これら大会前のドーピング検査によって、違反者の多くが事前に締め出されていたのである。北京大会を代表するアスリート、マイケル・フェルプスが八冠を達成した際に、最初に向けられた質問が、「今回何度ドーピング検査を受けたか」というものであり、それに対する彼の一ヶ月半で四〇回にも及ぶとの答えが、過剰なドーピング検査をせざるを得ない現状を浮き彫りにしている。[13]

ロサンゼルス大会以降、オリンピックが商業主義に満たされていることが言われて久しいが、それはＩＯＣをはじめとするオリンピック関連組織の拡張にとどまらず、上述のメディアとの関わりも含めた「オリンピック・複合体」とも呼ぶべき全体が機能し始めているからである。記号学者の多木浩二は、スポーツが「メディアに媒介された情報の集合から生じる巨大な力」にのみこまれていることを指摘しているが、多木に従えば、私たちが普段、資本と呼ぶ経済的な力もこうした力のほんの一部でしかないことになる。[14] オリンピックは世界最高峰のスポーツの祭典とされ、それをメディアが放映権の高騰によって下支えする構図は、すべての競技種目をオリンピックへと吸収・選別しながらより一段と価値を高めていく仕掛けである。[15]

パワー・ゲーム――メダル獲得競争

次に、オリンピックと政治の結びつきが最も視覚的にあらわれるのが、パワー・ゲームの様相である。その中で、あまりネガティブな要素を意識せずに、日常的な話題として語られるのが、オリンピックにおける各国のメダル獲得競争であった。メダル獲得数と順位、特に金メダルの獲得数・順位はオリンピックのみならず、世界における各国の国力を示す指標として度々引き合いに出され

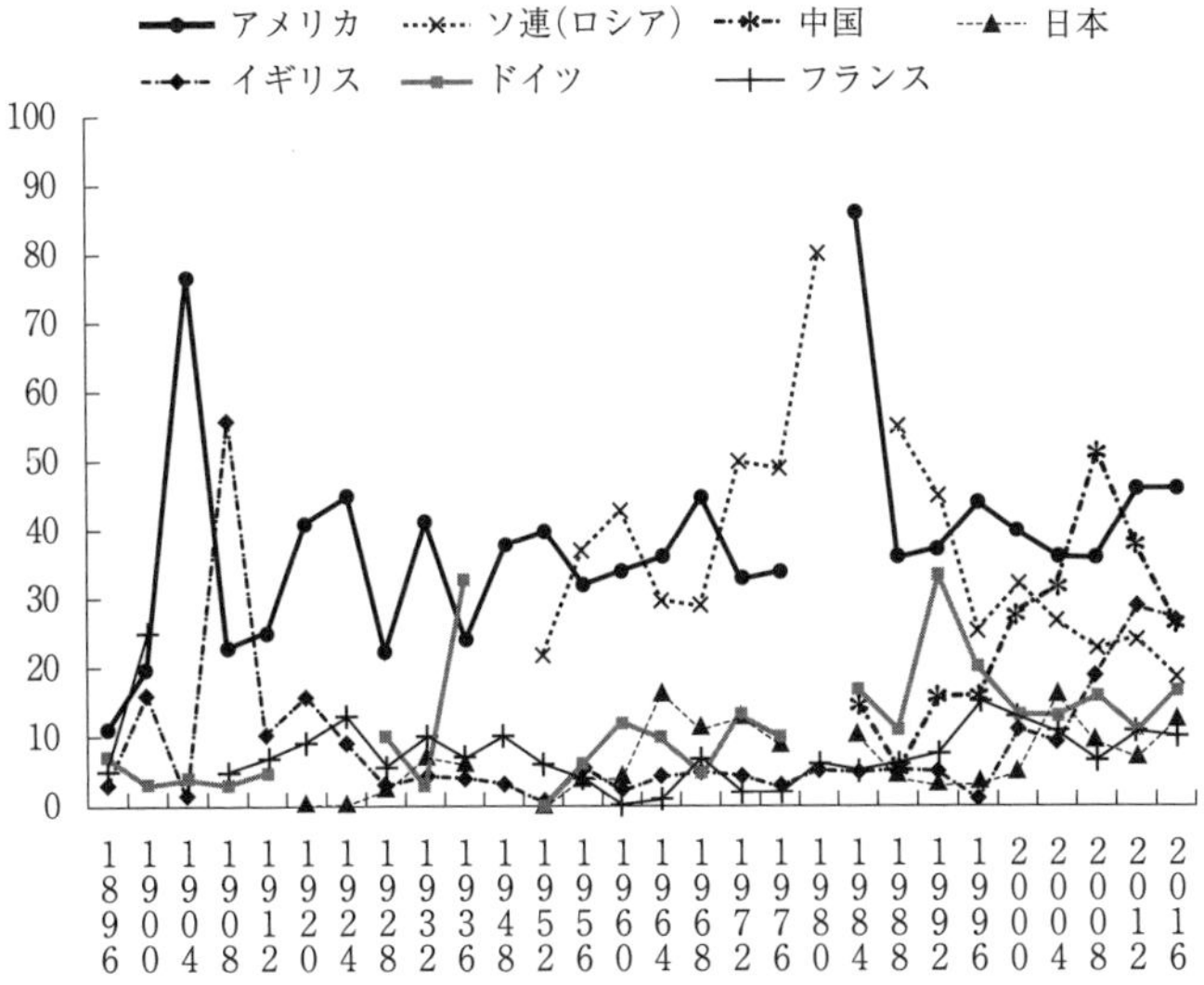

図5　主要国の金メダル獲得数の推移

出典：IOC・オフィシャルウェブサイトなどより作成。

てきた。そもそもオリンピックへの参加自体が近代社会の仲間入りを果たすことができたかどうかの指標として機能するし、開催国（正確に書けば開催都市）に選ばれることが一流国の仲間入りを果たす通過儀礼のようにも扱われてきた。多くの発展途上にある国々が、自国の内戦状態の鎮圧やインフラ整備に優先して、オリンピック選手の養成に力を入れているのもこのような理由として理解できる。一方、先進国にとっては、そのメダル獲得数が政治的・経済的力を誇示する指標として機能することは先に述べたとおりである。

図5・6は主要国の金メダル獲得数・順位の推移を表したものである（東西冷戦下の金メダル、総メダル獲得順位は第三章図2・3参照）。開催国が金メダルの獲得数においても飛躍的な上昇がみられることは事

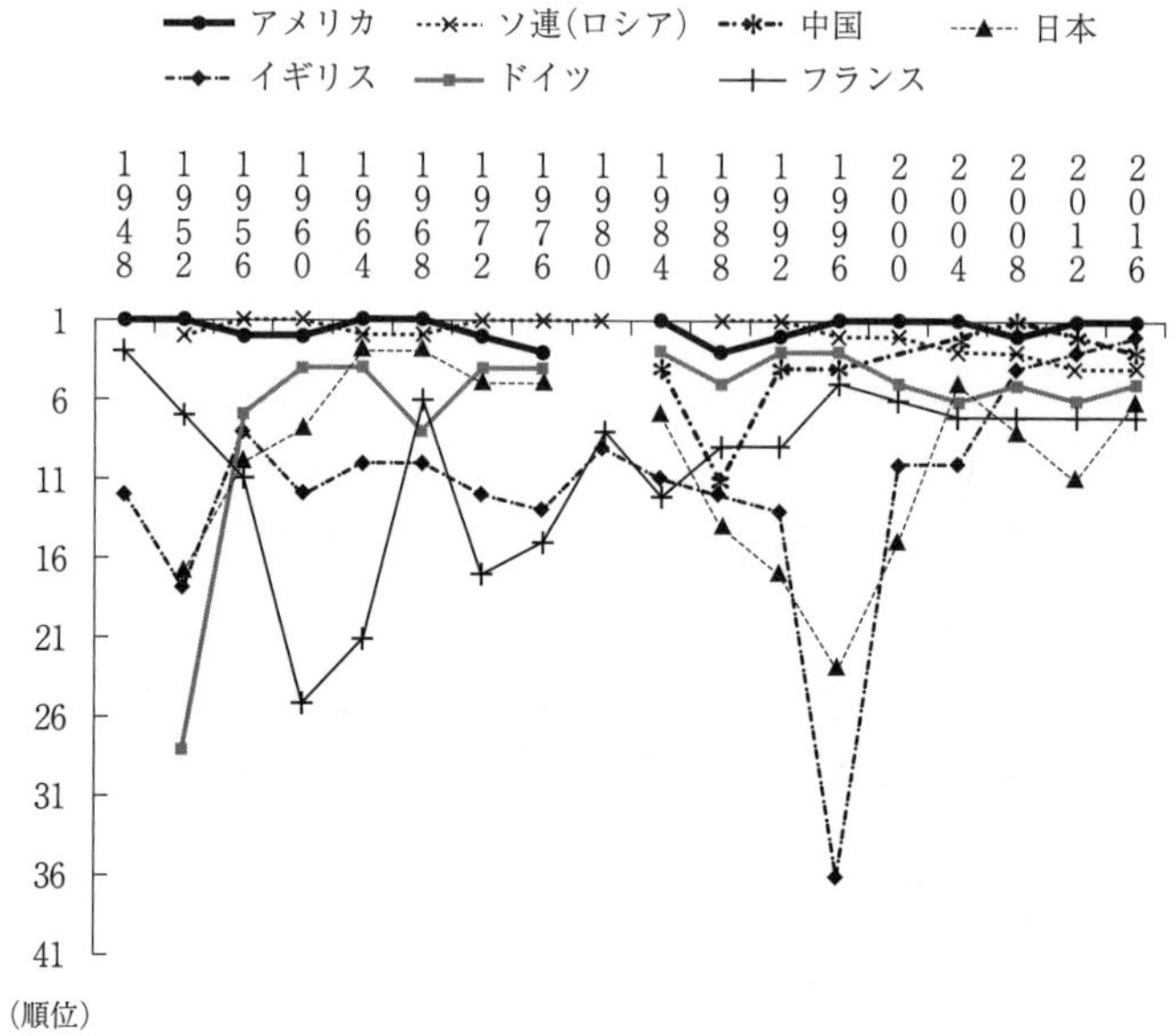

図6　主要国の金メダル獲得順位の推移

出典：IOC・オフィシャルウェブサイトなどより作成。

実だとしても、今大会中国が獲得した金メダル数五一個は、二位であるアメリカの三六個を大きく引き離してのトップである。このことは、東西冷戦から始まる米ソ（ロシア）のメダル獲得競争に、中国が参入し、確固たる地位を築いたことを示している。金・銀・銅の総メダル数は、アメリカが一一〇個と中国の一〇〇個を抑えて辛うじて面目を保ったかたちであるが、中国の目覚ましい活躍はオリンピックの構図を変えつつある。[16]

　今大会の金メダル獲得数上位一〇カ国をみると、そのすべてがこれまでに自国でオリンピックを開催した経験をもっていることがわかる。冷戦崩壊後のメダル獲得競争はしばらく焦点化されることはなかった。オリンピックにおける中国の台頭は競技にとどまらず、世界経済、政治といった領域においても、国力を表す指標となる。それは中国国内におけるオリンピック開催による自信と威厳の増大、ナショナリズムの高まりへと結びついていくのである[17]。

オリンピックのメダル獲得数は、先進国においては各国のスポーツ振興政策や選手強化策と直結する。競技者の祭典であるオリンピックが、国家によるスポーツ政策への財源分配を決定し、極言すれば、競技団体の生死をも分かつのである。このことは、まさにオリンピックが獲得した一つの重大な象徴的権力と言えるだろう。

グルジア紛争

第一章で示したように、オリンピックには休戦（停戦）の思想が存在する。近代オリンピックが古代オリンピックをもとに作られ、その際、大会開催時はいかなる戦争も中止される、「聖なる休戦」（エケケイリア）を理念の一つに組み込んだからである。

オリンピックが戦争をとめる力を直接的には持ち得ないことは、二度の世界大戦で中止になった三度のオリンピック（一九一六年、一九四〇年、一九四四年大会）を見れば明らかである。実際のところ、オリンピック開催時の不戦を訴える、「オリンピック休戦」（Olympic truce）が強く主張されるようになったのは近年のことである。

現代版のオリンピック休戦の始まりは一九九二年バルセロナ大会にさかのぼる。一九九〇年のコソボの独立宣言に始まる旧ユーゴスラビアの内戦[18]が激しさを増す中、当時国連制裁下にあった旧ユーゴ選手の参加を保証する方便であったとされる。[19] 一九九二年当時の新ユーゴ（ユーゴスラビア連邦共和国：現セルビア、モンテネグロ）は、ボスニア紛争でセルビア人勢力を支援していることが疑われて国連の制裁下にあり、スポーツでの交流を禁止されていた。当時のIOC会長アントニオ・サマランチはアメリカ大統領ジョージ・ブッシュを通じて国連に、イギリス首相ジョン・メージャーを通じてECに働きかけ、新ユーゴ・チームのオリンピック出場を実現させた。[20] それに続く一九九四年二月、リレハンメル冬季大会期間中、サマランチは「オリンピック停戦」を呼びかけ、紛争の続くボスニア・ヘルツェゴビナのサラエボに入り、停戦を一日ながら実現させた実績をもつ。[21] 一九九三年以来、オリンピックに合わせて、形式的ながらも停戦決議は国連で採択され続けている。オリンピックへの政治的介入を拒否するIOCによる政治への介入、という決断を下したのは、意外にも商業主義への先鞭を付けたサマランチだったのである。

北京大会に先駆けた二〇〇七年一〇月一六日の国連総会でも、恒例となった「オリンピック停戦決議」が採択され、大会直前の二〇〇八年八月四日には「オリンピック停戦を呼びかける潘基文国連事務総長メッセージ[22]」が開会式に合わせて準備された。

これら不戦の精神を見事に踏みにじり、オリンピックには戦争を止める力がないことを改めて知らしめたのが、グルジア（現ジョージア、図7）とロシアの軍事衝突である。グルジアは自国内の南オセチア自治州の独立・支援を主張して駐留するロシア軍に対して、「平和の祭典」オリンピックの開会式が開催されているまさにその時、戦端を開いた。圧倒的戦力差のあるロシアに対して、グルジアを駆り立てたものは、NATO加盟を目指しアメリカにすり寄る戦略と、オリンピックの開催であった。

グルジアとロシアの紛争を当事者間の問題にとどまらず、勢力圏に橋頭堡を築く米ロ両陣営のつばぜり合いと解釈するならば、両陣営の実質的なトップ、アメリカ大統領ブッシュとロシア首相ウラジーミル・プーチンは奇妙にも、ともにオリンピック開会式の会場にいた。両者が会場で会談をしている最中にロシアはグルジアに応戦、戦線を拡大していったのである。

その後、EU諸国からの非難表明を受けて、ロシア大統領ドミートリー・メドベージェフの口から出た、「新冷戦」を恐れずという言葉が世界中を駆けめぐる中、ロシアは南オセチア自治州と西部のアブハジア自治共和国の独立を承認、実効支配に入った。二〇一七年現在、この二カ国の独立を承認しているのは一部の国にとどまっている。

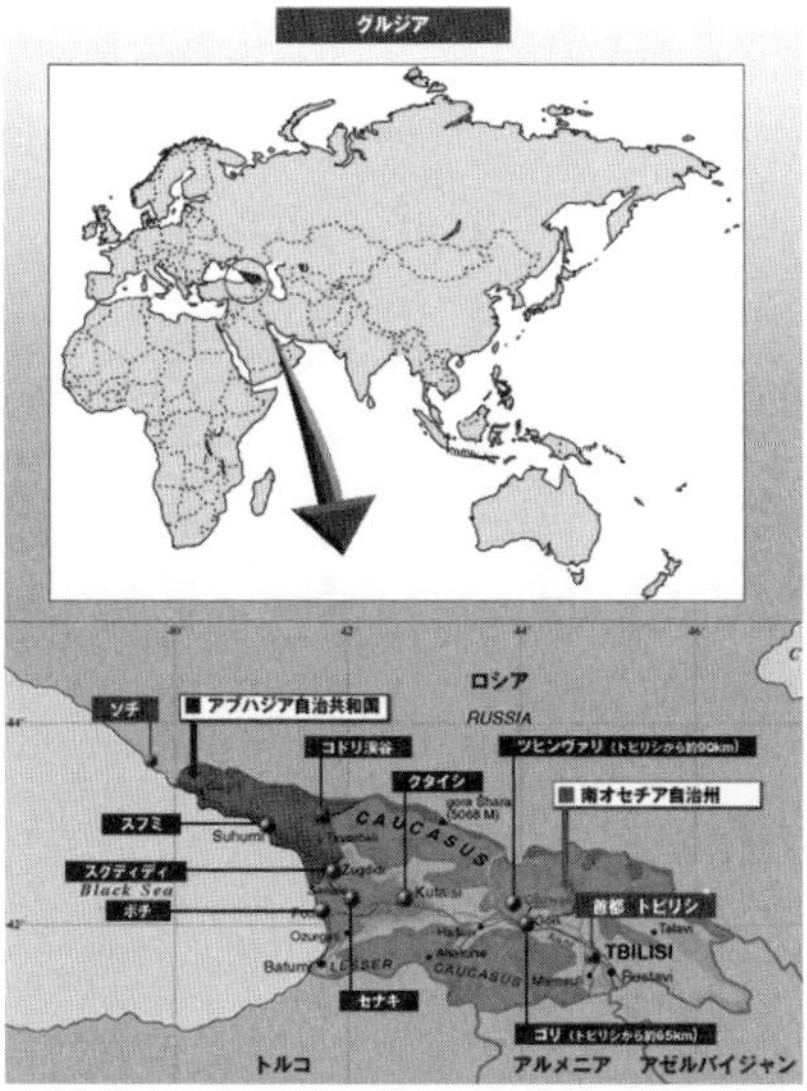

図７　グルジア（現在のジョージア）

出典：外務省ホームページ（http://www.mofa.go.jp/mofaj/press/pr/wakaru/topics/vol7/）にソチの位置を加筆して作成。

紛争に対するNATO諸国、国連との対応とは別に、オリンピック開催期間中のIOCの動向に注目が集まったのは必然的である。しかしながら、IOCの対応は鈍く、広報部長のジゼル・デービスが「オリンピックの精神に反する」と述べるにとどまり、IOCとしての態度を鮮明にすることはなかった[23]。一方で、北京オリンピック組織委員会は国連で採択された「オリンピック停戦決議」をもとに、両国に休戦を求めた。これまで他国への内政不干渉という立場を基本としてきた中国としては、誠に珍しい対応であったと言える。

前グルジア大統領で旧ソ連外相のエドアルド・シュワルナゼは、ロシアの平和維持軍撤退を求め、二〇一四年に開催が決まっている、ロシアのソチ冬季大会をボイコットすべきであると訴えた[24]。ソチはグルジアからわずか四〇キロほどの距離にある（図7）。冷戦下のモスクワ大会が、アメリカをはじめとする西側諸国のボイコットにあったのは、まさにアフガン侵攻という旧ソ連の軍事行動がきっかけだった。ロシア軍のとった軍事行動に対して、二〇〇八年の時点では表立ったボイコットというアクションは起きなかったが、ソチ大会の開催においては、クリミア半島をめぐる問題でボイコットをすべきという意見が再燃することになる。

聖火リレーをめぐる混乱と開会式ボイコット

グルジア紛争とともに、「オリンピックが政治に翻弄された」とメディアで繰り返し流されることとなったのが、聖火リレーをめぐる妨害と混乱である。

一連の聖火リレー妨害のきっかけは、二〇〇八年三月一四日に起こったチベット騒乱の勃発だった。ことの発端は、経済支配と人権抑圧を強める漢族に対して、チベット族の不満が僧侶の抗議デモというかたちで結実し、その際武装警察官と衝突したことであると伝えられる[25]。中国のチベット

図8　北京オリンピックの聖火リレー・ルート

出典：北京オリンピック大会オフィシャルサイト
（http: //torchrelay. beijing2008. cn/upload/0327torch/route%20map1. jpg, 2009.10.17）

自治区への統治に対しては、かねてから疑義がつきつけられていた[26]。結果として見ればオリンピックをねらったとも考えられるこの騒乱は、中国がとりもつ人権に対する世界的抗議デモとなり、聖火リレーを妨害するという前代未聞のパフォーマンスとなって、全世界の注目の的となったのである。

　北京大会ではギリシャ・アテネで採火された聖火が世界五大陸、主にオリンピックを開催した都市をリレーして北京に運ばれる計画となっていた（図8）。アテネから到着した聖火は二〇〇八年三月三一日、天安門広場を出発し、イスタンブール、サンクトペテルブルグを経由し、四月六日にロンドンへ入った。すでに妨害はイスタンブールなどでも行われていたが、ロンドンでのそれは大規模なものとなった。消化器を使っての妨害、トーチを奪いとろうとする行為など、さながら障害物

図9　長野市内での聖火リレー

出典：2008年４月26日、筆者撮影

競走と形容される聖火リレーであった。翌七日、パリに渡った聖火は機動隊車両、警官隊、消防士、白バイと四重に囲まれた厳戒態勢の中を進んだにもかかわらず、様々な反対運動によってリレーがつながらず、バスに収容されると聖火が消される事態も生じたのである。

その後聖火は、直前にコース変更を行い秘密裏に行ったロサンゼルス、街道から観客を閉め出したニューデリーを経て、二六日長野に入った。スタート地点に予定されていた善光寺の辞退から始まり、日本でも騒然とした雰囲気で聖火リレーが行われた。チベット亡命政府の旗を掲げてシュプレヒコールをあげ、中国を非難する人びとと、中国国旗を掲げ「頑張れ中国」と応援する留学生を中心とする人びとの声がぶつかり、時折両者のつばぜり合いにまで発展した。聖火ランナーとともに雨雲が移動するかのように小雨が降りしきる悪天候の中、機動隊と警察官による厳戒態勢に守られ聖火リレーが行われた（図9）。

各所で聖火に対する妨害と抗議行動が行われ、ランナーが沿道の観客とふれあいながら走った一〇年前の長野大会の様相は微塵も表現されなかった。リレーをつないだ多くのトップアスリートや芸能人は沿道から顔を眺めることもできず、そのこわばった表情はテレビカメラの中継でしか見ることができなかったのである。また、広告宣伝カーを先頭で走らせる予定だったコカ・コーラ、レノボ・ジャパンは参加を見合わせるなど、オリンピック・スポンサーとして走ることのマイナス効果が懸念されていた。日本を離れた聖火はその後中国国内をめぐり、チベット自治区を通過して北京に到達、一七日間にわたって灯され続けた。

チベットをめぐる問題に真っ先に反応したのが、フランスをはじめとするＥＵ諸国である。フランス外相ベルナール・クシュネルは中国側の「自制と人権尊重」を求めるなど、チベット問題に対する世界の抗議行動に理解を示した[27]。また、ＥＵの欧州議会は二〇〇八年四月一〇日、チベット情勢に対する対中非難決議を採択した。決議に法的拘束力はないものの、中国政府にチベット仏教の最高指導者であるダライ・ラマとの対話を求めるほか、北京大会への開会式の欠席を視野に、ＥＵ加盟諸国に共同歩調をとることをうながすものであった。

フランス大統領ニコラ・サルコジは、一連の問題を受けて、北京大会の「開会式ボイコット」もあり得るとの発言を再三行った。ここで開会式のボイコットという新たなオプションが登場したことに注目する必要がある。第三章でも論じてきたように、オリンピックとボイコットの関係は恒常的なものであった。わたしたちは、オリンピックに参加することが当たり前であり、ボイコットが行われた状況をスポーツ、ひいてはオリンピックへの政治的介入と批判する。しかしながら、そこで追認されるのは、「政治からスポーツを切り離そうとする構えによって政治の領域がくっきり浮かび上がるという皮肉な結果」である。

これらボイコットの形態に新たな様相をもたらしたのが、サルコジの提唱した「開会式ボイコット」である。オリンピックをアスリートの身体的競技によるアスレティック・ゲームとして論じるとき、ボイコットはアスリートの不参加を強制する痛みをともなったものとなる。これまでモスクワ、ロサンゼルスをはじめとして多くのアスリートが涙をのんできた。一方で、開会式をボイコットすることは選手のパフォーマンスに何ら影響を与えず、開催国のメンツをつぶすことのみを可能にする。北京大会ではブッシュ大統領やプーチン首相をはじめとして、一〇〇人を超す全世界の首脳が開会式に参加し、大会の開会を祝った。全世界の首脳を陳列することが、オリンピックの意義と中国の威厳を高める仕掛けであったからだ。したがって、「開会式ボイコット」をちらつかせたサルコジの提案は、それを逆手にとったものである。[29]

一方で、事態を複雑にしたもう一つの問題がスーダン・ダルフール問題である。スーダン（図10）では二〇〇三年から、西部ダルフール地方の黒人農耕民族らが政府に反発して武装蜂起し、これに対して政府側が支援したアラブ系民兵組織「ジャンジャウィード」が応戦、住民への襲撃、殺害を繰り返し、かねてから民族浄化にまで発展しているとの懸念が出されていた。死者数は三〇万人以上、難民は二〇〇万人を超えると言われる。

このスーダン・ダルフール問題と北京大会に直接的な関係性はない。ところが、民兵組織による

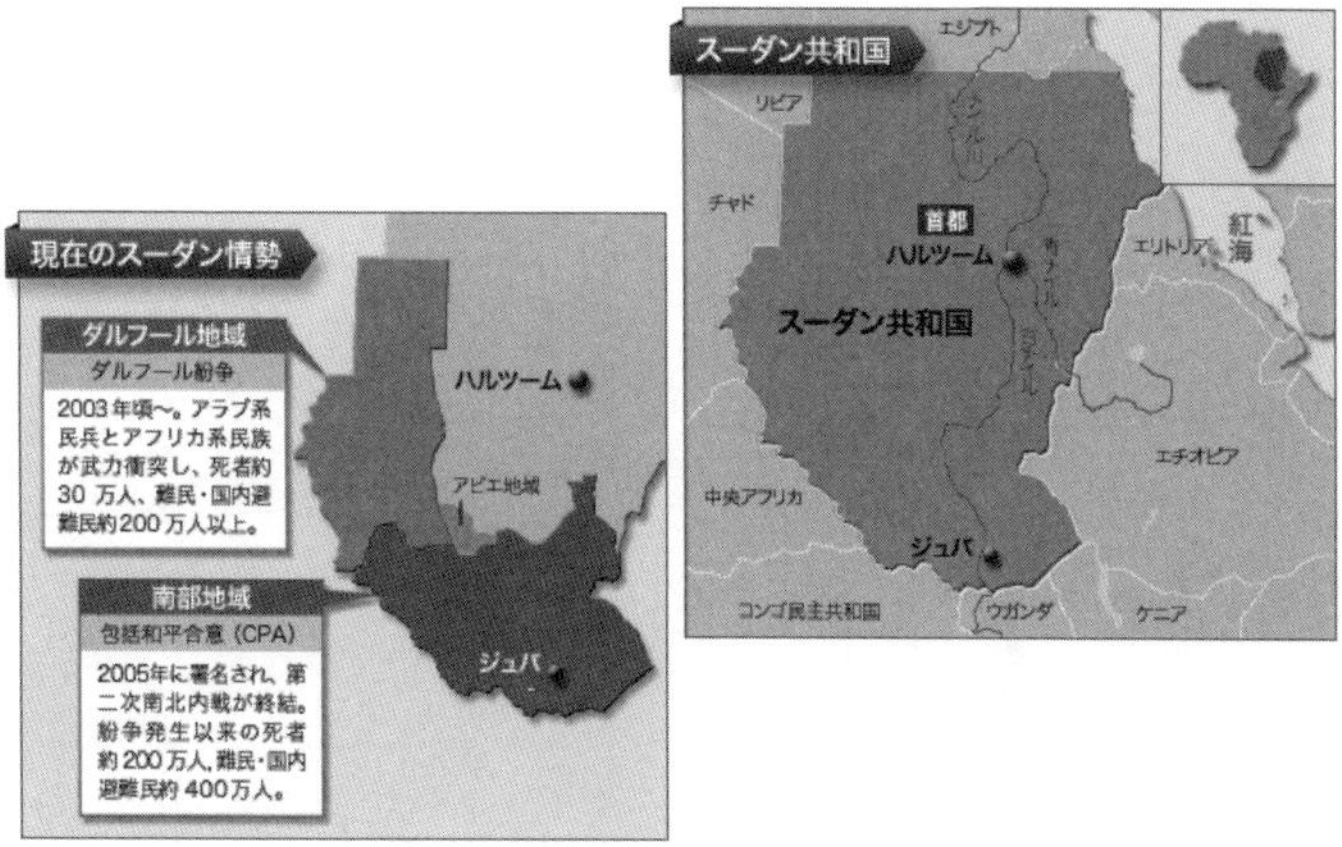

図 10　スーダン共和国（独立前）

出典：外務省ホームページ（http://www.mofa.go.jp/mofaj/press/pr/wakaru/topics/vol59/index.html）

住民の虐殺と、民族浄化が指摘されるダルフール地方において、国連安保理の調停・制裁が難航する中、スーダンの油田開発投資を進める中国に対する批判が全世界で強まっていた[30]。欧米諸国ではかねてより、人権抑圧問題の改善と解決を中国側に求めて、北京大会のボイコットをちらつかせた抗議の声があがっていた。例えば、二〇〇七年五月には、アメリカ議会の下院議員一〇八人が、スーダンに影響力をもつ中国に対して、紛争解決に向けた行動をとるよう書簡を送付、オリンピック参加ボイコットの可能性を示唆した[31]。ここでもオリンピックと政治が都合良く結びついていることを確認できる。

その中で最も象徴的な出来事は、アメリカの映画監督スティーブン・スピルバーグが、北京大会・開閉会式の文化芸術顧問を辞退したことである。スピルバーグは中国側がスーダン政府の虐殺を黙認していると批判し、影響力を行使してこれを止めるよう胡錦涛国家主席に書簡を送っていた[32]。文化芸術顧問の辞退は進展が見られないことに対するスピルバーグの意志表明となり、衝撃が世界中を駆けめぐった。

ＩＯＣ会長ジャック・ロゲはモスクワ大会とロサンゼルス大会における、東西両陣営によるボイコットの応酬になぞらえて、一連の騒動をオリンピックの「危機」と表現した。ロゲは、「ＩＯＣは深刻に憂慮しており、チベット情勢の平和的な解決を求める」とする談話を発表するとともに[33]、オリンピックの開催が「人権状況の改善を含む社会的な進歩」につながることを、都市選考の主眼に置いた点を引き合いに出し、道義上の約束履行を中国側に求めた[34]。しかしながら、北京オリンピック組織委員会は内政干渉であるとして、これをしりぞけ、以後ＩＯＣの主張はトーンダウンしていった[35]。

パリでの聖火リレーの妨害とサルコジ大統領のボイコット発言に対して、中国国内に展開するフランスのスーパー、カルフールで不買運動が巻き起こり、フランス大使館前でも二千人を超えるデモ行進が行われた。そこにはオリンピックに政治を持ち込むべきでないとする、これまで見慣れた図式を超えた、開催国中国で高まるナショナリズムの様相を見ることができる。

北京大会が中国に与えた影響力を分析した歴史学者の劉傑によれば、聖火リレーをめぐる混乱を通して、二つの「正義」が見いだされると述べる[36]。一方は、中国の「民族弾圧」政策を非難し、中国に人権をもたらそうとする、世界の人権団体や活動家が唱える「正義」。他方は、自力でオリンピックを開催する大国に成長した誇りを守り抜こうとする中国国民の「正義」である。両者の交わらない正義はオリンピックが政治そのものであることを明確に示しているが、ここで展開されたナショナリズムはいかなるものであろうか。

多木は、主に発展途上国がオリンピックに参加する際にあらわれるナショナリズムの様態について論じた文脈で、それは国威発揚型のナショナリズムではなく、「すでに文明化した世界を中心に形成されているスポーツという身体的かつ表象的なレベルに、見かけだけでも頭を並べ、まだ近代化も達成できていない歴史に、世界の現状に適応する条件をつくることなのである」と指摘した[37]。繰り返しになるが、オリンピックに参加し、一定の成果を示すこと、さらに言えば、オリンピックを独力で開催することが一等国として認められる通過儀礼であり、存在証明になる。それは東京をはじめとして、これまで多くの都市、国家がなぞってきたオリンピック開催の一つの意義であろう。その意味では、オリンピック大国アメリカをはるかにしのぐ金メダル数を獲得した中国が、聖火リレーの妨害をはじめとして、困難に直面している現状はどのように理解できるのだろうか。

中国は人権尊重という観点から、オリンピック開催都市としてその基準を満たしていないとする見解がある。中国が現在どのような国家で、今後どのような国家像を抱き、成長を遂げていくのかについてはここではあまり重要ではない。むしろ、「オリンピックを開催する資格」という、合理化されない判定基準をオリンピックが備えているように見えることが重要なのである。そのような観点でオリンピックと開催都市の関係性を考えるとき、われわれは知らず知らずのうちに、オリンピックの高邁な精神を前提にしていることに気づかされるのである。

アスリートの抱擁

女子一〇メートル・エアピストルの表彰台に印象に残るシーンがあった。開会式に戦端を開き、軍事衝突下にあったロシアとグルジアの選手、銀メダリストのナターリア・パデリナ（ロシア）と銅メダリストのニーノ・サルクワゼ（グルジア）が並んだのである。メダル授与の後、サルクワゼの呼びかけに応じて二人は抱擁し合い、戦争に対する無言の反対メッセージを投げかけた。これまでオリンピックで禁止され続けてきた暗黙の示威行動が許された瞬間であった[38]。

IOC会長のロゲは閉会式の大会総括で両選手の行いに触れ、「紛争状態にある国々の選手同士の抱擁にオリンピック精神は生きている。祖国へ帰っても、心に持ち続けてほしい」と呼びかけ、今大会を「真に比類のないオリンピック」と評価した。また、彼は北京大会の遺産について、「オリンピックを通じ、中国が世界の視線にさらされた。中国が世界を知り、世界が中国を知ったことだ」と締めくくった[39]。IOC会長の発言と対応からIOC全体の体質改善を読み取るのは早計ではあるが、サマランチ前会長が商業主義と強く結ばれたように、会長の発言は時としてIOCの体質を代表する。その意味で、今回のロゲの発言は、これまで政治に無関心を貫いてきたように見えるIOCの対応を一歩踏み出したものと言えるだろう。

ボイコットのように、明確な可視化のもと行われる示威行動ばかりではなく、先に触れたアスリートの抱擁のように、オリンピックはほんの一瞬の出来事にメッセージを発信し、政治性を含み込む。これまでの喧噪が何事もなかったかのように北京の開会式に現れたアメリカチームはその最たるものである（図11）。

旗手を務めるロペス・ロモングは陸上競技一五〇〇メートルの代表選手である。六〇〇人にも及ぶアメリカ選手団を束ねる旗手として、ロモングの成績は必ずしも十分なものとは言えない。今大会、彼は準決勝第一組の最下位で競技を終えている。しかしながら、ロモングが元スーダン難民の出身であることを知れば、アメリカ選手団の主張は明確なものとなる。[40] すなわち、アメリカはスーダン問題で中国に対して抗議しているのだ、ということである。

図11　北京大会開会式におけるアメリカチームの入場行進

出典：*United States Olympic Committee 2008 Annual Report*, 2008.

第三章で見たように、すべてのＩＯＣ加盟国のオリンピック参加が例外的状況であるとするならば、選手団を送り込むことや、不参加を決めて帰国させたりすることも政治的なものである。つまりは、「ボイコットを政治的だとしてオリンピック公共圏から排除することこそ、政治的行為の極み」だということになる。[41]

では、そのことが自明であるにもかかわらず、オリンピックと政治を区別しようとする衝動と言説が生み出されるのはなぜだろうか。それはやや難しく言えば、オリンピックがその象徴的権力を発動するための淵源と関係がある。仮にオリンピックが政治的であることを認めてしまえば、ボイコットをすることの意味は相当減じられるだろう。オリンピック、ひいてはスポーツが政治から引きはがされた、自律的な領域であると信じられるほどに、その象徴的な効果は高まる。つまり、オリンピックは「政治的であるために、政治的であってはならない」のである。北京大会で露わになったボイコットの問題、聖火リレーの混乱は、全世界に中国という国家のありようを考えさせることに寄与した。また、アスリートの「不気味な身体」を登場させたメディアと、資本の論理の席捲はオリンピックの価値をますます高め続けている。

盛大だった北京大会を終え、二〇一二年のオリンピックは三度目の開催となるロンドンへ飛ぶ。新興国の通過儀礼としてのオリンピックから、成熟した国の首都によるオリンピック開催へと舵を切ったように見えるオリンピックの力学は、北京大会の翌年、二〇一六年の開催都市に、南米大陸初となるリオデジャネイロを選択した。これから用意されるオリンピックの物語はどのようなものになるのであろうか。二〇二〇年東京大会を分析するうえでも以後の展開は重要な分岐点となる。

（1）伊調はリオ大会でも金メダルを獲得し、四連覇を達成している。
（2）清水諭編『オリンピック・スタディーズ――複数の経験・複数の政治』せりか書房、二〇〇四年、六ページ。
（3）マイケル・ペイン『オリンピックはなぜ、世界最大のイベントに成長したのか』保科京子・本間恵子訳、グランドライン、二〇〇八年。
（4）フェルプスはアテネと北京で全く同一種目に出場した。アテネでは六個の金メダルと二個の銅メダルを獲得している。北京大会の八冠獲得によって、フェルプスはスポンサーのスピード社から一〇〇万ドルの報奨金を得ている。

(5) アメリカでのオリンピック放映権を一手に握るNBCは、競技開催地との時差を競技時間の変更を前提に交渉し、開・閉会式を含む主要な種目の放映をプライムタイムに合わせて放送することが多い。一方で、NBCは時に録画での放映を選択することがあり、インターネット中継が準備されているとはいえ、ライブでの放映を期待する視聴者の批判を受けている。例えば、ロンドン大会では開会式の模様は録画配信され、ロンドンでの爆破テロ犠牲者の追悼シーンがカットされるなど物議を醸した。ただし、この視聴率は過去最高を記録したように、手法としては成功している。

(6) 現行のルールでは効果、有効が廃止され、指導が厳格化されている。

(7) 直接的な影響はないものの、野球人気は年々低下してきていると言われ、それまでプロ選手による日本代表の選出を意識してこなかった野球界に変化を迫っている。オリンピックやWBCをはじめ、ナショナルなイベントに変貌を遂げる野球界の動向と、そこで喚起されるナショナリズムの様相については石坂友司「スポーツ・ナショナリズムの現代的特徴――商業主義・グローバル化時代の三つのメガイベント」(石坂友司・小澤考人編『オリンピックが生み出す愛国心――スポーツ・ナショナリズムへの視点』かもがわ出版、二〇一五年、四三―七四ページ)を参照。

(8) 須田泰明『三七億人のテレビンピック――巨額放映権と巨大五輪の真実』創文企画、二〇〇二年、一四ページ。

(9) 阿部潔『スポーツの魅惑とメディアの誘惑――身体/国家のカルチュラル・スタディーズ』世界思想社、二〇〇八年、一二三―一二五ページ。

(10) このような「凄さ」、「不気味さ」は同じくアスリートにも共有されている感覚である。ボルトが九秒五八というタイムで世界記録を更新した二〇〇九年の世界陸上・一〇〇メートル決勝で、解説の伊藤浩司(当時の日本記録保持者)は選手にとっても全く想像できないタイムであることを吐露している。

(11) 日本選手としては、ハンマー投げの室伏広治が他選手のドーピングに翻弄された格好の事例としてあげられる。アテネ大会における優勝選手のドーピング失格によって、繰り上げ金メダルを獲得したのに続き、北京大会でも二選手の失格で一時は繰り上げ銅メダルを獲得した。その後CAS（スポーツ仲裁裁判所）の裁定で選手の失格が取り消されたため、メダル獲得はならず。彼こそは表彰台で最も栄誉に浴していないアスリートの一人であろう。ちなみに二〇一二年大会では銅メダルを獲得している。

（12） World Anti-doping Agency, 2008, "Report of the Independent Observers: XXIX Olympic Games, Beijing 2008," p. 44.

（13）『読売新聞』二〇〇八年八月二一日付。

（14） 多木浩二『スポーツを考える――身体・資本・ナショナリズム』筑摩書房、一九九五年、一三八－九ページ。多木は社会学者内田隆三との共著で、現代社会とは、スポーツ、戦争、ビジネスといった、「あらかじめ構造をあたえられ統合されたひとつの場所」ではなく、むしろさまざまな人びとが演じる「流動的かつ疎密を含んだ分布」からなっている「ゲーム」と呼べるような活動からなっていることを示した（多木浩二・内田隆三編『零の修辞学――歴史の現在』リブロポート、一九九二年、五ページ）。そのような多数のゲームの領域の、隣接関係と重なりの中に、われわれは社会を感じるのである。

（15） 二〇一六年大会の開催地を決定するIOCのコペンハーゲン総会には、立候補するすべての国の国家元首、国王などが居並んだ。オリンピックのもつ力、すなわち象徴的権力を示す顕著なシーンである。

（16） 日本の獲得メダル数は、金九、銀六、銅一〇の計二五個で、一九六四年の東京大会に並ぶ金メダル数を獲得した前回のアテネ大会の、金一六、銀九、銅一二の計三七個に及ばなかった。オリンピックにおけるメダル獲得数は各国におけるスポーツ振興策の指標となる。二〇〇〇年に出された「スポーツ振興基本計画」では、二〇一〇年までに三・五％のメダル獲得率（獲得メダル数／総メダル数）の実現が目標に掲げられた。なお、アテネ大会での日本のメダル獲得率は四・〇％、北京大会では二・六％となった。

（17） この点は商業主義とグローバリゼーションの展開が、逆にナショナリズムを必要とするという観点からも議論を進める必要がある（石坂、前掲「スポーツ・ナショナリズムの現代的特徴」七二ページ）。

（18） 一九八四年の冬季オリンピックを開催したサラエボを有する旧ユーゴスラビアは、スロベニア、クロアチアの独立をきっかけに内戦（ユーゴ紛争）に突入した。首都サラエボは独立を宣言したボスニア・ヘルツェゴビナに編入され、一九九二年からボスニア紛争が激化した。二〇万人以上が犠牲になったともいわれるこの内戦で、オリンピック競技施設の大半が破壊された。二〇一四年のＦＩＦＡ・Ｗ杯では、ボスニア・ヘルツェゴビナが独立後初出場したことで話題となった。

(19) 結城和香子『オリンピック物語――古代ギリシャから現代まで』中央公論新社、二〇〇四年、八九－九一ページ。

(20) 新ユーゴはユーゴの国名を使用せず、「独立チーム」の名称でオリンピック旗・オリンピック賛歌を使用して出場した。ただし、国連安保理制裁委員会によって、団体チームの参加は認められず、個人種目のみの出場となった。

(21) これに呼応するかたちで、スピードスケートで三冠を達成したノルウェーのヨハン・オラフ・コスが金メダルの報奨金を戦争被災国に寄付するなど、いくつかの動きがみられた。

(22) 国際連合広報センター・プレスリリース 08-041-J

(23)『朝日新聞』二〇〇八年八月九日付。

(24)『朝日新聞』二〇〇八年八月一七日付。

(25) 伝えられると書くのは、現地の調査レポートを含めてオープンな情報が伝わってこないことによる。グルジア紛争と同様に、一連の出来事をどの立場で読みとるかによってこの出来事に対する表現が変わらざるを得ない。ここでは中立なスタンスをとるため、あくまでも騒乱という表現を用いる。

(26) ここではマイケル・ダナム『中国はいかにチベットを侵略したか』（山際素男訳、講談社、二〇〇六年）を参照した。

(27)『読売新聞』二〇〇八年三月一六日付。

(28) 小笠原博毅「ボイコット」、清水諭編『オリンピック・スタディーズ――複数の経験・複数の政治』せりか書房、二〇〇四年、二三六ページ。

(29) 結果的に、北京大会の開会式を欠席したのは限られた首脳だけであった。あらかじめボイコットの意志を表明しての不参加はチェコのクラウス大統領、ポーランドのトゥスク首相など限られている。この他にカナダのハーパー首相、ドイツのメルケル首相が多忙を理由に出席を見合わせている。

(30) スーダンは二〇一一年にアメリカなどの支援を受けた南部が南スーダンとして独立を果たしているが、現在でも内戦の危機は続いている。

(31) 『読売新聞』二〇〇七年五月一一日付。

(32) これに先立ち、アメリカの女優でユニセフ親善大使もつとめているミア・ファローが、スピルバーグの文化芸術顧問就任を「ジェノサイド・オリンピック」と題した論稿で批判していた。ファローは、スピルバーグは「北京オリンピックのレニ・リーフェンシュタール」になりたいのかと続け、スーダン問題を棚上げする中国政府に対する氏の支援を厳しく非難した（"The Wall Street Journal," 二〇〇七年三月二八日付）。レニ・リーフェンシュタールとは、ヒトラーが指揮し、ドイツ民族の優秀性を世界に示すプロパガンダとして開催された一九三六年のベルリン大会の際に、記録映画『民族の祭典』、『美の祭典』を撮影した映画監督である。なお、スピルバーグの書簡に対して、中国政府は外務次官補をスーダンに派遣し、難民キャンプを視察するなど、最低限の対応は打ち出していた。

(33) 『読売新聞』二〇〇八年四月八日付。

(34) 『読売新聞』二〇〇八年四月一一日付。

(35) 各国のオリンピック委員会で組織する国内オリンピック委員会連合（ＡＮＯＣ）の会長バスケス・ラーニャは、ＩＯＣとの合同会議に提案する声明に当初盛り込んだ、「チベット地域の問題での対話と理解を通じた解決を中国政府に求める」の部分が、中国の内政干渉に当たるとして削除したことを明らかにしている（『読売新聞』二〇〇八年四月一一日付）。

(36) 劉傑「中国の再出発をもたらす北京オリンピック」『スポーツ社会学研究』第一七巻第二号、二〇〇九年、七ページ。

(37) 多木、前掲『スポーツを考える』、一八一ページ。

(38) オリンピックはいかなる政治的示威行動も認めていない。古くは一九六八年のメキシコ大会で、陸上男子二〇〇メートルのメダリストとなったトミー・スミスとジョン・カルロスが黒人差別への抗議行動を行い、オリンピックから追放されている。北京大会では、審判の判定に抗議の意味を込め、表彰式でメダルを置いて退場したレスリングのアラ・アブラハミアン（スウェーデン）が、メダル剝奪の上、失格処分になっている。

(39) 『読売新聞』二〇〇八年八月二五日付。

(40) 彼自身も参加する「チーム・ダルフール」と呼ばれるアスリートの連合体は、北京大会に合わせてダルフールの惨状を訴える行動を開始している。

(41) 小笠原、前掲「ボイコット」二四九ページ。

第八章　オリンピックレガシーの登場

これまでオリンピックをめぐるさまざまなゲームの展開を眺めてきた。戦後のオリンピックは先進国の主要都市が開催するばかりではなく、著しい成長段階に入った国家が先進国の仲間入りをアピールするために開催する、いわゆる「成長型」の大会という特徴をもっていた。オリンピックを取り巻く社会状況は刻々と変化してきたが、創始期に万国博覧会と比べて添え物的な役割しか与えられてこなかったオリンピックは、東西冷戦の緊張を体現する大会として政治的に絡め取られ、商業主義にひらかれてからは肥大する一途をたどっている。そこに近年、新たな変化が生じ始めている。オリンピックの五輪に表現されたすべての大陸での開催は依然として実現していない中で、グローバルな大都市による二回目、三回目のオリンピック招致立候補・開催が目立ち始めたのである。

オリンピックと開催都市の新たな関係

一九四〇年の「幻の東京オリンピック」を含めると三回目の開催権を獲得した東京に限らず、オリンピック開催を目指す都市の数は近年急増している。例えば、二〇二〇年の開催をめぐっては東京に加えてイスタンブール、マドリード、ドーハ、バクーの五都市、二〇一六年大会はリオデジャネイロの他にマドリード、東京、シカゴ、プラハ、ドーハ、バクーの七都市、二〇一二年大会はロンドンの他にパリ、マドリード、ニューヨーク、モスクワ、リオデジャネイロ、イスタンブール、ハバナ、ライプツィヒの九都市が立候補していた（第六章図2）。開催権を勝ちとったロンドン、東京をはじめとして、パリやニューヨークなど大都市が含まれているのが特徴である。この傾向は二〇二四年大会からがらっと変化をきたすことになるが、このことは次章で論じる。

都市社会学者の町村敬志は、メガイベントの地政学とも呼ぶべき、オリンピック開催・立候補地の地理的傾向があるとし、都市・国の開催動機に焦点化した論考で以下のように分析した[1]。一九六〇年ローマ大会以降の夏季大会開催国に関して、一人当たりGDPの対米国比率をまとめ、二割国型、六割国型、一〇割国型の首都／非首都という類型化を行うと、「二割国型の首都」（新興国）による国家的祭典としての大会開催、「六割国型の非首都」による経済発展を遂げた国の第二位都市の開催、「一〇割国型の非首都」（先進国）によるシティ・セールスを目指す開催、という三つのタイプが見られるという。冒頭に述べたように、これまで新興国が経済成長を遂げ、国威発揚の手段として開催してきたオリンピックは、二〇一二年ロンドン大会をはじめとしてグローバル都市による新たな大会開催の特徴を見せている。

町村は都市の将来をオリンピックのような乏しい想像力においてしか描き出せないとすれば、それは不毛を越えてきわめて危険なことだと手厳しい。スポーツ・メガイベントが巨大開発を正当化し、多くの問題を括弧に入れて「思考停止」させるイデオロギー的力をもちうることはよく知られているが、東京大会の招致過程を見るとこの流れはより加速していると言わざるをえない。

ではなぜオリンピックというスポーツ・メガイベントに多くの都市、しかも世界的に有名な大都市が引きつけられるようになったのであろうか。一般的には商業主義にひらかれた一九八四年のロサンゼルス大会を起点として、黒字を生み出すオリンピックの重要性が高まったためと説明されることが多い。第六章で示してきたように、実際は開催都市に多額の負担をかけつつも、黒字を生み出すという言説の流布が開催立候補都市を増やすことに貢献してきた。表向きとは異なり、大会規模、開催費用は予算を超過し、都市への負担は年々増加しているにもかかわらず、都市はオリンピックに何を期待しているのだろうか。そのもっとも明確な答えがロンドン大会で強調された都市開発／再開発の正当化である。[2]

ただし、ロンドンやニューヨーク、パリ、東京をはじめとして、代表的なグローバル都市群がなぜオリンピックに再び引き寄せられていくのかについては以上の説明では不十分である。そこに町村はグローバル都市と国家との連携を読み取る。すなわち、国家の規制からの相対的な自由を目指してきた「世界都市」が、ここにきて再び国家による領域形成の力に遭遇していると言うのである。[3]

このことは近年のオリンピック開催都市と国家のスポーツ政策の関連性をみれば明確である。例えば、二〇一〇年冬季バンクーバー大会では、カナダが「表彰台を独占せよ」という標語を掲げ、金メダル一四個を獲得して金メダル獲得数一位になった。ロンドン大会ではイギリスがさまざまなスポーツ政策を積み上げ、アメリカ、中国に次いで三位に浮上した。[4] また、東京大会開催が決まって以降、日本でも強化費の大幅増がうたわれている。このようにメダル獲得の意味が十分に問われないままに、再び冷戦時代に舞い戻ったかのような国家間競争の片棒を担いでいるのが近年のオリンピックをめぐる特徴である。二〇一六年のロシアによる組織的なドーピング違反はその線上にある。以上の都市と国家の関係性の変容に加えて、本章ではそれを媒介するものとして、IOCのレガシー戦略が関係していることを示していきたい。

アトランタオリンピックの失望

商業主義的なオリンピックの形態が定着し始めたとされる一九八八年のソウル大会は、ロサンゼルス大会が開催された八四年時には開催地が決まっていた。日本では名古屋が落選したことで知られるこの大会だが、IOCが開催都市にソウルを選定したのは一九八一年にさかのぼる。このため、立候補時点でロサンゼルス型のオリンピック、すなわち放映権料の高騰や商業主義による財政的恩恵を受けられることはあまり勘案されていなかったと言える。[5] ソウルが目指していたのはまぎれもなく「成長型」のオリンピックであった。

続く一九九二年バルセロナ大会、一九九六年アトランタ大会が、都市セールスの一環としてオリンピックを開催しようとする傾向の始まりと言える。オリンピックは四年に一度、夏季・冬季大会が同年に開催されていたが、夏季・冬季大会を交互に二年おきに開催する措置がとられたのが、一九九四年に開催された冬季リレハンメル大会からであった。このことは参加国が限定され、どうしても人気が偏る冬季大会を夏季大会と分離することで、オリンピックが短いサイクルで開催される効果に期待し、テレビ放映権を二大会のセット販売とすることで価値を高めるＩＯＣの戦略であった。

バルセロナ大会の売りは、必要な競技施設の八八％がすでに整備されているということで、スポーツ施設の建設費は総支出の二〇％未満にとどまるというものだった。代わりに、多くの費用が都市開発に向けられることになった。この大会は経済的にはあまりうまくいかず、計画よりも大幅なコスト増を招いたばかりか、大会後の失業率、事業税上昇をもたらしたにもかかわらず、バルセロナにおける広範囲にわたる再開発のインパクトによって、よりポジティブに評価されることが多い（第六章）。なぜなら、この大会はオリンピックを意識的に、かつ長期にわたる成長戦略として展開した成果としてとらえられ、一九七六年モントリオール大会の瓦解後一六年にして、オリンピック開催都市の命運に重大な変化をもたらした大会と言われるからである(6)。

一方で、ＩＯＣとオリンピック開催都市の関係を根幹から揺さぶったのがアトランタ大会である。この大会は一八九六年に第一回の近代オリンピックがアテネで開催されてからちょうど一〇〇周年の記念大会であった。アテネへと再び戻ることが予想されたにもかかわらず、結果として招致を勝ち取ったのはアメリカのアトランタであったことはすでに述べたが、オリンピックと商業主義、都市の関係が新たなフェーズに入ったことを高らかに宣言するものだったと言える。

アトランタ大会は大会運営に公的資金を一切使わず、放映権料とスポンサーシップなどの財源をもとに開催された民活オリンピックである(7)。したがって、組織運営も民間のコンソーシアムがビジネス的な関心から請け負うことになった。ただし、政府がインフラ、住宅供給、セキュリティにおよそ一〇億ドルを費やしたことでも知られ、オリンピック会場の近隣は美化され、施設を結ぶ中央通りとペデストリアンが改良されるなど、公私の対比が鮮やかな大会でもあった。(8) 多くの施設が既存のものを使用し、八万五千人収容のオリンピックスタジアムは大会終了後改修され、四万七千人収容のアトランタブレーブス（メジャーリーグ・ベースボール）のホーム球場となった。

競技施設に向けられたアトランタのポリシーは大会後の使用を見据えた現実的な視点から貫徹され、開催都市が高価で利用されない施設の責任を負わされることがなかったという意味で評価できる。開催後を見据えたコンパクトな大会運営は一つの理想を提示したようにも見える。しかしながらIOCによる大会評価は真逆のものとなってあらわれた。アトランタ大会は「近代オリンピックの世紀を記しづけるゲーム」以上の価値を求めていた人々を失望させたと言うのである。(9)

その失望の要因とされたのが関連施設の都心への集中にあり、そこで発生した渋滞によって、アスリート、オフィシャル、観客は施設にたどり着くことが困難になった。また、リザルトサービスの繰り返されるシステムダウン、オフィシャルの傲慢さ、プレスとの良好とは言えない関係、アンブッシュマーケティングと呼ばれる認定されていない多数の街頭行商人の出現、アグレッシブなスポンサーシップ、見境のない商業主義が近代的かつ効果的なイベントを開催するというアトランタの願いを台無しにしたとまで評される。(10) この失望は当時のIOC会長サマランチによっても間接的に表明された。IOC会長が開催都市を賞賛するために、閉会式で述べることが慣例化していた「これまでで最高の大会」という表現は省略され、代わりに「この記念大会は、統一感という意味で、実にもっとも例外的な大会であった」という表現に置き換わった。この大会を契機に、IOC

は二度と完全なる民間運営組織に大会開催を任せないことにしたとされる[11]。

このことは一九九〇年代からオリンピックの中心的テーマの一つになりつつあった環境的な持続可能性と商業主義の両立可能性が、二〇〇〇年シドニー大会以降重要な位置を与えられてくることを意味した[12]。すなわち、大会後の持続可能性を強調すれば不必要な施設を建設することは抑制される一方で、民間の市場に大きく依存した大会運営が求められるため、ＩＯＣにとっては必ずしも期待通りの大会が生み出せないというジレンマを招くのである。

また、二〇〇二年のソルトレークシティ大会招致に関して、ＩＯＣ委員の買収がなされていたとする一大スキャンダルが発覚し、オリンピックのイメージが失墜し始めていた。ＩＯＣはこの難題を解決するために、レガシーによるブランディング戦略を展開することになる。

オリンピックレガシーの創造

近年オリンピック開催におけるレガシーという言葉の重要性が高まっている。開催立候補都市がＩＯＣに提出する招致ファイル（Bid File）に、レガシーという語句がはじめて登場するのは一九五六年メルボルン大会で、ロサンゼルス大会、一九八八年冬季カルガリーオリンピックを経て頻出するようになったとされる[13]。レガシーはロサンゼルス大会以降特に、「スポーツ、都市再生、環境要素からなる広範なパッケージ」を表現する言葉となったのである[14]。

二〇〇二年にＩＯＣが主催したシンポジウムにおいて、レガシーは「建築、都市計画、都市マーケティング、スポーツインフラ、経済開発と観光開発、……無形のレガシー……観念や文化的価値、

（ジェンダー、エスニシティ、身体活動にもとづく）知的で排他的でない経験、大衆的記憶、教育、アーカイブ、努力の結集、ボランタリズム、ニュースポーツの実践家、グローバルな規模の評判、経験やノウハウなど。開催都市、地域、国ばかりではなく、アスリート、観衆、オリンピックムーブメントと社会が総じて影響を与えながら、これら無形のレガシーが有形なレガシーの推進力となり、オリンピックの長期にわたるレガシーを発展させる」とまで拡大された。[15]

これを受けた二〇〇三年のＩＯＣ総会では、オリンピック憲章に「オリンピック大会から開催都市・国家に至るまで、ポジティブなレガシーを推進する」とするレガシー項目が追加された。これはオリンピックの価値を追求しつつ、すでにどこかの都市が作成した開催スキームを一から作り出す無駄、いわゆる「車輪の再発明」を防ぎ、コスト増加を抑制する目的でつくられた「オリンピック・ゲームズ・スタディー・コミッション」の提案によって実現された。これまで環境的次元にとどまっていたオリンピックの持続可能な発展が、より一般的な「オリンピックレガシー」というテーマに拡張されたのである。[16]

これに合わせて、ＩＯＣが招致立候補都市に要求する質問票の改訂が行われた。[17]すでに二〇〇八年大会には「国、地域、立候補都市の特徴」（テーマ一）から始まる一八テーマ一四九の質問からなる質問票が提示され、立候補都市に回答が義務づけられていたが、二〇一二年大会からは「オリンピックゲームのコンセプトとレガシー」（テーマ一）から始まる質問票が提示された。そしてそこにつけ加わったのが、「オリンピックのビジョンが自都市／地域の長期計画とどれだけ適合しているのか」（質問一・三）という項目であり、都市計画との符合、レガシーの増加・位置づけが強く意識されている。したがって、ロンドン大会はレガシーの積極的位置づけが適用された最初の大会である。[18]このことから、都市と政府は大会の保証人としてオリンピック開催に向き合い、計画を実行に移さなければならなくなった。これはロサンゼルス大会を起点とした商業主義オリンピックからの明確なコンセプト転換と考えられる。

都市や政府の保証がオリンピック開催都市を決定するための立候補ファイル（Candidate File）に位置づけられたことには特に注目する必要がある。すなわち、立候補都市がオリンピック開催とレガシーをどのように自らの都市計画に位置づけているのかが、まさに招致成功の試金石となったからである。[19]先に示したように、レガシーは有形なものから無形なものまで、実に多様性を伴ったマジックワードになりつつある。加えて、積極的なレガシーを競い合うため、当然ながらネガティブなレガシーは列挙されることはない。こうしてＩＯＣが望む利益のパッケージを前に「レガシーが肯定的評価に埋め尽くされていく」のである。[20]

しかしながら、競技場の後利用に代表されるように、オリンピックの遺産は「負の遺産」を生み出しもする。レガシーがオリンピックの重要な存在理由になりつつあるにもかかわらず、大会開催後の評価・検証は十分に行われていないことが現在の大きな問題である。[21]この問題は東京大会にひきつけて、次章で改めて論じることにしよう。

以上のように定位してきたレガシーがロンドン大会で具体的にどのような中身を指すに至ったのか、立候補ファイル、政策文書などを史料として確認していこう。[22]まずロンドンがＩＯＣに提出した『立候補都市選出のための質問票に対する回答』をみると、ロンドンオリンピック開催の目的は

「真の、長く続くレガシー」をつくり出すことと明確に記述されていることがわかる。そこでは数万人の新規雇用、持続的な新築住宅、新しいスポーツ競技施設、その他の施設をつくり出すことが記され、スポーツ、競技施設からインフラ、環境にいたるまで、すべての地域にまたがる巨大で実体的なものがレガシーとされている[23]。

さらに全ての競技施設の選考が「持続可能な発展の原則」に従い、スポーツとローカル・コミュニティ両方に必要とされるレガシーによって推進され、それぞれの施設は十分に計画され、適切なコスト計算をされた大会後の使用を勘案して選ばれたとされる[24]。ここからは大会開催後の施設利用に配慮したメッセージが読みとれる。

ＩＯＣの一次評価を受けて、候補都市の一つに選定されたロンドンが作成した立候補ファイルでは、レガシーの中身がより具体化されて提示されている[25]。そこではロンドンのオリンピック開催によってイギリスのスポーツレガシーが生み出されることが特に強調され、若い世代のスポーツ活動を刺激すること、エリート選手のための「ロンドンオリンピック機構」（The London Olympic Institute）の創設がうたわれた。そして最も重要なレガシーとして、ロンドン東部のロウアー・リー・バリーに住まう全ての人々に直接的な恩恵をもたらすコミュニティの再生が掲げられている。

ロンドンの立候補ファイルが掲げたレガシーは大きく四つに分類される。第一に、「ロンドンオリンピック機構」の整備をはじめとしたスポーツレガシー。これはすべてのレベルのスポーツ活動へのアクセスを可能にし、スポーツ、文化、環境をブレンドすることが目指されている、もっとも基本的なレガシーである。

第二に、スポーツはコミュニティ形成に欠かすことができないとする認識から導かれるコミュニティーレガシー。オリンピックビレッジに建設される三六〇〇の住宅をはじめとして、ロンドンの最も貧しく、不利に置かれた地域へのアクセスを容易にし、そこに住まう住民を包摂するなどの重要な目標を立ててコミュニティ形成を促進すること。また、障害者にとって利用しやすい施設の建設や東ロンドンへの豊かな遺産の構築、産業創設といった新しい機会や施設の提供を通じて当該地域への文化的活動をより強固に、かつ豊かにすることがあげられる。

第三に、オリンピックパークをハイクオリティな環境の創造に向ける環境レガシーである。緑地の拡大と持続可能なツーリズムを促進し、ローカルな生物多様性と湿地の保護、空気、土壌、水質を改善することなどが掲げられ、「一つの地球・オリンピックゲームズ」の実現が提唱される。

第四に、全ての経済セクターが恩恵を受けるとした経済レガシーである。上記のオリンピックパーク・エリアにおけるレガシー開発は建設産業単独で七千人ものフルタイムジョブを生みだし、関連する仕事需要は一万二千人を見込んでいる。また、広範囲にわたる雇用機会の創出と、高い失業率にあえぐ地域における地元労働力の教育、スキルや知識の改善をもたらす最も大きなレガシーとして期待されている。

以上のような美辞麗句に彩られたレガシーはさまざまなスポーツ政策文書に織り込まれ、その頻度を高めていく。イギリスはスポーツ政策文書を体系的に発表する国として有名であるが、中でも、オリンピックレガシーの重要性が年々増していくことはさまざまな文書から確認できる。例えば、文化・メディア・スポーツ省（DCMS: the Department for Culture, Media and Sport）が二〇〇八年に発表した『レガシー・アクションプラン』（Before, During and After: Making the Most of the London 2012 Games）では、レガシーは以下のように定義されている。

レガシーの意味すること……大会後に起こることだけではなく、大会前、大会開催中に私たちが行うことをも指す。それはベストを尽くし、新しい活動に挑戦し、新しいつながりをつくりだし、新しい技術を発展させるように個々人と諸組織を駆り立てる何かを行うことである。……既存のプログラムに加えて、ロンドン大会に触発されたチャリティー＝「レガシー・トラスト・UK」（Legacy Trust UK）をつくりだす。そのミッションは、イギリス国内のコミュニティーがロンドン大会に加わることを保証するためにスポーツと文化的活動を利用すること、大会後に持続可能なレガシーを生み出すことである。[26]

そして、『二〇一二年に向けた私たちの約束』（Our Promise for 2012）[27]に記された五つの約束＝「レガシー・アンビション」（Legacy ambition）を実現するために第一歩を踏み出すとされる。[28]この五つの約束とは以下の通りである。イギリスを世界をリードするスポーツ国にすること／イーストロンドンの中心を変貌させること／若い世代を鼓舞すること／オリンピックパークを持続可能な居住区のための青写真とすること／イギリスが住んだり、訪れたり、ビジネスをするのに創造的で、包摂的で、友好的な場所であることを証明すること。二〇〇九年には障害をもった人びとのために機会や選択を増やすこと、という約束が追加された。

さらにDCMSが出した二〇一〇年の政策文書『二〇一二年オリンピック・パラリンピック大会のレガシープラン』(Plans for the Legacy from the 2012 Olympic and Paralympic Games)[29]では、そもそもタイトル自体がレガシープランと銘打っているように、レガシーのインフレーションとでも呼ぶべき拡張が起こっている。ここでレガシーとして記述された主なものを拾ってみると、若者のためのスポーツレガシー、大衆参加型レガシー(the mass participation legacy)、経済成長によってもたされるエコノミックレガシー、ツーリズムレガシー、外交政策に資する有形の国際的レガシー、ハードな経済的成果に対して、他国との有力な関係を築く「ソフトパワー」レガシー、オリンピック施設からの有形のレガシープランなどである。

この中でレガシーとはイギリス政府によって計画されたものであるが、ゲームのレガシーは国を超えて推進されるものとされ、「全ての社会が参加できるプロジェクトであり、ロンドン大会が地元住民に何を意味するのかについて定義する機会を提供する」ものと広く定義される[30]。このソーシャル・アクションへの焦点化は、凝集性のある、積極的なコミュニティが「大きな社会」をつくり出す上で支えとなる、正真正銘のレガシーであるとまで定義されるのである[31]。またこの文書全体を通して、オリンピックによって生み出されるものすべてにレガシーという言葉が適用され、拡張されていく流れが確認できる。

オリンピックゲームズ・インパクトスタディ

以上のようなオリンピック招致立候補都市によるレガシーの創造と再定義を通じたブランド戦略

をより確実にし、持続可能な大規模開発の正当性を主張するために、ＩＯＣは二〇〇一年から地域大学と専門家のネットワークを用いて、評価のための方法論的枠組みと計測可能な指標の選択に取り組んできた[32]。それが「オリンピックゲームズ・グローバルインパクト」（OGGI: Olympic Games Global Impact）、二〇〇七年より名称を変えた「オリンピックゲームズ・インパクトスタディ」（OGIS: Olympic Games Impact Study）である。これはオリンピックの持続可能な発展と開催都市の社会的責任を明確にするため、ＩＯＣが立候補都市に義務づけたプロジェクトである。その目的をＩＯＣは以下の三点から説明している。第一に、オリンピック大会のグローバル・インパクトを計測すること。第二に、将来の全てのオリンピック大会に向けた比較可能な基準をつくり出すこと。第三に、招致都市や将来の組織がオリンピック大会の恩恵を最大化するように、潜在的なレガシーを明らかにすることである。このＯＧＩＳが適用されたのは二〇一〇年冬季バンクーバーオリンピックからで、夏季大会としてはロンドンが初適用となった。

二〇〇七年六月、ＩＯＣは「ＯＧＩ技術マニュアル」（OGI Technical Manual）を発行した[33]。ＯＧＩは経済的、社会文化的、環境的な持続発展という三領域にまたがる一二〇の定義された指標からなり、オリンピック大会開催の結果を観察する。さらにその指標はコンテクスト指標とイベント指標に分類され、開催が決定する二年前から、開催後三年までの最大一二年間のデータを採取する。ロンドン大会の場合二〇〇三年から二〇一五年がそれにあたる[34]。

ロンドン大会のプレ報告はＤＣＭＳに権限委託されたステークホルダーである PricewaterhouseCoopers（PwC）が、ＯＧＩＳの取り組みとして国家・地域・ローカルなインパクトの分析・評価を複数領域／複数基準にわたって実施している[35]。そこに掲げられた目的は第一に、大会を開催することの潜在的な恩恵をより理解すること。第二に、その恩恵を語るステークホルダーが用いることのできる一貫したデータ／情報を（可能な限り）提供すること。第三に、その潜在的な恩恵を伝えるための戦略／アクションプランの発展に寄与すること。第四に、その潜在的恩恵を最大にするためのロンドンのコミットメントをＩＯＣに示すことである。

それら持続可能な発展のための評価枠組みは経済的／社会的／環境的インパクトの三つから構成され、それぞれに項目の説明とインパクトが付加されている。加えて、イギリス全体／ロンドン／北東ロンドンという三つの地勢、二〇一二年まで／オリンピック開催期／オリンピック開催後（二〇二〇年まで）という三つの期間が潜在的なインパクトとして勘案されている。

この報告書は結論として、オリンピックがイングランドで最もないがしろにされてきた地域に焦点を当てるものであることや、各要因の指標分析から潜在的インパクトが評価できるとしている。例えば、経済的インパクトではオリンピックがイギリスのＧＤＰ（二〇〇五‐二〇一六年）を一九億ポンド上昇させる見込みであり、それらがロンドン以外の地域にも波及すること、最も経済的インパクトが大きいのがロンドンでは大会準備の建設期であるのに対して、イギリス全体では大会開催期に高まることなどが示されている。社会的インパクトとしては、ロンドンの最も貧しい地域に三万八千人ものフルタイムジョブを創出すること、この雇用機会の創出が社会的統合や協働を促進し、結果として犯罪率の低下やコミュニティの健康増進に良い影響を及ぼすことなどが記されている。環境的インパクトとしては、建設段階でいくつかのネガティブな指標が生み出されるものの、土地や水質、大気をはじめとする各指標でポジティブな効果が期待されると結んだ。

これに続く二〇一〇年までのプレ・ゲームズレポートは『オリンピックゲームズ・インパクトスタディ——ロンドン二〇一二プレ・ゲームリポート』(Olympic Games Impact Study: London 2012 Pre-Games Report)[36]と題して、経済社会研究会議(ESRC: the Economic and Social Research Council)の委託を受けた東ロンドン大学とTGIfS(Thames Gateway Institute for Sustainability)によって作成された。委託の形式をとるのは、政治的かつ商業的圧力から自由な独立的組織によって担われる必要があるためである。

このプレ・ゲームズレポートは国(イギリス)/地域(大ロンドン市)/都市の三領域に加えて、都市にローカル(開催自治区)/サイト(施設)/プログラムという下位領域を設定し、既存のデータ・ソースから分析される一一の環境指標、二三の社会‐文化指標、二二の経済指標から構成されている。

例えば環境指標では水質、温室効果ガス排出量などがそれぞれの地域から算出され、大会との関連性について高(一)・中(〇・五)・低(ゼロ)のように数値化されている。社会‐文化指標では貧困と社会的排除、教育レベル、犯罪率、健康、スポーツと身体活動などが、経済指標では雇用、空港交通、ホテルの値段、公債、競技施設などが数値化されている。これらが二〇一五年の最終レポートで比較評価されることになるのである。

以上の指標による評価は一見単純明快であり、一つの開催都市の変化にとどまらず他都市との比較をも可能にすることから、有用な指標であるように感じられる。しかしながら、イギリスのスポーツ政策の専門家であるアラン・ベアナーが示唆するように、ロンドン大会におけるレガシーの中身は判然としない[37]。オリンピックが地域・都市に何をもたらす／したのかについては、現地調査を含めた数字に表れないレガシーについての検証が必要である。また、レガシーの評価基準は、例えば競技場利用者にとってはポジティブであっても、それを利用しない地域住民にとっては施設維持費が税金から捻出されるという意味でネガティブに転換するように、それが誰にとって重要かという視点を入れたとき、ポジティブ／ネガティブの両方になりうる難しさをもっている[38]。

「レガシーの創造」とオリンピック正当化の論理――ロンドンから東京へ

東京大会も、レガシーの創造と評価においてはロンドンと同様の文脈に乗っている。ロンドン大会がそうであったように、東京でもレガシーという名のもとに、すべての計画が位置づけられていくことになるだろう。そのことを批判的に検証するには、そもそもレガシーとは何かという問いを発し続ける必要がある。また、冒頭に示したオリンピックとグローバル都市、そして都市計画との符合という意味では、東京都が二〇一一年に策定した『二〇二〇年の東京』の中に都市開発／再開発のねらいが明確に見てとれる[39]。東京大会はオリンピックである以上に都市開発の手段そのものである。このことは次章で論じることにしよう。

ここまで見てきたように、商業主義と持続可能性のはざまで揺れ動いたＩＯＣは、開催都市によるレガシーの創造・構築を通じたブランド戦略を展開してきた。その結果、これまで意味をもちえていなかったレガシーという言葉に特殊な息吹が与えられた[40]。これにともない、すでに開催されたオリンピックについてもレガシーという概念を通して再検証する作業が始まっている。[41] 多くのオリンピック研究がオリンピックの遺産（Heritage）をレガシーと置き換えて使用している。このことはオリンピックレガシーの強化に無意識的に荷担していることになるとは言えないだろうか。[42]

ここで再びエリック・ホブズボウムが示した「創られた伝統」の概念を呼び戻そう（第一章）。IOCによって価値づけられたレガシーという言葉が、開催立候補都市をポジティブな概念のみにしばり付けるばかりか、過去のオリンピックですら、この概念のもとに再考させる様相は、まさに「レガシーの創造」として理解できるであろう。これまでオリンピックを論じる際にそれほど強調されてこなかったポジティブな遺産が、レガシーとして次々生み出され拡張を続けていくのである。私たちはまさにオリンピックの伝統が新たに創造されている地点にいる。

このことはIOCの戦略にとどまらず、グローバルな大都市における都市開発／再開発に正当性を与えるという意味で、両者は強力なパートナーシップを築いている。ロンドンは招致に先立ち東ロンドンの再開発を前面に掲げ、もはや「市場の力だけでは十分ではない段階に到達した地域の、経済的、社会的、物理的衰退を逆行させる全体論的なプロセス」であるべきだとの見解を打ち出し、それこそがオリンピックを招致する目的であると主張していた。[43] オリンピックの手段化以外の何ものでもないが、それが雇用とビジネス機会の向上、居住地の魅力の向上、パブリックサービスの向上という幅広い目標に向けられたとき、批判はいとも簡単に打ち消されていくのである。レガシーそのものは批判されるべきものではないが、すべてがポジティブなものとして組み立てられていく過程や指標、中身については、そのメカニズムを含めて批判的に考察しなければならない。なぜなら、このレガシーはオリンピックが生み出すネガティブな側面を覆い隠すからである。オリンピックの価値、手段的効用が高まれば高まるほど、都市、国家によるオリンピック重視の傾向は強くなり、そのことがひいてはオリンピックの威信を高め、オリンピックのレガシーを強化することにつながるのである。すなわち、オリンピック開催の正当化論理が都市開発／再開発論理の正当化を生み、それがまたオリンピックの強化につながっていく回路が開かれたのである。

本章はオリンピックが商業主義に開かれた帰結としてレガシー戦略を生み出したのではなく、それに対する警戒から生み出されたということ、さらにはレガシー戦略がグローバルな大都市を引きつけ、協働＝共犯関係を築いていることを示してきた。これまでの開催都市を規定してきたと考えられる、「成長型」オリンピックからの逸脱＝大義なき開発としてグローバル都市の動向を批判的にとらえるのではなく、オリンピックとの関係性はあらたな段階に突入したことを認識すべきである。オリンピックがつくりだす象徴的権力はますます絶大になっている。その意味で、ロンドン発のレガシー戦略が東京にどのように継承されていくのか、慎重に見極めていく必要があるだろう。

(1) 町村敬志「メガ・イベントと都市空間——第二ラウンドの『東京オリンピック』の歴史的意味を考える」『スポーツ社会学研究』第一五巻、二〇〇七年、三‐一六ページ。
(2) この点に関して町村は都市社会学の観点から四つの仮説を提示している（町村、前掲「メガ・イベントと都市空間」一〇ページ）。この他にエドワード・ソジャの都市再編理論から論じた Hiller, Harry H., "Post-event

Outcomes and the Post-modern Turn: The Olympics and Urban Transformations," *European Sport Management Quarterly*, Vol. 6, Issue 4, 2006, pp. 317-332, 近代化とグローバリゼーション理論に定位した Roche, Maurice, "Mega-events and Modernity Revisited: Globalization and the Case of the Olympics," John Horne and Wolfram Manzenreiter eds., *Sports Mega-events: Social Scientific Analyses of a Global Phenomenon*, Blackwell Publishing, 2006, pp. 27-40. などがある。

（3） 町村、前掲「メガ・イベントと都市空間」一二ページ。

（4） 二〇一六年リオ大会では二位にまでなった。イギリスのスポーツ政策と国家政策、ナショナリズムの連関に関しては金子史弥「二〇一二年ロンドンオリンピックにみるナショナリズム――スポーツの「国家戦略」化と「多民族国家」をめぐる表象に着目して」（石坂友司・小澤考人編『オリンピックが生み出す愛国心――スポーツ・ナショナリズムへの視点』かもがわ出版、二〇一五年、一八七-二一五ページ）を参照。

（5） Gold, John R. and Margaret M. Gold, "From A to B: The Summer Olympics, 1896-2008," John R. Gold and Margaret M. Gold eds., *Olympic Cities*, 2nd ed., Routledge, 2011, p. 43.

（6） Ibid., pp. 45-46.

（7） 須田泰明『三七億人のテレビンピック――巨額放映権と巨大五輪の真実』創文企画、二〇〇二年、一一六ページ。

（8） Gold and Gold, "From A to B," op.cit., p. 46.

（9） Ibid., p. 47.

（10） この大会は貧しい住民が排除され裕福な住民と入れ替わる、いわゆるジェントリフィケーションが際だって見られた大会としても特徴づけられる。

（11） Whitelegg, Drew, "Going for Gold: Atlanta's Bid for Fame," *International Journal of Urban and Regional Research*, Vol. 24, Issue 4, 2000, pp. 801-817, 及び Poynter, Gavin and Iain MacRury eds., *Olympic Cities: 2012 and the Remaking of London*, Ashgate, 2009.

(12) Coaffee, Jon, "Urban Regeneration and Renewal," Gold and Gold eds., *Olympic Cities*, op.cit., p. 189.

(13) McIntosh, Martha J., "The Olympic Bid Process as the Starting Point of the Legacy Development," Miquel de Moragas, Christopher Kennett and Nuria Puig eds., *The Legacy of the Olympic Games 1984-2000*, International Olympic Committee, 2003, p. 450.

(14) Gold and Gold, "From A to B," op.cit., p. 4.

(15) Moragas, Kennett and Puig eds., *The Legacy of the Olympic Games 1984-2000*, op.cit., p. 492.

(16) Olympic Games Study Commission, *Interim Repport to the 114th IOC Session*, IOC, 2002, p. 26.

(17) すでに一九九二年から「オリンピック招致都市のためのマニュアル」(Mnnual for the Cities Bidding for the Olympic Games) が二〇〇〇年大会の招致に向けて導入されていた。これは過去の立候補都市のドキュメント検証を行うことで、IOCが望む定型化された方法論、思想、夢を後続都市がなぞることを可能にした(McIntosh, "The Olympic Bid Process as the Starting Point of the Legacy Development," op.cit., p. 455.)。

(18) 二〇一二年大会の招致に立候補した各都市の立候補ファイルにレガシーがどのように記述されていたのかを比較したものとして、荒牧亜衣「第三〇回オリンピック競技大会招致関連資料からみるオリンピック・レガシー」(『体育学研究』第五八巻第一号、二〇一三年、一－一七ページ)がある。荒牧によればIOCのレガシーをめぐる位置づけは、過去の評価から、招致を目指した将来を志向するものに変更されてきている。

(19) Kassens-Noor, Eva, *Planning Olympic Legacies: Transport Dreams and Urban Realities*, Routledge, 2012, p. 84.

(20) Hiller, Harry H., "Toward a Science of Olympic Outcomes: The Urban Legacy," Moragas, Kennett and Puig eds., *The Legacy of the Olympic Games 1984-2000*, op. cit., p. 106; Cashman, Richard, *The Bitter-sweet Awakening: The Legacy of the Sydney 2000 Olympic Games*, Walla Walla Press, 2006, p. 15.

(21) オリンピックの遺産がどのようにしてIOCの望む〈レガシー〉に変貌するのか、その問題を問う方法論的枠組みについては石坂友司・松林秀樹「オリンピックとスポーツ・メガイベントの社会学」(石坂友司・松林秀樹編『〈オリンピックの遺産〉の社会学——長野オリンピックとその後の一〇年』青弓社、二〇一三年、七－三二ページ）参照。近年ＩＯＣが義務づけたＯＧＩ（Olympic Games Impact Study）はその問題を解消する一つの戦略だが、それについては後述する。

(22) ロンドンのオリンピックレガシーが、さまざまな政策文書の中で地域スポーツとも結びついているという分析は金子、前掲「二〇一二年ロンドンオリンピックにみるナショナリズム」を参照。

(23) London 2012 Ltd., *London 2012 Response to the Questionnaire for Cities Applying to Become Candidate Cities to Host the Games of the XXX Olympiad and the Paralympic Games in 2012*, 2004, pp. 1–2.

(24) Ibid., p. 10.

(25) London 2012 Olympic Games bid committee, *London 2012 Candidate File Vol. 1: Olympic Games Concept and Legacy*, 2005.

(26) DCMS, *Before, During and After: Making the Most of the London 2012 Games*, 2008, p. 8.

(27) DCMS, *Our Promise for 2012*, 2007.

(28) DCMS, *Before, During and After*, op.cit., p. 3.

(29) DCMS, *Plans for the Legacy from the 2012 Olympic and Paralympic Games*, 2010.

(30) Ibid., p. 9.

(31) Ibid., p. 8.

(32) IOC, *2012 Candidature Procedure and Questionnare*, 2004, p. 14.

(33) ESRC, *Olympic Games Impact Study: London 2012 Pre-Games Report*, 2010, p. 6.

(34) 報告書にも指摘があるように、契約上の制限は大会後三年で終了することから、真の意味での持続可能な開発の指標となり得ているのかについては今後検討する余地を残している。

(35) PricewaterhouseCoopers, *Olympic Games Impact Study Final Report*, 2005.

(36) ESRC, *Olympic Games Impact Study: London 2012 Pre-Games Report*, op.cit.

(37) アラン・ベアナー「政治、イギリス人、そしてオリンピック大会」金子史弥訳、小澤考人編『ロンドンオリンピックの「レガシー」に関する社会学的研究——都市・スポーツ・観光政策との関わりを中心として』東海大学観光学部研究成果報告書、二〇一四年、一五-二六ページ。

(38) Evans, Graeme, "London 2012," Gold and Gold eds., *Olympic Cities*, op.cit., pp. 359-389, 及び石坂・松林編、前掲『〈オリンピックの遺産〉の社会学』を参照。

(39) 東京都『二〇二〇年の東京——大震災を乗り越え、日本の再生を牽引する』二〇一一年。

(40) Commission for a Sustainable London 2012, *Assuring a Legacy: Promises, Progress and Potential*, 2012.

(41) Olympic Studies Centre, *Olympic Games: Legacies and Impacts*, IOC, 2013, 及び、間野義之『オリンピック・レガシー——二〇二〇年東京をこう変える!』(ポプラ社、二〇一三年、二三ページ)を参照。

(42) 石坂・松林編、前掲『〈オリンピックの遺産〉の社会学』、及び Hiller, "Toward a Science of Olympic Outcomes," op.cit. を参照。

(43) Evans, "London 2012," op.cit., p. 360.

第九章　二〇二〇年東京オリンピックの行方

これまでパワー・ゲーム、コマーシャル・ゲームという側面を中心にしながら、オリンピックの歴史と社会の変化をひもといてきた。クーベルタンが生み出したオリンピックは、拡張と危機、変化と新しい価値の創造をくり返しながら成長し、メガイベントとなった。そうして迎えた二〇一三年、ジャック・ロゲIOC会長（当時）の「TOKYO」の声で、三度目となる東京大会の招致が決まった。投票前最後のプレゼンで有名となった言葉は「お・も・て・な・し」と「Under Control」であろうが、これらは大会招致の方便として発言されたことが現在においてもなお問い続けられている。

オリンピックはパラリンピックと一体化し、新たな価値を含み込みながら拡大を続けている。二〇二〇年東京大会（以下、二〇年大会）の開催が迫る中、私たちの社会はオリンピックに何を期待しているのだろうか。本書を締めくくるにあたり、これまで各章で論じてきた視点を東京大会に向けながら、現在進行形のこの大会を分析してみたい。

なぜ今東京でオリンピックを開くのか

この問いに答えを与えられる人はどのくらいいるだろうか。言い方を変えて、オリンピックを開催することで得られる良いこととは何だろうか、と考えてみてもいい。前章で示してきたように、そのことはオリンピックが生み出すレガシーについて考えることでもある。二〇年大会招致に向けたスローガンは、「今、ニッポンにはこの夢の力が必要だ。」であった。その夢の力とは何であろうか。大会を開催することで得られるポジティブな要素を探し出すのはなかなか難しい。連日報道されるのは準備段階で深まる混迷ばかりという状況だからだ。それではスタートに戻って、オリンピック招致にあたって東京が何を主張していたのかについて確認する作業から始めてみることにしよう。

オリンピックの招致には通常三つのステップを踏む必要がある。第一に、国内選考都市に選ばれること。東京の場合、二〇一六年大会（以下、一六年大会）に立候補した際には福岡が、二〇二〇年大会では広島・長崎が対抗馬として立候補を表明した。第二に、国内選考都市に選ばれた都市は、ＩＯＣに申請ファイルを提出する。このファイルには開催概要が記され、ＩＯＣの審査を経て正式な立候補都市として認定される。第三に、開催に必要なすべての情報を書き込んだ立候補ファイルを提出し、七年前のＩＯＣ総会での投票によって開催都市が決定する。従って、ＩＯＣに提出された立候補ファイルを見れば、この都市が何を目的として大会を開催しようとしていたのかが明らかになる。前章で見たとおり、ＩＯＣによる大会開催のコントロールという観点から、立候補都市はＩＯＣに提示されたいくつかの質問に対して答えを書き込む必要がある。その最初に問われているのは大会を開催する動機とビジョンである。

二〇年大会の立候補ファイルを見て気がつくのは、なぜこの大会を開催しようとするのか、一番重要な動機を読み解くのが難しいことである。例えば、冒頭には以下のような文章が並ぶ。「世界で最も先進的で安全な都市の一つである東京の中心で、ダイナミックなスポーツの祭典とオリンピックの価値を提供する」、「高い質と最高の恩恵が保証される大会開催」、「ダイナミックさと温かい歓迎で世界中の若い世代に感動を与える祭典」、「日本が誇る創造力とテクノロジーを駆使し、スポーツとオリンピックに寄与する革新性[1]」。これらはビジョンであり、動機ではない。その後に続く文章も、大会が招致されたら実現することのリストであり、なぜ今東京大会を開かなければならないのかという問いに対して、このファイルは明確な答えを用意していない。このことが後に見るように、理念の不在と言われる問題へとつながっていくのである。

この点、一六年大会の立候補ファイルにつづられた動機は明確であった。「東京は日本が、そして世界のすべてが直面している危機を率直に認め、オリンピック競技大会の開催を通じ、都市と人間を再生することによって、新しい連帯を生み、これらの危機を克服したい[2]」。そして以下のように続けられる。「オリンピズムの本質である美しい夢と大きな感動こそ、私たちが今、最も必要としているものである。オリンピック競技大会でアスリートが示す価値、すなわち努力、最善を尽くすこと、フェアであること、他者に対する尊敬、より大きなものへの帰属感、夢に向かうこと、と、オリンピズムが目指すもの、すなわち国際平和、調和、持続可能性、社会正義は、まさに私たちの未来の社会が求めるものである」。一つの文書から、大会そのものの性格を断定することはできないが、一六年大会と二〇年大会の招致には何か重要な変化が存在し、理念も大きく変わったと考えられるかもしれない。

理念なき大会と批判される二〇年大会だが、ほとんど知られていないながらも三つの基本コンセプトが存在する。第一に、全員が自己ベスト、第二に、多様性と調和、第三に、未来への継承である。そして、史上最もイノベーティブで、世界にポジティブな改革をもたらす大会というコンセプトが掲げられてもいる。それらよりも多くの人が理解している大会コンセプトとは、「コンパクトなオリンピック」というものではないだろうか。これは中央区晴海に建設予定のオリンピック・ビレッジ（選手村）から、半径八キロ圏内にオリンピック関連施設を収めるというものだった。このプランは一六年大会に立候補したときから掲げられているもので、東京大会のいわば売りのようなものである。

一六年大会に掲げられたこのプランは、一九六四年大会（以下、六四年大会）の遺産（競技施設）を用いるヘリテッジゾーンと新しく開発がなされる東京ベイゾーンが融合され、それが八キロ圏内に収まる計画だった。そして、そこに付け加えられたのが緑の回廊という概念であった。緑の回廊とは地球の森を指し、東京湾に浮かぶ海の森から皇居・明治神宮、そして代々木を通過して緑の風を吹かせるという計画であった(3)。そこには六四年大会で残された都内の数少ない緑を維持し、海からの風を届けることで都心を冷ますという効果も期待されていた。緑の回廊はなかなか良いアイデアであったように思うが、現在の開催プランと都市開発の様相からは、環境への取り組みは見えてこない。実際、緑被率（土地面積に占める緑地の割合）は二〇年大会では大きく後退しているという

指摘もなされている。(4)

新国立競技場建設をめぐる混迷

二〇年大会のプランでも、二つのゾーンに込められた意味合いは同じながら、経費削減の観点からさまざまな施設が都外へと移されている。このことは一六年大会が実現していても同様の結論に至った可能性は否定できないが、その結び目の中央に建設される予定だったオリンピックスタジアムは削除され、代わりに国立競技場の新築が盛り込まれたことが、新たな混迷を生んだ。

二〇一三年に招致が決定して以来、オリンピック準備は混乱続きである印象がなかなか払拭できずにいる。まずもって批判の俎上に上がったのは、新国立競技場の建設問題である。周知の通り、国立競技場は六四年大会招致にあわせて建設され、元日に行われる天皇杯全日本サッカー選手権大会や陸上競技の聖地として利用されてきた。新築が必要かどうかという議論もそこそこに、二〇年大会の立候補に際して新築が既定路線となっていった(5)。一六年大会招致時も国立競技場の新築については議論されたものの、結局は改修に落ち着き、晴海に新しい競技場が作られることになっていた。この流れは第二章で示した幻の東京オリンピック開催に際して、不可能な明治神宮競技場の拡張にこだわり続けて混迷を続けたことと重なって見える。そのとき、建築家の岸田日出刀が主張したのは、別の場所にスタジアムを建築すれば、二つの競技場が東京の遺産になるというものであった。歴史的議論を無視するかのように、この地に巨大なスタジアムの建設が計画されていったのである。

一六年大会の招致で晴海に建設が予定されていたメインスタジアムは、アクセスが不便であること、海に囲まれ災害に弱いことなどの理由から撤回に追い込まれたという。そこから明治神宮の周辺部の再開発を含んだプランが勢いを増していった。六四年大会の遺産を活用するというコンセプトはどこかへ吹き飛ばされてしまったのである。これまで見てきたように、ロサンゼルスで開催された二回の大会（一九三二年／一九八四年）と、これから開催される予定の三回目の大会（二〇二八年）では、同じスタジアムが現代的な様相に改修されながら使用され続けている。また、岸田が絶賛した、ベルリン大会で使用されたスタジアムは、現在でもＦＩＦＡ・Ｗ杯や世界陸上選手権の会場として利用され続けている。新築のデザインコンペに参加した建築家の田根剛は、国立競技場という名作を五〇年しか使い切れなかったことに文化的な問題があることを指摘している(6)。

次に問題となったのは、新国立競技場デザイン案の奇抜さと大きさであった。コンペで最優秀賞を獲得したのはイラク出身で、イギリスで活躍するザハ・ハディドの案であった。ザハが設計した競技場は、「スポーツの躍動感を思わせるような、流線型の斬新なデザインである。……とりわけ大胆な建築構造がそのまま表れたダイナミックなアリーナ空間の高揚感、臨場感、一体感は際立ったものがあった。この強靱な論理に裏付けられた圧倒的な造形性が最大のアピールポイントだった」と講評された一方で、「アプローチを含めた周辺環境との関係については、現況に即したかたちでの修正が今後必要である」と付言されたように(7)、近未来的、かつ巨大なデザインが競技場の立地である明治神宮外苑の景観とそぐわないという問題を生じさせていた。建築家の槇文彦らは、風致地区に指定される明治神宮外苑が作り上げてきた歴史性や空間性、そしてそこに住まう人びとの

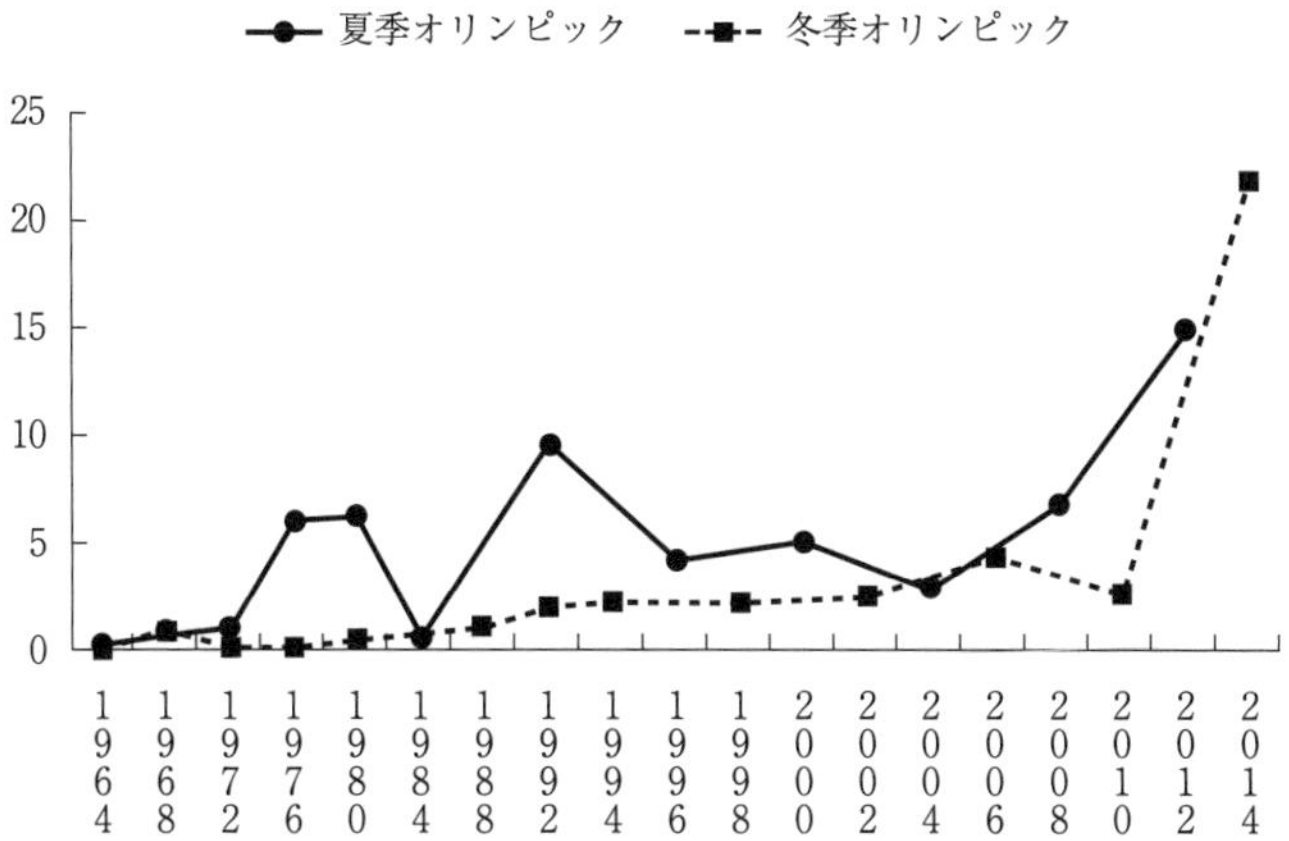

図1　オリンピックにおけるスポーツ関連コストの推移（単位：10億ドル）

出典：Flyvbjerg, Bent, Allison Stewart and Alexander Budzier, 2016, "The Oxford Olympics Study 2016: Cost and Cost Overrun at the Games," Saïd Business School Research Papers, p. 8. より筆者作成。

注：リオ大会は未確定のため除外した。

観点からザハ案が相応しくないとして、反対を提起した。そこには六四年大会で強制的に移住させられた人びとが住む、都営アパートの移設問題も重なっており、さまざまなシンポジウムや書籍の刊行が行われた(8)。

さらに追い打ちを掛けたのが、招致案で一三〇〇億円とされた建設費が、招致決定後に三〇〇〇億円に増え、さらに膨らむ恐れがあるというものであった。社会科学者であり、メガプロジェクト・マネジメントが専門のベン・フリービヤーグらが指摘するように、オリンピック予算は開催にあたって必ず超過する傾向にある（図1、図2）。そして一度招致が決まってしまうと、住民はその超過をなかなか止めることができないのである。こんなはずではないと気がついたときには、コスト負担と大会を引き受けた責任論が重くのしかかる。現在都民が直面しているのはこの状況

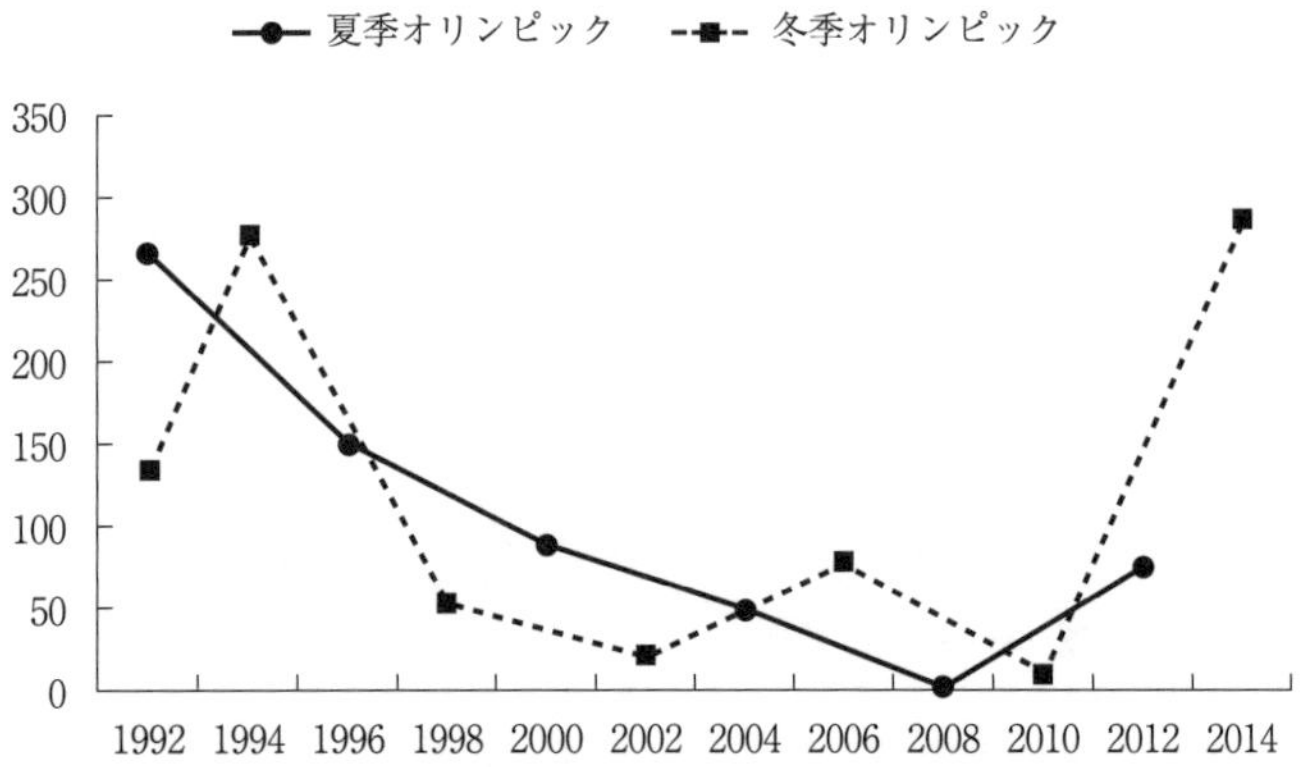

図２　オリンピックにおけるスポーツ関連コストの超過率（単位：％）

出典：Flyvbjerg, Bent, Allison Stewart and Alexander Budzier, 2016, "The Oxford Olympics Study 2016: Cost and Cost Overrun at the Games," Saïd Business School Research Papers, p. 12. より筆者作成。

注：リオ大会は未確定のため除外した。

である。

槇らの景観や空間性からザハ案を批判するという方法はこのプランの進行をなかなか止めきれず、反対論が景観から経費＝税金の問題へと焦点を移したことで、世論が反応し始めた。これまでの大会が費やしたメインスタジアムの建設費比較を通じて、いかに新国立競技場の経費が法外な値段であるのか、そして決定に瑕疵があったのかが連日報道され始めたのである[9]。それを受け、経費は二五二〇億円まで減額されることになったが、それでもかなりの超過を招いていたことには変わりなかった。この過剰な建設案がようやく止まったのは、安保関連法案の強行的な審議によって支持率が低下した政権の支持率回復策ともとれる、安倍晋三首相の白紙撤回表明によってであった。その後、再コンペが行われた結果、隈研吾らの国産木材を使用し、神宮外苑とも調和する「杜のスタジアム」をコンセプトとしたデザインが経費約一四九〇億円で採用された(10)。

大会後の利用方針については、所有権を国が維持したまま民間業者に運営権を売却する「コンセッション方式」の導入が検討され、球技専用スタジアムとして利用されることがスポーツ庁から方針として示されている。大会後、その改築費用が別途必要になることは言うまでもない。同様の問題を抱えたのがロンドン大会のメインスタジアムである。ここはイングランドのサッカーリーグ＝プレミアリーグに所属するウェストハムに売却され、建設費に匹敵する額をかけてサッカー専用スタジアムに改修された。このスタジアムでは陸上トラックを残し、二〇一七年の世界陸上などにも利用されているが、経費の増加や球技スタジアムとしての利便性の低下などから批判を浴びている。

エンブレム問題をめぐる混迷

次に問題となったのが大会のエンブレム選考をめぐる問題であった。オリンピックでは独自のエンブレムやマスコットを作成し、スポンサー企業などが広告に使用することで収益アップをはかることが一般的になっている。東京大会でもエンブレムの選考が行われ、協賛スポンサーのポスター、商品などに利用されることになっていた。この選考における混迷は二〇一五年七月、エンブレムに採用されたデザインがベルギーの劇場ロゴに酷似しているとの報道から始まった。先方のデザインは商標登録がなされておらず、事前にみつからなかったということもあり、オリンピックのロゴであるという権力関係や権利論で押し切れるとした組織委員会の判断が失敗だった。結果として、選考の段階でこのデザインありきで進んだこと、デザイン決定後の二度にわたる修正が専門家以外の

図3　東京オリンピックポスター

手によって行われた疑惑などが浮上し、ロゴは撤回を余儀なくされた[11]。

六四年大会のシンボルマークを制作した亀倉雄策は、日の丸とみまがうような大きな太陽を描いたポスターを作成した（図3）。そしてオリンピックポスターとしては初めてとなる写真を利用した第二号ポスター（スタートダッシュ）、第三号ポスター（バタフライ）に挟まれて並ぶとき、重厚な存在感を放つようにデザインされていた。亀倉はこのデザインに込めた思いを「単純でしかも直接的に日本を感じさせる……日本の清潔なしかも明快さと、オリンピックのスポーティーな動感とを表してみたかった[12]」と述べており、シンプルなデザインながら心に迫るものを目指して制作したことが明かされている。

一方で、今回の撤回されたデザインは、「展開力」という聞き慣れない言葉に集約されているように、広告的、商業的に使いやすいデザインという発想が先にあった。六四年大会はシンボルマークが中央に位置することが前提となっていたが、今回のエンブレムは協賛企業のマークが中央に位置し、エンブレムがそれを取り囲むと言ったように、構図自体が反転している。このことは商業主義が進むオリンピックにおいて、協賛企業のブランド価値を高めることが第一義に考えられていることを明確に示している。

膨張が止まらない経費問題

新国立競技場の建設問題で述べたように、東京大会は他のオリンピックと同様に、予算超過が止まらない。立候補時は七三四〇億円とされていた大会経費は一兆三八五〇億円まで膨らんでいる（二〇一七年七月の時点）。オリンピック開催経費は全体で三兆円に到達するのではないかと言われているが、ここにはメディア報道の経費に関する混同も加わってしばらく混乱気味であった。大会開催経費の仕組みについては第六章で詳しく述べたが、大会運営費と競技場整備費からなる直接経費と、関連して整備される道路やインフラなどの間接経費に分けて考える必要がある。東京大会の場合、前者の直接経費がいくらになるのかがまだ確定されていないばかりか、後者の間接経費はまったく議論の俎上にすら載せられていない。

直接経費の圧縮については、二回の都知事交代の際に見直し論議がわき起こり、いくつかの競技施設建設が取りやめになったとともに、東京都以外の場所への分散開催も積極的に推し進められている。このことはＩＯＣが二〇一四年に採択したアジェンダ二〇二〇が、大会開催地の分散を認めたことも影響している。例えば、舛添都政では開催計画から約二〇〇〇億円の縮減を行っているし、その後の小池都政では棚上げにされた競技場問題が議論され、約四〇〇億円の縮減を行った。それでも経費の膨張が止まらないのはなぜだろうか。

それはIOCの立候補ファイルが基礎的要素（本体工事費のみ）と施設整備中心の公的部門の計上（テロ対策に必要な資機材など運営に関わる行政経費がはぶかれている）しか求めていないこともあるが、根本的な問題は開催立候補都市の見積もりの甘さにある。現実的にはそれ以上の経費がかかることを知りながら、十分な見通しを示さないことは招致委員会と東京都の瑕疵と言えるだろう。現在のように膨張する経費の総額を見てもなお、東京都民が多くの賛意を示せたかは疑わしい。

新国立競技場の建設は当初見積もりで一三〇〇億円のところ、一時三〇〇〇億円までの膨張を許した。また、競技施設の建設で問題視されたのがボート競技の会場となる海の森である。ここは六九億円の見積もりが一〇三八億円に膨張し、その後の見直しで四九一億円まで下がったものの、依然高止まりしたままである。会場予定地が埋立地の最南端にあり、風や波の影響を受けやすいため消波装置の設置や暴風対策が必須で、地盤改良工事などにも費用がかさんでいる。さらに言えば、これらの競技場建設には資材や人件費高騰の可能性などが織り込まれておらず、今後新たな問題の発生によって容易に建設費が増額になりかねないリスクをはらんでいる。

また、競技施設の分散は都内に無駄な施設の建設を行わないことには成功したが、他県の競技施設整備に費やされる架設部分や交通インフラの整備などをどこが負担するかについてしばらく折り合わず、結果として架設部分はすべて都の負担となるなど（警備、輸送費などの三五〇億円が未定）、分散開催による新たな経費の発生を招いている。ここまで来ると、冒頭に示したコンパクトなオリンピックはすでに見かけ倒しに終わっていることが明らかである。(13)

さて、ここまで膨張した大会経費を一体誰が負担するのであろうか。第一義的にオリンピックは都市が招致するため、その負担は都民が引き受けるほかはない。ここまで東京都と大会組織委員会がそれぞれ六〇〇〇億円、国が一五〇〇億円負担することが決まっているもの[14]の、分散開催分の未定額や資材の高騰などにかかると見られる予備費を含めると、東京都が事前に準備した開催準備基金約三七〇〇億円では到底足りず、他の基金の取り崩しなどが避けられない情勢である[15]。また、組織委員会の収支もすでに支出が上回っているとみられる。

一方で、リオ・デ・ジャネイロ大会に見られたように、都市が破綻した場合の経済保障は政府が行うため、国民全体に負担が及ぶ可能性はあり得るが、東京都が破綻するリスクは今のところ大きくはない。今回のオリンピックで政府は挙国一致的な位置づけを国民に与えようとしているが、経費上政府が支出することになっているのは新国立競技場の建設費、パラリンピック経費などのそれぞれ一部にとどまっているという事実があまり知られていない[16]。新国立競技場の建設費はもともと国が全額負担し、その他の新設競技場の建設を東京都が、その他の架設部分を大会組織委員会が負担することになっていた。ちなみに、一九九八年長野大会では競技施設の新設は国が二分の一以内、県が残りの二分の一以内、市が残りを負担することになっていた。それに比べると今大会では、国が財政的にはほとんど負担をしていないことがわかる。そのことがとりわけスポーツに詳しいとは言えないオリンピック担当大臣の相次ぐ就任を許し、指導力が全く発揮されない事態を招いている。

大会経費はどこまで膨張するのだろうか。組織委員会会長の森喜朗が二兆円を超えると言い放ち、舛添要一前都知事が三兆円発言をして騒然となったが、都政改革本部の調査チームが二〇一六年九月に試算したところによると、今後輸送やセキュリティーなどのソフト面、予算管理の甘さなどによる増加分などが加わり、現実的には三兆円を超えるとの見通しが示されている(17)。

一方で、先に示したように、この経費には間接経費が一切含まれていない。間接経費の試算には、通常の都市開発の費用に混ぜて計上されるものが多く含まれるため、その全体像をつかみ取るのは困難になる。六四年大会では新幹線や首都高速の建設費用を含むと、直接経費約二九五億円に対して、間接経費約九六〇〇億円、その他関連事業費などを合わせれば約一兆八〇〇億円という膨大な額に及んだ(18)。今回も築地の移転や豊洲の整備など、オリンピックとは直接関係ないながらも、大会開催によって動き出した開発プロジェクトは数多く存在することから、相当な額が費やされると推定される(19)。また、競技施設の建設は、建設費にとどまらずその後の維持費、改修費を必要とする。今大会では海の森の維持費が報道された以外は全くと言って良いほど数字がオープンになっていない(20)。長野大会の分析で示したように、この維持費が開催都市を以後数十年にわたって苦しめることになることを考えれば、この議論から避けることは許されない。

他方で、オリンピック招致のポジティブな理由付けに使われる経済波及効果はどうだろうか。二〇一二年に東京都が試算した波及効果（生産誘発額）は資本投資（競技会場やビレッジなどの大会関係施設のみを対象）と消費支出（大会運営費、関係者や観戦客の消費支出、グッズ購入などの家計消費支出）を対象にした場合、東京都で一兆六七五三億円（波及倍率は一・七三倍）、その他の地域で一兆二八五六億円（波及倍率は五倍）、全国総計で二兆九六〇九億円（波及倍率は二・三四倍）を見込んでいた(21)。

経済学者の宮本勝浩によると、東京都の試算はかなり妥当なものとしたうえで、大会後に開催される各種の国際スポーツ大会、観光客の増加などによる経済波及効果、さらには大会に関連付けられる道路整備や鉄道などの輸送機関・設備の投資といった公共投資や建設事業を計算に入れると、より大きな効果が期待できると述べる(22)。一方で、宮本も付け加えるように、その波及効果が東京を中心とした関東地域に限定される恐れや、他地域の観光客を奪ってしまうこと、大会後の施設維持、管理、処分に多額の費用を有することなどのネガティブな側面を考慮に入れなければならないことから、手放しで喜ぶことはできないのである。そもそも多額の資金をかけて開催される今大会において、この波及効果がそれに見合うものであるのかは疑わしくなっている。

東京大会のレガシーとは

以上の膨大な経費をかけて開催される東京大会はどのような遺産＝レガシーを生み出すのだろうか。この大会はロンドン大会の比ではないが、レガシーの創造が随所にうたわれている。立候補ファイルによると、「包括的な一連の物理的、社会的、環境、国際的なオリンピック・レガシーの取組が、二〇二〇年大会の東京開催から生まれる(23)」とされ、オリンピック・レガシー委員会の創設が明記された。ここで述べられているレガシーを列挙すると、物理的レガシー（新設／改修された競技やエンターテイメントのための会場や施設、新たな緑地）、国際的レガシー（イベント及びスポーツ技術・科学機関）、持続可能なレガシー（緑地の創出、植樹によるグリーンロード・ネットワーク）、スポーツのレガシー（物理的な一連のインフラ、スポーツにかかる健康面と社会的レガシー）などである。

その後これらレガシー創設は「アクション&レガシープラン」に引き継がれ、スポーツ・健康、街づくり・持続可能性、文化・教育、経済・テクノロジー、復興・オールジャパン・世界への発信という五つの柱による委員会が設置されている[24]。それら委員会がそれぞれアクションプランを掲げているのであるが、例えば、Sport for Tomorrow（官民連携の開発途上国を中心としたスポーツ国際貢献事業、一〇〇カ国・一〇〇〇万人以上を対象）、NO LIMITS CHALLENGE（東京都主催のパラリンピック体験プログラム）、東京五輪音頭二〇二〇の制作、東京二〇二〇文化オリンピアード（文化芸術による地域活性化）の開催、一校一国運動、都市鉱山からつくる！ みんなのメダルプロジェクト（リサイクル金属でメダルを作成）などのようなものである。

これらアクションプランは大会開催までさまざまなかたちで展開されていくことになるだろう。IOCが要求するレガシーはあくまでもポジティブなものにとどまり、ネガティブなレガシーが検討の俎上にのらないことが多い。今大会でも競技場の建設、維持・管理の問題など、すでにいくつかの負の側面が指摘されている。これら正負の遺産をどのように評価し、どのように価値づけていくのかが、オリンピック開催の最大の焦点の一つと言っても良い。

パワー・ゲーム——選手強化とメダル予測

すでにいくつかの章で確認してきたように、オリンピックはパワー・ゲームの一部としても展開されている。オリンピックで獲得される金メダル数や順位、選手の活躍が国家の威信を示す指標として機能するということを認めれば、そのゲームの位置づけは重要なものとなる。国家がスポーツにおけるナショナリズムを利用し、ネイションを活性化しようとする文脈に、東京大会も間違いなく含み込まれている(25)。

冷戦構造の終焉とともに東西両陣営のメダル争いは収束したかに見えたが、中国の台頭や、グローバル都市と国家の新たな関係性の構築が再び大国をメダル獲得争いにかき立てている。すでに東京大会に向けてJOCが掲げる金メダル獲得順位は三位、これまでの大会の獲得数に換算すると三〇個程度の金メダルが必要になる。第七章の図5・図6に示したように、リオ大会で日本が獲得した金メダル順位は六位（一二個）であった。六四年大会では、それまで一〇位前後であった金メダル獲得順位を三位（一六個）まで押し上げ、その後も一九七六年モントリオール大会まで高順位が持続した経験がある。自国開催のオリンピックでメダルを多く獲得するために強化を行うことは当然のことなのだろうか。

ここにはスポーツやオリンピックの政治的中立性を掲げつつも、メダル獲得順位によってネイションの一体化と活性化を図ろうとする矛盾が存在し、そのことがオリンピックの象徴的権力の源になっていることはすでに指摘してきたとおりである。都市開発への多額の公的資金投入が正当化されるように、オリンピックにおいては、強化費の増額がほとんど議論を経ないままに受け入れられてしまうのである。そもそも日本では、スポーツ政策に投入される予算についての国民的議論は十分ではない。

仮に多くの強化費が投入される場合、その額の是非とともに大会後にその額を維持できるのかどうかが重要な視点となる。東京大会以後に同額の強化費が維持できるかについては保障されていないばかりか、仮に多くのメダリストが誕生したとして、彼らの活躍の場（いわゆるセカンド・キャリア）が十分整備されているとは言いがたい。二〇一〇年のスポーツ立国戦略などで目指された、トップアスリートが地域クラブで指導を行うことで地域スポーツの発展を導くといった好循環は現在のところ実現のメドは立っていない。日本とは全く事情が違いながら、多くの金メダリストを生み出し、自国大会でアメリカを抑えて金メダル順位一位に輝いた中国では、金メダリストのインフレ状態とも呼ぶべき事態が引き起こされ、メダルを売って行商を行うアスリートの存在なども報告されている。また、その後のロンドン、リオ大会では金メダル数を減らし続け、凋落傾向が顕著となっている（第七章図5）。

この点はマイナー種目への重点投資や人材発掘などさまざまな種類の強化プランを策定し、自国開催では金メダル獲得順位三位、リオ大会で二位を獲得したイギリスの事例が参考になる[26]。イギリスの場合、国庫補助を減額しつつ、国営宝くじによる配分を大幅に増加させることで強化費を維持してきた。しかしながら、イギリスは完全な成果主義を取り入れ、バスケットボールやハンドボールなどメダル獲得の可能性がない種目には一ポンドも配分しない方針を貫いている。また、メダル獲得を逃した種目は以後の助成から外れるため、一度このスパイラルにはまりこむとメダル獲得の可能性は限りなくゼロに近づいてしまうことになる。このような「選択と集中」型の強化策は日本でも徐々に整えられてきているが、極端な制度設計は現状から理解を得られないだろう。

選手強化費の拡充はスポーツ界にとっては歓迎すべき事案であり、批判的言説はほとんど登場しない。これにあわせてアスリート・ファーストなる言葉も生み出されている。この言葉は、競技場建設をめぐる経費問題での紛糾が続く中で、経費という観点ではなく、アスリートが一番競技しやすい環境を作り出すべきだという主張とともに登場した。確かにオリンピックの主競技はアスレティック・ゲームであり、主役はアスリートなのだが、あくまでもそこに投入されるのは公的資金である。IOCの基準に照らして必要以上に豪華なものを建設したり、過剰な経費を積み増すこと、大会後に利用されない、あるいは採算の取れない施設、いわゆるホワイト・エレファントを建設することは開催都市、国の負担となって長年蓄積されることは確認してきたとおりである。また、オリンピックに対して、全ての事項に優先して経費を使うべきという主張は、オリンピック賛否の是非にかかわらず到底受け入れられないだろう。バルセロナ大会マラソン競技の銀メダリスト有森裕子は、アスリート・ファーストという言葉に違和感を表明する数少ないアスリートの一人である。彼女はあくまでも社会ファーストであるべきと主張し、社会の感覚と一致しないオリンピックは理解を得られないと主張している[27]。まさに至言である。

一方で、強化費などの予算の問題とは別に、オリンピックにおけるメダル獲得がもたらす影響は大きなものになっている。日本におけるオリンピック報道はすべてのメディアが追随し、大会期間中はメダル獲得選手の映像と物語であふれるのである。二〇年大会では読売、朝日、毎日、日経新聞四紙がオフィシャルパートナー契約を結んだことからもわかるように、スポーツ界とメディアは相補関係にある[28]。国民のメダル獲得に対する期待が高まれば高まるほど、アスリートにかけられる重圧は増していくことになる。一九九二年バルセロナ大会柔道競技銀メダリストの溝口紀子は、オリンピック日本代表になることの重圧を吐露しているが、家族や周囲を巻き込むプレッシャーの強さがそこにはある。[29]

これに関連して、必ずしも近年の大会で始まった現象ではないが、リオ大会では結果を残せなかった選手への批判が税金問題と絡めてソーシャルメディアなどに投稿され議論を呼んだ。[30] 特に、楽しみたいという言説は、メダルという結果が出なかったとき容易に批判へとさらされる。レースを楽しみたいと発言したことでメディアから批判を受けたアスリートとしては、一九九六年アトランタ大会競泳代表の千葉すずが有名だが、この種の言説は選手の強化費や派遣費が税金から出ていることだけを強調する観点によって批判を受けやすい。

ちなみに、選手の渡航費用に充てられる派遣費は国からJOCに支払われる補助金によって出され（未公表）、選手強化費はスポーツ庁から日本スポーツ振興センターに運営交付金というかたちで支払われ、各競技団体に分配される。[31] リオ大会があった二〇一六年度には約八七億円が拠出されている。その他、医学や栄養学などの科学的側面から選手をサポートする「ハイパフォーマンスサポート事業」として、二〇一六年度は約三五億円が計上されている。これにより、現地にトレーニングルームや食堂、風呂、メンタル部門を担当するスタッフを配置する「ハイパフォーマンスサポートセンター」の開設が行われており、リオ大会の日本勢の躍進に重要な役割を果たしたと言える。現地に大規模な練習施設を含めバックアップ施設を構築するのはアメリカの十八番だが、各国がその有効性を認識し追随している。[32] また、現代のオリンピックでは競技の高度化が進み、個人の力のみではメダル獲得が難しくなっている。特にマイナー競技といわれる種目については強化費の多寡がメダル獲得を分けることも珍しくない。太田雄貴が二〇〇八年北京大会で銀メダルを獲得したフェンシングなどはその顕著な例で、二〇一二年ロンドン大会でも団体銀メダルを獲得するなど、協会の強化策が実ったと言われている。[33]

ところで、選手のオリンピック派遣費を国家が拠出した日本で最初の事例は一九二四年パリ大会に遡ることができる。そのことが国家政策としてのオリンピック利用の始まりであったし、一九八〇年モスクワ大会のボイコットに際して、国家の過剰なコントロールが選手に全くあらがうすべを準備させなかった事例も確認してきた。この点から言っても、日本のスポーツ界は完全な自律を獲得できていないばかりか、パワー・ゲームの中でこそ価値を高める存在である。そして、その動向は二〇〇〇年以降強まり、二〇年大会では一つの頂点に達することが予想される。

加えて、スポーツ政策には高度化（エリートスポーツ）と大衆化（一般の人びとのスポーツ）の側面が存在する。六四年大会において国家政策は高度化に焦点化され、東洋の魔女の活躍など、多くのアスリートの活躍がその後の大衆化（例えばママさんバレーボール、マラソンなどの普及・発展）を導いたとされる。東京大会もそのような文脈で語られることが多いが、スポーツの頂点（エリートスポーツ）が高くなれば、自然と裾野が広がり大衆化が引き起こされるとする主張は短絡的である。[34]その意味で、オリンピック後のスポーツ環境を議論するときに、強化費の増加によってメダル獲得を図るのではなく、総合型地域スポーツクラブをはじめとする地域スポーツの拡充支援に予算を振り分けた方が良いという考えも十分成り立つが、そのような議論は主流ではない。この点も二〇年大会に欠けた視点の一つである。

コマーシャル・ゲーム——炎天下の開催

東京大会がコマーシャル・ゲームの一部としても展開していることは、すでに示してきたようなエンブレムの展開力に見られるスポンサーとの関係性、新聞四紙のスポンサー問題などに表れている。第五章図4に示したように、IOCの最高ランクのスポンサーTOPはアメリカ企業中心であるが、東京大会を含む第九期（TOP Ⅸ）には以前からスポンサーだったパナソニックに加えブリジストン、トヨタといった日本企業が新たに加わっている。また、国内スポンサーにはアサヒビールやアシックスをはじめとするゴールドパートナー一五社、味の素やJTBをはじめとするオフィシャルパートナー三五社が名前を連ねていて、二五〇〇億円を超える額が見込まれている。この額は国内スポンサーシップとしては史上最高額になる。なお、IOCのスポンサー契約は一業種一企業が原則だが、今大会では共存する二社が特例として含まれているのが特徴である。

コマーシャル・ゲームが過熱することの弊害についてもいくつか指摘してきたが、東京大会ではNBCの獲得したテレビ放映権の影響で、開催時期が七月下旬から八月上旬という、日本では最も暑い時期に開催せざるを得ないことが大きな問題の一つとなっている。過去のオリンピックと比較しても気温や湿度が高く、最も過酷な条件になることが予想されることに加え、マラソンなど長時間屋外での競技が続く種目では観衆の熱中症も懸念される。アスリートの生命をも危険にさらしながら実施される競技は、まさに本末転倒である。

震災復興＝復興オリンピックの虚実

この大会が何を目指すのかについて、一六年大会と二〇年大会の招致を比べた一番大きな変化は二〇一一年三月に発生した東日本大震災によってもたらされた。二〇一一年という年は、嘉納治五郎がオリンピックに参加するために大日本体育協会を設立した一九一一年から一〇〇周年を記念する年であり、そこから分離独立した日本体育協会とJOCという二つの組織にとっての重大な節目の年であった。両組織は、前身となる大日本体育協会設立のために嘉納治五郎が著した創立趣意書（いわゆる「嘉納趣意書」）を、現代社会における課題に対応したものに変えるために、「スポーツ宣言日本――二一世紀におけるスポーツの使命」を作成するとともに、その記念式典において来賓として招かれたジャック・ロゲIOC会長の前で、二〇年大会に向けた再立候補を表明する段取りになっていた。

その目論見をくじくことになったのが大震災の発生である。未曾有の地震と津波によって多くの人命が失われ、復興には長い年月が必要と考えられた。そんな中で、オリンピックを開催することは物理的にも、人情的にも無理であるという論調が広がった。それにもかかわらず、大会招致をめざす招致委員会が掲げたのが震災からの復興のシンボルとしてオリンピックを開催しようというものだった。

オリンピックが復興のシンボルになることはこれまでの東京大会でも見られてきた。戦前に開催予定だった幻の東京大会は、一九二三年に起こった関東大震災からの復興を祝うイベントとして、当時の東京市長永田秀次郎によって招致を検討されたのがきっかけだった。また、一九六四年の東京大会では戦後復興が掲げられた。このように、東京大会は三度の歴史において、つねに何らかの復興と関係性をもってきた／もたされてきたのである。二〇年大会ではオリンピックと復興の関係性はどのように標榜されてきたのであろうか。それは復興から立ち直る日本の姿を全世界に示し、それを祝ってもらう大会としてオリンピックを位置づけようというものであった。

ところが、復興というワードは都合良く使用されているに過ぎないことが次第に明らかとなってきた。「復興五輪」という言葉がどのように報じられてきたのか、朝日新聞を対象にデータベース「聞蔵」を用いて記事検索をしてみた。震災が起こった二〇一一年は大会招致の表明などもあり、一四件の記事が書かれているが、翌二〇一二年は意外ながら一度も登場しない。そして大会招致が決まった二〇一三年には一〇件と増加し、二〇一四年には一六件という傾向をみせている(35)。

復興というワードが消えていったのは、福島第一原発の事故が収束せず、オリンピック開催の大前提となる安全性が担保できないことと関係する。すなわち、震災への言及は、必然的にカタカナで表記されるようになった「フクシマ」と東京の距離を縮め、オリンピック開催の根拠を揺るがしかねない存在となっていたのである。ここに今回の東京大会の最大の矛盾が存在する。招致が決定したＩＯＣ総会でも、ＩＯＣ委員より原発事故の安全性を問う質問が飛びだし、招致の成否は安全性をいかに偽装するかという方向に向けられていったと考えられるだろう。そのため、招致委員会は復興五輪と銘打ち立候補を表明したにもかかわらず、震災を連想させるワードの使用を極力抑える戦略をとった。上記のＩＯＣ委員の質問に対し、ＪＯＣ会長の竹田恒和の答えは「東京は福島と二五〇キロも離れている」という驚くべきものだった。また、最終プレゼンでは、安倍首相が原発は完全にコントロールされている（Under Control）と発言し物議を醸した。

このように、復興というワードは時にオリンピック招致の錦の御旗として掲げられつつも、都合の悪いときには隠されるといったように、実に都合の良いワードとして使われてきたと言える。そして今、オリンピック準備の混迷の中で、震災復興は忘れ去られようとしている。東京の立候補に際し、復興との関係を聞かれたＩＯＣ会長ジャック・ロゲは、「その都市、国にとって、なぜ五輪が必要なのか。それは日本国民が決めることだ」という言葉を残した[36]。そのことを改めて考え直す時期に来ているのではなかろうか。

惰性に流れる東京大会

これまで見てきたように、東京大会は何を理念として開催されるのかが不明確なまま月日だけが経過してきていると言えよう。ここで六四年大会に際して、作家の小田実が残した言葉が思い起こされる。小田はオリンピックに関係するところと関係しないところの大きな差異を論じながら、その「政治」にいつのまにか人びとが引きずられていることを評し、このように付け加えた。「『わしがよんだわけじゃないからね』しかし、オリンピックはひとりでかってにやってきたわけではない[37]」。

さまざまなネガティブな要素を含み込みながらも、なぜオリンピックのようなイベントが拡張し続けていくのか、ここには政治学者のジュールズ・ボイコフが祝祭便乗型資本主義（celebration capitalism）と呼ぶ、経済利益というよりも祝祭そのものを駆動力として展開する資本主義の一側面を読み取ることもできるかもしれない。[38] 社会学者の阿部潔は、ボイコフが論じたこの特徴を検討しながら、今後政府やメディアの活発なキャンペーンによって、「楽しさの祝賀」が演出されるとともに、「スポーツの内側」にとどまることなく、「スポーツの外側」のより広範なテーマ群を飲み込むかたちで、オリンピックが醸成する祝祭への便乗として華やかに演じられると指摘している。[39] そのような視点から見たとき、オリンピックが冒頭に示したように実現すべき理念や向かうべき目標を欠きながらも、大会開催へと突き進む様相の一部分を理解できるだろう。

ただし、さまざまな領域における混迷が示しているように、東京大会の開催は華やかに演じられる祝祭とは別の雰囲気を漂わせ始めているのも事実だろう。このことは二〇年大会がコンパクトなオリンピックという、理念的に唯一付け加えることのできたかもしれない特徴を失ったときに払った代償とも言える。東京大会に限らず、オリンピックは順風満帆で開催され続けているわけではない。多くの人がオリンピックに価値を見いだせなくなったとき、理念なきオリンピックは象徴的権力そのものを失いかねないのである。次に、オリンピックが一九七〇年代に経験した以上の危機的状況が目前まで迫っていることを確認しながら、本書の結論を導いていきたい。

(1)『東京二〇二〇 立候補ファイル(日本語版)』、五ページ。

(2)『東京二〇一六 立候補ファイル(日本語版)』、二〇ページ。それ以前の申請ファイルには、高度な都市化、高齢化、成熟社会といった課題を世界で最初に、大規模に経験しつつある東京において、その課題への挑戦がオリンピックの開催を通じてなされること、そのことに六四年大会を超える意義があるとつづられていた。ただし、この動機は都市の再開発のための手段化に直結しており、問題がないわけではない（石坂友司「東京オリンピックと高度成長の時代」、「年報日本現代史」編集委員会編『年報・日本現代史』第一四号、二〇〇九年、一四三-一四五ページ）。

（3）一六年大会招致に向けたメッセージブックにはこのように書かれている。「オリンピック施設はたいていどの都市でも郊外にあり、都心で開催されるオリンピックは、実はとても珍しいのです。しかもその都心が、森と水にあふれた『緑の回廊』だったとしたら……。東京はオリンピックまでの八年間に、みんなで東京の森と水を再生し、……環境に敏感なアスリート達が最高のパフォーマンスを発揮できるよう、ゆたかな緑でおもてなししたいと思います。」「いまこそ東京でオリンピック！」（TOKYO2016メッセージブック）

（4）一ノ宮美成／グループ・K21『二〇二〇年東京五輪の黒いカネ』宝島社、二〇一四年、七五-八〇ページ。一方で、六四年大会時、国立競技場の建設にともない、明治神宮外苑の周囲にあった緑のオープンスペースが破壊されたという指摘も記憶に止めておきたい（越沢明『東京都市計画物語』日本経済評論社、一九九一年、六五-六六ページ）。オリンピックはいつも緑を破壊してきたのである。

（5）一ノ宮美成／グループ・K21、前掲『二〇二〇年東京五輪の黒いカネ』第二章。

（6）「どこへいく？　新国立競技場　東京オリンピックをつくった男たち」（二〇一五年一〇月一五日放送、BS朝日）内での発言より。田根は、建築は記憶を後世へと伝える装置とし、場所の記憶から建築を考え続けることを標榜している（田根剛「Cover interview」、『AXIS』第一七六号、二〇一五年、一五ページ）。

（7）「新国立競技場　国際デザイン・コンクール　最終結果」（日本スポーツ振興センターホームページ）。

（8）例えば、槇文彦・大野秀敏編『新国立競技場、何が問題か――オリンピックの一七日間と神宮の杜の一〇〇年』平凡社、二〇一四年。

（9）例えば、北京大会では約四三〇億円、ロンドン大会では約六五〇億円（その後の改修費を含めると約一六二五億円）であった（『朝日新聞』二〇一五年六月一一日付）。

(10) 建設にあたっては、二〇一七年時点で、木材の調達方法に批判が集まった他、建設に携わっていた労働者が過労で自殺するという事態が引き起こされている。
(11) 審査委員として関わった平野敬子は自身のブログを通じて、ことの経緯と選考の問題点を明らかにしているが、組織委員会、大手広告代理店、デザイン専門家の三者による問題行動や間違った判断の集積がエンブレム問題の構造を構築していたと総括している(平野敬子「五輪エンブレム選定――何を繰り返してはならないのか」『建築ジャーナル』第一二五九号、二〇一六年、一八‐一九ページ)。
(12) 前村文博「日の丸とモダン――'64東京大会シンボルマークとポスターをめぐって」、清水諭編『オリンピック・スタディーズ――複数の経験・複数の政治』せりか書房、二〇〇四年、一三四ページ。
(13) 建築家で建築史・建築設計理論が専門の白井宏昌は、そもそも東京大会のコンパクトという概念に惑わされてはいけないと述べる。過去の大会と比較すると、競技場が集積する地区の数から見ても、東京大会はバルセロナ大会の大きさに等しく、これはむしろ分散型の計画ととらえるべきとする(白井宏昌「五輪は都市をどう変えてきたか」『PLANETS』第九号、二〇一五年、一〇九ページ)。
(14) 第二回二〇二〇年東京オリンピック・パラリンピック競技大会に向けた関係自治体等連絡協議会(二〇一七年五月三一日)の経費分担試算による。経費にはパラリンピック経費を含む。
(15) 『朝日新聞』二〇一七年七月二二日付。
(16) 新国立競技場の建設費は国:スポーツ振興くじ:都の負担=二:一:一となっており、国の負担は七九一億円にとどまる(『朝日新聞』二〇一五年一二月二日付)。この他セキュリティ対策費、ドーピング対策費などは国が負担するが、大会経費には含まれていない(「東京二〇二〇オリンピック・パラリンピック競技大会の役割(経費)分担に関する基本的な方向について【案】」第二回二〇二〇年東京オリンピック・パラリンピック競技大会に向けた関係自治体等連絡協議会資料)。
(17) 『朝日新聞』二〇一七年九月三〇日付。
(18) 石坂友司「国家戦略としての二つの東京オリンピック――国家のまなざしとスポーツの組織」、前掲、清水編

『オリンピック・スタディーズ』一一八ページ。この額は当時の国家予算の約三分の一にあたる。

(19) 立候補時において六三九二億円が道路整備、地下鉄の拡張などのために計上されているが、それ以外の全容は判明していない(「東京二〇二〇オリンピック・パラリンピック競技大会における業務と経費について」二〇一六年一二月二六日オリンピック・パラリンピック等推進対策特別委員会資料、五ページ)。

(20) 海の森の維持管理費は年間三億円が見込まれ、そのうち都が二億円を負担するとみられる(『東京新聞』二〇一六年一一月二四日付)。

(21) 東京二〇二〇オリンピック・パラリンピック招致委員会スポーツ振興局「二〇二〇年オリンピック・パラリンピック開催に伴う経済波及効果」二〇一二年。なお、第六章で言及した長野大会の試算とは対象が異なるため、簡単な比較はできない。

(22) 宮本勝浩「東京オリンピックと経済効果――東京五輪は景気好転をもたらすか」『現代スポーツ評論』第三〇号、二〇一四年、三八-五一ページ。

(23) 『東京二〇二〇 立候補ファイル(日本語版)』、七ページ。

(24) 「アクション&レガシープラン」(大会組織委員会ホームページ)。

(25) 石坂友司「スポーツ・ナショナリズムの現代的特徴――商業主義・グローバル化時代の三つのメガイベント」、石坂友司・小澤考人編『オリンピックが生み出す愛国心――スポーツ・ナショナリズムへの視点』かもがわ出版、二〇一五年、四三-七四ページ。

(26) 金子史弥「二〇一二年ロンドン・オリンピックが創った新たなレガシー――スポーツマネジメント論/スポーツ社会学の視点から」『AD STUDIES』第五〇号、二〇一四年、一七-二三ページ。

(27) 『スポーツ報知』二〇一六年一一月一三日付。

(28) このことに関して、競技場問題をはじめ混迷状況の報道を行うことが、スポンサーとして支えるべきコンテンツの価値を毀損するという問題も生じさせている。テレビ放映権を購入し、視聴率をとりたいテレビ局を含めると、オリンピックに対する批判的言説が狭められる可能性は十二分にある。長野大会で見られたとされる「オリンピック総動員体制」に陥らないために、批評の場は確保しなければならない。オリンピック開催に反対を表明した書籍としては、小笠原博毅・山本敦久編『反東京オリンピック宣言』（航思社、二〇一六年）などを参照。

(29) 溝口紀子「柔道とナショナリズムと多文化主義」、石坂・小澤編、前掲『オリンピックが生み出す愛国心』一六〇－一六五ページ。

(30) 結果を残せなかった選手を税金泥棒と呼ぶ主張に対して、元オリンピック選手の為末大が、何らかの税金投入は皆に行われているのだから、それに見合うリターンを国家にしなければならないという発想を招く危険性があるという趣旨の反論をツイッターで展開して話題を呼んだ。

(31) 以上の経費に関する記述は筆者も情報を提供した「NewsUp　メダル取れなければ、『税金のむだづかい』か?」（ＨＨＫウェブ、二〇一六年八月一九日）より。

(32) このことはオリンピック・ビレッジにおける選手の交流を目指すオリンピックの精神と必ずしも相容れない。特にアメリカチームは一部の競技でこのような拠点から直接選手派遣を行っている。リオ大会はＮＢＡのスター軍団であるバスケットチームが、豪華客船に宿泊したことで話題をさらった。

(33) 『産経新聞』二〇一四年二月二六日付。一方で、協会の予算の半分近くを投入した強化費が組織運営を困難にし、その後の不正経理問題を生み出したことも指摘されている。

(34) 六四年大会の選手団長をつとめた大島鎌吉は当時としては唯一と言って良いほど現実的な視点を持っていたが、スポーツ振興のあり方を蚊帳の釣り手に例えて、その四方（エリートスポーツ）を上げれば自然と底（みんなのスポーツ）が広がるとする楽観的な考えに浸されていると看取していた。彼は裾野を広げることが第一で、その上にエリートスポーツがあるといった構築論を唱えていた（岡邦行『大島鎌吉の東京オリンピック』東海教育研究所、二〇一三年、二三六ページ）。

(35) 石坂友司「二〇二〇年東京五輪に向け、メディアは理念と現実の両面から問題に切り込め」『Journalism』第三〇八号、二〇一六年、九三ページ。

(36) 『朝日新聞』二〇一一年八月二日付。

(37) 講談社編『東京オリンピック——文学者の見た世紀の祭典』講談社、一九六四年、一八九−一九〇ページ。
(38) Boykoff, Jules, *Celebration Capitalism and the Olympic Games*, Routledge, 2014.
(39) 阿部潔「東京オリンピック研究序説——『二〇二〇年の日本』の社会学」、関西学院大学『社会学部紀要』第一二三号、二〇一六年、八〇ページ。

おわりに

ここまでオリンピックの歴史的展開を社会学的に眺めながら、オリンピックが身に付け、あるいは捨て去るに至った価値、そしてその社会的な力について考察してきた。クーベルタンによって伝統を創造されてきたオリンピックは、アマチュアリズムという特定の階級の参加原理であり、倫理的な価値観とも結びつけられてきたオリンピズムという理念を育みながら、人びとを魅了していく選手たちのたたかい、アスレティック・ゲームとして発展してきた。その変化に加え、ナショナリズムの高まりとともに激しさを増した政治の権力競争、パワー・ゲームと、企業の経済競争、コマーシャル・ゲームの展開はオリンピックの姿を大きく変えつつある。だからといって、オリンピックが政治に翻弄され、商業主義に侵されているという言明が措定してしまう、オリンピックの本質なるものはそもそも存在しないし、オリンピックはクーベルタンが創り出したそのときから、政治的であり、商業主義的であったことはつねに念頭に置いておく必要がある。

本書冒頭で述べたように、なぜ人びとはオリンピックに魅了され、オリンピックを必要とするのだろうか。その答えは各章で探ってきたように、オリンピックが実に多くの価値を含み込み、さまざまな手段として利用されながらも、それらから中立のポジションをとろうとすることに関係があった。

二〇二〇年には東京に二度目の大会が、そして二〇二四年にはパリに、二〇二八年にはロサンゼルスにそれぞれ三度目の大会がめぐってくる。クーベルタンはオリンピック・ムーブメントが五大陸にあまねく広がっていくことを願って、古代ギリシャの遺産から五輪のマークを借用した。二〇一六年リオ大会の開催によってアフリカ大陸での開催を残すのみになったが、南米大陸初の開催をうたったリオ大会は、オリンピック・ムーブメントの地理的拡張以外に何を付け加えたのであろうか。リオ大会のスローガンは「Live your passion」（情熱と共に、と訳される）、立候補のために作成された申請ファイルでは「新しい大陸、ユニークなグローバルイメージをもった都市での開催が新しい地平を切り開き、オリンピックに関心と熱狂を生み出す」とされた。

二〇一四年ＦＩＦＡ・Ｗ杯のブラジル開催に引き続き、オリンピックという二つのメガイベントを開催したブラジルは、経済的に疲弊の極みにある。特に二〇一五年に経験したマイナス三・八％にも及ぶという低経済成長率は、オリンピックに期待された景気浮揚を打ち消すに大きすぎる数字であった。日本では伝えられることが少なかったものの、原油価格の高騰、大統領の弾劾・罷免に代表される政治的混乱なども加わり、大会に反対するデモも連日起こされていた。開催都市のあるリオ・デ・ジャネイロ州は開催を直前に控えながら非常事態宣言を出すに至り、連邦政府の約八九〇億円にものぼる緊急支援を得て実施された。州と市をあわせた国の公的負債額は一二〇兆円を超えるとも報道され、国の行く末に深刻な影響を与えることは疑いない。リオ大会の検証は今後長い時間をかけて行われなければならないが、わずか半年で競技会場の荒廃が伝えられるところとなっている。

冬季大会に目を向ければ、二〇一四年ソチ大会がインフラ整備を合わせて約五兆円という破格の開催を行ったとされる後に続くのは、二〇一八年平昌、二〇二二年北京というアジアの二つの大会である。通常、大会は同一地域を避けて選考される傾向があるため、二大会連続のアジア開催は異例である。加えて、現在二〇二六年に向けて札幌が立候補を表明しているが、仮に他の立候補都市が出なければ、三大会連続のアジア開催、札幌自身二度目となる開催が現実味を帯びてくることになる。二〇一七年の時点で、スイスのシオンが立候補を表明しているものの先行きは不透明である。

二〇一七年九月は七年後に迫る二〇二四年大会の開催都市が決定される時であった。選考レースに残ったのは二〇一二年大会でロンドンに敗れ、一九二四年以来一〇〇周年の開催を目指すパリと、三回目の開催を目指すロサンゼルスのみとなった。すでに見てきたように、ロサンゼルスは一九三二年、一九八四年と他都市との選考を経ずに開催された実績を持ち、オリンピックに大きな変化をもたらしてきた都市である。拡張し続けるオリンピック経費と、そのことによる立候補都市の減少を食い止めるために、再びオリンピックに商業主義的倹約を持ち込むのではないかと注目され、IOCがどちらの都市を選ぶのかに注目が集まっていた。ところが、IOC総会における選考前に、すでに両都市との手打ちが行われており、東京が二〇二〇年の招致を勝ち取ったような独特の緊張感は見られなかった。

ＩＯＣが下した決断とは、二〇二四年大会をパリに、二〇二八年大会の選考を前倒しにしてロサンゼルスに決定するというものだった。八四年大会以来続いた商業主義の謳歌が嘘のように、開催都市の減少という再び訪れたオリンピックの危機的状況を前に、パリ、ロサンゼルスという世界的大都市の立候補を失わないために、ＩＯＣは大会七年前に開催都市を決定するという大原則を曲げて、両者に開催権を与える奇策に打って出た。開催立候補都市が現れないというリスクを先送りするとともに、ロサンゼルスに改革を託した格好である。この裁定は両都市に歓迎されているようだが、いくつかの点で破滅的な結末を導かないとも限らない。

まず、仮に二〇二八年大会の立候補を考えている都市があった場合、その都市はチャンスすら得られず、次回二〇三二年大会への立候補、すなわち、通常手続きであれば二〇二五年まで決定を先送りされたことになる。また、二八年大会に決定したロサンゼルスは約一一年をかけて準備に臨むことになるが、一一年も先にやってくるメガイベントの高揚感を住民は維持し続けられるだろうか。すでにみたように、わずか七年の準備期間でしかない東京ですら盛り上がりを欠いているし、問題山積で混迷を招いているのである。アメリカのデンバーが一九七六年大会の開催を返上したように、住民投票による返上というリスクを抱え続けることになる。

以上のことは立候補都市をめぐる問題に過ぎないが、オリンピック全体の価値に目を向けたとき、事態はより深刻と言うことができるだろう。いくつかの章で見てきたように、行き過ぎた商業主義とオリンピック・スキャンダルの発生によって毀損したオリンピック・ブランドの価値を高めるために、ＩＯＣはレガシー戦略を構築してきた。ＩＯＣの望むポジティブな遺産を定義し、バラ色の未来を提供するかのように創られたレガシーは、オリンピックの価値を高めることに貢献してきた。今回の裁定は、図らずもそのレガシー戦略が破綻しかけていることを露呈したことになる。すなわち、それぞれの立候補都市がオリンピックにとって一番のレガシーを提供できるのはどこか、という建前で選考は行われてきたのであり、都市にとってもレガシーの定義は自らの再開発に非常に役立つ方便となっていたはずであるが、それが機能しないと言うことを示したからである。

さらにＩＯＣの判断は、新たな立候補都市が現れ、オリンピック・ムーブメントを拡張することよりも、大都市の開催という商業主義を優先したことを高らかに宣言したことになる。このことはオリンピックの象徴的権力を根底から揺さぶりかねない。象徴的権力とは、人びとがオリンピックの抱くポジティブな価値観に期待を寄せ、それを本質的なものとして信じ続けること、すなわちオリンピックのもつ力を誤認することで成り立つメカニズムをもっていた。ロス大会が商業主義に開かれたおり、商業主義に魂を売り渡したかのような批判をかわしてきたのは、クーベルタンが掲げた平和思想やアマチュアリズムの過程を重視する（とされた）価値観、そして新たに追加された環境と持続可能性といった価値観や理念を、かたくなに繰り出す姿勢とそれを支持する人びとの存在であり、そこにこの力の源泉があった。逆に言えば、それら理想を語る多くの言説を遙かに超え出るオリンピックの醜聞が浮上し、都市の経済的破綻によって住民の生活が脅かされるようになったとき、その象徴的な力はいともたやすく消え失せるのではないだろうか。

空虚な招致プランと言われたロンドンが招致にこぎ着けたのは、レガシーという新しいオリンピック価値の連呼であり、東京大会も同様の流れに乗っていた。前章で示したジュールズ・ボイコフの祝祭便乗型資本主義が現代のオリンピックの特徴を言い表しているように見えて、私たちがその実どこか盛り上がりを欠いた、冷めた視線を保持しているように感じられるのは、この象徴的権力が弱まり始めたことを意味してはいないだろうか。レガシーがレガシーと感じられなくなったとき、オリンピックが平和の祭典と信じられなくなったとき、オリンピックがコマーシャル・ゲームやパワー・ゲームに染め上げられていったとき、オリンピックはこれまで長い年月をかけて築きあげてきた象徴的権力を失い、再び消滅の危機に向けて歩み出すかもしれない。

クーベルタンによる理想化されたオリンピックの創設に始まり、さまざまなパワー・ゲームの展開、アマチュアリズムから商業主義といった転換を経過して、レガシーへとたどり着いたオリンピックが、再び混迷に向かい始めたという見立てが、現時点で本書がたどり着いた一つの結論である。一方で、日本に限って言えば、二〇年大会を迎えた時に、これまでの混迷を吹き飛ばすかのようなアスリートの活躍、すなわち、アスレティック・ゲームの展開がナショナリズムを刺激し、六四年大会に続くオリンピックの誇るべき記憶を更新していくことも十分に考えられる未来だ。

このような旧来型のオリンピックの役割を超えて、スポーツやオリンピックがネーションそのものを相対化する新たな可能性に開かれているとする見解もある。記号学者の多木浩二は、「われわれの帰属意識、あるいはその意識を強いる象徴権力を完全に相対化する思考の実験」がスポーツには可能であると主張する。[1] グローバリゼーションの進展は、ネーションの存在やナショナリズムをかえって必要とする事態を生みながらも、多くの選手や資本が国境を越え出ていく状況を現出し、それに付随するさまざまな見解を更新していく可能性にも開かれている。日本選手の活躍のみに焦点を当てる日本のメディアとそれへの期待が簡単に変わるとは思えないが、ウサイン・ボルトやマイケル・フェルプスの圧倒的なパフォーマンスは私たちを魅了してやまない。また、本書では触れることができなかったが、オリンピックはパラリンピックとともに歩みを始めたことで、健常者／障がい者を分け隔ててきた壁を少しずつ溶解させ始めてもいる。

このことはオリンピックの新たな象徴的権力の獲得を予感させるものでもある。私たちは引き続きオリンピックとともに歩む社会を見出していくのか、それとも別の価値観を創造し、オリンピックを必要としなくなる社会を導くのか、この分析はもう少し時間の経過とともに見守る必要があるだろう。その試金石とも言える東京大会は目前に迫っている。

（1） 多木浩二『スポーツを考える――身体・資本・ナショナリズム』筑摩書房、一九九五年、一七九ページ。

あとがき

本書はクーベルタンが創設した近代オリンピックが現代的にどのような変貌を遂げ、メガイベントとして成立するにいたったのか、歴史を追いながら、そのときどきの社会的状況をスポーツ社会学の観点から分析してきた。近年のオリンピック史料のアーカイブ化（例えば、各大会の公式報告書はＩＯＣのホームページから閲覧が可能になっている。ちなみに、第二章に使用した写真は公式報告書からの転載である）によって、閉じられた研究領域が広げられてきた。ところが、二度目の開催となる二〇二〇年大会を目前にしていながら、もっとも効力を発しうる日本におけるオリンピックの社会学、スポーツ社会学的研究は大きく立ち後れていると言わざるを得ない。これほどまで社会的な影響力を持ち得たオリンピックについて、その分析が十分でないことは意外と思われるかもしれないが、そこには社会学がテーマとしてスポーツやオリンピックを対象にしてこなかった問題と、その分析を可能にするはずのスポーツ社会学がアマチュアリズムなどの分析に比して、オリンピックそのものを重要なテーマとして扱ってこなかった問題が横たわる。

フランスの社会学者ピエール・ブルデューはスポーツ社会学に対して提言を行っている珍しい社会学者の一人であるが、彼はスポーツ社会学が社会学、スポーツの専門家に対して抱えてしまうダブル・バインドな関係性を「二重に被支配的」な関係として指摘している。すなわち、社会学者からは社会学的枠組みをスポーツに適用する有効性を疑われ、スポーツの専門家からは的外れだとなじられる、というものだ。ブルデューはこの言葉を悲観的文意で用いたのではなく、社会学があまり扱うことのないスポーツや身体といったテーマを俎上にのせることで、スポーツ社会学の視角が社会学を鍛え上げる積極的な可能性について述べているのである。本書ではブルデューの象徴的権力の概念をもとにオリンピックを考察してきたわけだが、上記のスポーツ社会学の可能性を強く信じている。

この分析で導きの糸としたのが、本書に何度も登場する多木浩二の『スポーツを考える』である。筆者が大学院に進学する少し前に出されたこの本は、読むたびに新たな発見がみつかる魔法のような書であった。このようなものを書きたいと目標を置いてきたが、うまく表現できているかははなはだ心許ない。一方で、研究書としても読むことができ、かつ一般の方にも手にとっていただけるようなスタイルを目指した。それがうまくいっているかどうかは読者の皆さんのご批評をいただかなければならない。また、テーマ設定をわかりやすくするため、オリンピックにおける三つのゲームを中心に論じてきた。中でもアスレティック・ゲームに関する記述が薄く、オリンピックが近年新たな価値として加えてきた環境問題、多木が三度目のスポーツ革命と称した女性の活躍をめぐるジェンダー的問題、ドーピングとエンハンスメントの問題、パラリンピックとの関係性などを十分に論じることができなかった。今後の課題としたい。

本書が中心的テーマとしてきたオリンピックは、どのようなかたちであれ、人生において出会うときが必ず存在する。筆者の記憶に刻まれた大会は、商業主義の幕開けとされたロサンゼルスの開会式、そしてベン・ジョンソンが失格となったソウル大会の陸上一〇〇メートル決勝である。その裏でモスクワ大会のボイコット騒ぎがあったこと、一九八八年には名古屋が立候補としていたことを知るのはずいぶん後のことである。一九九八年長野冬季大会は、その後一〇年を経て調査研究を行うフィールドとなったが、大学院入試の当日に行われたジャンプ団体競技の金メダル獲得と原田物語の顚末は今でも鮮明に覚えている。重要なのは、これらの記憶が自らのオリンピックに対する見方を形成していく一方で、当時の社会的状況を想起させることである。加えて、オリンピックは社会を映し出す鏡としての役割も果たす。来たるべき二〇二〇年大会がどのような大会になり、日本社会はどのような相貌を見せるのか、第九章で論じたように、残念ながらそれは明るいものにはなりそうもないが、そのことを見極めていくうえで本書が役にたてば何よりである。

本書はこれまで大学紀要やシンポジウムで報告してきた内容をもとに構成したが、それらを集めたアンソロジーとして構想していたにもかかわらず、結果としてほとんどの章を書き下ろすことになった。アマチュアリズムやボイコットの問題など、先行研究が多く存在するテーマの存在に加え、ロス大会以降オリンピックが商業主義的に成功したとする定説を覆すことに多くの資料的分析が改めて必要になったからである。また、現地調査を行った長野オリンピックについて記した第六章、現在進行形で、時間的距離が取れていないため、一部評論的な記述になってしまった第九章など、リズムが変わった章もあるが、全体を通して、オリンピックの文化社会学、歴史社会学的な記述になっていると思う。

そもそも本書を生み出すきっかけとなったのは、編集を担当いただいた人文書院の松岡隆浩さんのアイデアからだった。北海道で生まれ、関東で大学から研究者へと歩を進めた筆者にとって、縁もゆかりもまったくない関西の大学につとめることになった二〇一三年、担当する著書を送っていただいたのが始まりだった。地元の出版社から声をかけていただくのは何よりのことで、こちらに来てから関西、特に京都の力強さを感じている。そこから何度か対話を重ね、本書のアイデアが出てきたのが二〇一五年の夏、リオ大会まで一年というところだった。当初はこの大会に合わせるようにと刊行を目論んでいたのだが、筆者の筆の遅さと、構想の練り直しなどから結局完成まで二年以上を費やすことになってしまった。ただし、東京大会の混迷が深まる中で、この二年分の分析を第九章に含むことができたことは結果として良かったのかもしれない。

松岡さんには、いつもプレッシャーにならない絶妙なタイミングで連絡をいただき、遅れてばかりの原稿の最初の読者として、前向きなコメントを寄せていただいた。刊行の社会的ニーズがほとんどなさそうなテーマを博論に選んだ筆者にとって、今回の著書が二つ目の大きな仕事であるが、最初の単著として刊行できたことは感謝の言葉以外にはない。いただいたメールを見返してみると、今回の構想は、ずっと松岡さんの頭の中にあったように感じられ、編集者の構想力に頭が下がる思いである。ここに改めてお礼を申し述べたい。

本書の執筆に至るまで多くの方にお世話になり、支えていただいた。まず、佐伯年詩雄先生には、学部の概論の授業の面白さ、奥深さで魅了され、スポーツ社会学への道を進むきっかけをいただいた。三つのオリンピック・ゲームという枠組みも先生より拝借した。清水諭先生には、大学院への進学をすすめていただき、指導教員として、現在まで継続してご指導いただいている。先生との出会いがなければ研究者にはなっていなかったし、東京オリンピックの研究に導かれたのは先生の編著がきっかけだった。菊幸一先生には、理論と歴史社会学的研究の総合について、的確なアドバイスをいただくとともに、院生時代から若手の研究環境をバックアップしていただいた。坂上康博先生、中島信博先生には東北文化研究会（現在のスポーツ文化研究会）に毎年誘っていただき、学会以上に濃密な議論を通じて、筆者の思索を鍛えていただいた。坂上先生からは歴史記述の奥深さを、中島先生からはフィールドへ降り立つ研究者の心構えを教えていただいた。内山田康先生には博論の副査として、特にブルデューの象徴的権力論への着想と研究の面白さ、厳しさを教えていただき、現在の研究観をかたちづくっていただいたように思う。

筆者の所属する日本スポーツ社会学会を立ち上げ、会長としてサポートいただいた井上俊先生、亀山佳明先生には、若手の研究に目配りをいただき、いつも勇気づけていただいた。内田隆三先生にはナショナリズム、東京オリンピックをめぐる議論に奥行きを与えていただいた。社会学の先生方にはスポーツ社会学にしかできない議論の追求と、その可能性を示していただき、自らの研究の重要性に気づかせていただいた。

二〇一三年から継続している奈良女子大学でのオリンピック・シンポジウムの企画を構想し、大任を任せていただいた小路田泰直副学長、そして、今岡春樹学長には毎回参加いただき、ご支援をいただいた。絶妙のチームワークで運営をサポートしてもらったスポーツ健康科学コースの先生方、特に井上洋一先生にはさまざまな相談に乗っていただき、各章の重要な柱を着想するに至った。また、シンポジウムに登壇いただいた和田浩一先生をはじめとする多くの先生方にはインスピレーションを与えていただいた。

二冊の編著をともにまとめた松林秀樹さん、小澤考人さんには同世代の研究者として、スポーツを通した社会学的な議論をたたかわせ、切磋琢磨することができているように思う。加えて、オリンピックに関係する研究会でご一緒し、議論した丸山真央さん、金子史弥さん、石井昌幸先生にもさまざまな着想をいただいた。石岡丈昇さん、渡正さん、高尾将幸さんをはじめとする研究室の皆さんとは大学院時代から議論の場をともにし、多くの刺激をいただいた。また、各章はその多くが大学で講義をしている内容を掘り下げたものであり、その意味で、毎回の授業で思いがけない視点から質問をぶつけてくれる学生とのやりとりから生み出されたものでもある。

学生時代の生活を支えてくれた家族をはじめ、ここに名前を記すことのできない多くの人びとの助けを得て、研究者としての道のりを進めることができたのであり、本書が生み出されたとも言える。この場を借りて改めて感謝したい。

そして、二〇一五年にお亡くなりになった、長野オリンピックの調査研究でお世話になった小林貞雄さんにこの書を捧げたい。オリンピック初の正式競技となったカーリング競技を成功に導き、その後御代田町でカーリングホールの運営に心血を注いだ氏は、逝去の直前『みすゞかる・信濃の国　カーリング文化史』をまとめ、信州でのカーリングの歴史と長野大会の歩みを書き記した。氏にはスポーツやオリンピックを文化としてとらえ返すことの重要性を特に教えていただいた。スポーツ関係者必携の書として本書を紹介いただく機会は失われてしまったが、オリンピックの研究を続けていくことが、氏への恩返しになると思っている。

最後に、同じく身寄りのない関西にともに移り住んで、筆者の仕事を陰ながら支えてくれた妻元子に感謝を述べたい。こちらにきて相次いで誕生した二人の子どもを育てながら、夜の貴重な執筆時間を捻出してくれた妻の理解とサポートがなければこの本は書ききれなかっただろう。また、執筆に費やした月日と同じだけ成長してきた子どもたちにも、帰宅後の疲れを吹き飛ばすパワーをもらった。彼らがオリンピックに出会うとき、オリンピックや日本社会がどのようなものになっているのかはわからないが、この本がそれを読み解く手助けとなることを願っている。

二〇二〇年東京大会開催まで千日を迎えた日に

石坂　友司

初出一覧

はじめに　「オリンピックの象徴性に関する研究――二〇〇八北京大会を事例として」（石坂他『Liberal Arts』第一八集、一－二〇ページ、二〇一〇年）、並びに『日本のスポーツ界形成における象徴的権力構造に関する研究』（筑波大学人間総合科学研究科二〇〇六年度博士論文、二〇〇七年、一－一九八ページ）の一部をもとに加筆修正して書き下ろし

第一章　第二回奈良女子大学・オリンピックシンポジウム（二〇一五年）の報告をもとに書き下ろし

第二章　第三回奈良女子大学・オリンピックシンポジウム（二〇一六年）の報告をもとに書き下ろし

第三章～六章　書き下ろし

第七章　「オリンピックの象徴性に関する研究――二〇〇八北京大会を事例として」（石坂他『Liberal Arts』第一八集、一－二〇ページ、二〇一〇年）に加筆修正

第八章　「オリンピックレガシーの発明と拡散――ロンドン二〇一二から東京二〇二〇へ」（小澤考人編『ロンドンオリンピックの「レガシー」に関する社会学的研究――都市・スポーツ・観光政策との関わりを中心として』東海大学観光学部、研究報告書、二〇一四年、一－一四ページ）に加筆修正

第九章　「Yahoo! ニュース個人」（https://news.yahoo.co.jp/byline/ishizakayuji/）で掲載中のコラム「スポーツから読み解く現代社会」をもとに書き下ろし

おわりに　書き下ろし

著者略歴

石坂友司（いしざか・ゆうじ）

1976年北海道生まれ。筑波大学大学院博士課程体育科学研究科単位取得退学。博士（体育科学）。現在，奈良女子大学研究院生活環境科学系准教授。専門はスポーツ社会学，歴史社会学。共編著に『〈オリンピックの遺産〉の社会学　長野オリンピックとその後の10年』（青弓社），『オリンピックが生み出す愛国心　スポーツ・ナショナリズムへの視点』（かもがわ出版），共著に『21世紀のスポーツ社会学』（創文企画），『幻の東京オリンピックとその時代』（青弓社），論文に「東京オリンピックと高度成長の時代」（『年報・日本現代史』第14号）など。

ISBN 978-4-409-24120-2 C1036

現代オリンピックの発展と危機
1940-2020——二度目の東京が目指すもの

二〇一八年一月二〇日　初版第一刷印刷
二〇一八年一月三〇日　初版第一刷発行

著者　石坂友司
発行者　渡辺博史
発行所　人文書院
〒六一二-八四四七
京都市伏見区竹田西内畑町九
電話〇七五・六〇三・一三四四
振替〇一〇〇〇-八-一一〇三
印刷所　創栄図書印刷株式会社
装幀　上野かおる

有元健・小笠原博毅編

サッカーの詩学と政治学

本体二〇〇〇円

サッカーは単に人びとの熱狂という単一的な経験を生み出すのではない。歴史の中で、ヨーロッパ、アフリカ、アジアなどそれぞれの場所において人との文化的アイデンティティの構築や、植民地／被植民地的構造と結びついてきた。プレーの芸術性や身体の美学を見出したり、あるいはナショナリズムが導く紛争の悲劇にサッカーを閉じ込めたりするのではなく、サッカーをめぐる人びとの具体的な経験を、その社会の政治的な文脈との交渉関係に位置づけ、彼らの実践がそうした権力関係の只中を両義的に横断していることを読み解いていく。寄稿：清水諭、レス・バック、ポール・ディメオ、オサス・オバイウワナ、黄盛彬、田中東子。